道路景观设计

ROAD LANDSCAPE DESIGN

胡长龙 靳海涛 戴 洪 胡桂林 编著

中国林业出版社

图书在版编目（CIP）数据

道路景观设计 / 胡长龙等编著. -- 北京：中国林业
出版社, 2017.8

ISBN 978-7-5038-9206-6

Ⅰ. ①道… Ⅱ. ①胡… Ⅲ. ①公路景观－景观设计
Ⅳ. ①U418.9

中国版本图书馆CIP数据核字(2017)第175919号

责任编辑：何增明　苏亚辉

中国林业出版社·环境园林出版分社

出　　版：中国林业出版社（100009 北京西城区刘海胡同 7 号）
电　　话：010 － 83143517
发　　行：中国林业出版社
印　　刷：固安县京平诚乾印刷有限公司
版　　次：2018 年 1 月第 1 版
印　　次：2018 年 1 月第 1 次印刷
开　　本：889 毫米 ×1194 毫米　1/16
印　　张：13
字　　数：488 千字
定　　价：88.00 元

内容提要

　　本书将道路景观序说和国内外道路景观作为开讲，接着讲述道路景观的功能效益和模式以及规划设计基本原理，在此基础上分别介绍了城市道路景观规划前的调查研究与分析，规划的原则及设计的手法，道路铺装景观，道路绿装景观，城市道路亮化景观，城市轨道交通景观，城市广场、商业步行街景观，桥梁景观，城市公交车站及停车场景观，道路其它附属设施景观设计等。

　　本书讲述了道路景观规划设计的新理念和专业技术，最后还对现有某些道路景观进行了评展。运用实景照片、设计图和精练的文字加以对照说明，全书文字简明易懂。

　　该书适宜道路景观规划设计相关专业的设计者和管理人员参考，也可作为大专院校的道路交通、景观、园林、园艺、环境艺术、城市规划、城市管理等专业教学用书或师生参考用书。

PREFACE
前 言

　　城乡道路是现代化国家必备的重要基础设施，它既是交通运输的通道，又是人们户外生活的重要场所，它是城乡经济活力的所在，是城市的"骨架"和"血管"，也是人们对城市印象的首要因素。城市道路景观是城市景观的框架，为城市景观的重要组成部分。城市道路景观的好坏，直接影响市民的日常活动和生活水平。国内外由于城市道路景观的建设，创造了很多花园城市、城市林带和园林城市、绿色走廊等。城乡道路景观将城乡生态环境步入良性循环的轨道，最终形成绿化、美化、四季常青、三季有花的境界。道路景观与路旁的自然景观、人文景观融为一体，体现了人、车、路与大自然的生态景观的协调，凸显了社会效益，也展示了城市的艺术。城乡道路景观已成为城市人们日常生活不可缺少的一部分，也是影响人们健康和维持城乡生态环境最直接的一环。它把公园、街头绿地、居住区、风景区、田园风光等大小绿地斑块串在一起，最大限度地发挥景观在生态环境中所起的作用。所以利用城乡道路景观系统，在完善美丽城市景观体系，建设城乡绿色廊道，服务民众等方面都具有极其重要的战略意义。

　　城乡道路景观是在交通空间的基础上发展起来的一种形式，道路本体、行人在道路上的活动、道路的人文环境等都是该道路的景观。它反映了城乡生产力的发展水平、老百姓的审美意识、生活习俗、精神面貌、文化修养和道德水准等。城乡道路景观是一个由不同土地单元镶嵌组成，具有明显视觉特征的地理实体，它处于生态系统之上、大地区域之下的中间尺度，它兼具经济、生态和文化的多重价值。城乡道路景观区既是人类的生存环境，也是生物的栖息地。道路景观是具有生态和审美特征的自然和人工的道路景致。它最重要的特性是人工性、地域性、功能性、文化性等。随着我国机动车辆的增加，交通污染日趋严重，改善道路环境，创造美丽城乡道路景观，已成当务之急，也是建设美丽中国的重要环节，鉴于以上目的，特编写此书。

　　本书的重点是叙述城乡道路红线内的景观，它将国内外的道路景观集锦作为序章，其主要内容有：城乡道路景观概述，道路景观规划设计应遵循的生态学原理，艺术构图原理等方面的基本原理。在此基础上分别介绍了道路规划前的调查研究与分析，规划的原则及设计的手法等。并分别介绍城乡道路铺装景观设计，绿装景观设计，城市道路亮化景观设计，城市广场、步行街景观设计，城市道路上的车站、广场、桥梁、轻轨，以及道路旁其它小品景观设计等。本书在科学技术方面不仅具有较新的道路景观设计理念和专业技术的理论阐述，还有道路景观评价和评析。在内容上用精练的文字和彩色图片加以对照说明。全书彩图新颖，文字简明易懂，有利于城乡道路景观规划设计及相关专业管理人员参考，本书也适宜道路景观、园林、园艺、环境艺术、城市管理等大专院校教学用书或师生参阅，这是本书的特色所在。

　　该书是作者们数十年来教学及科研工作的总结、体验和体会，在编写过程中，吸收了国内外有关专家的论述，还得到深圳市园林科学研究所领导和技术人员的支持，汪峰、徐君、孙晋东同志还提供了多幅彩色照片，在此表示衷心的感谢。

胡长龙

2017 年 11 月

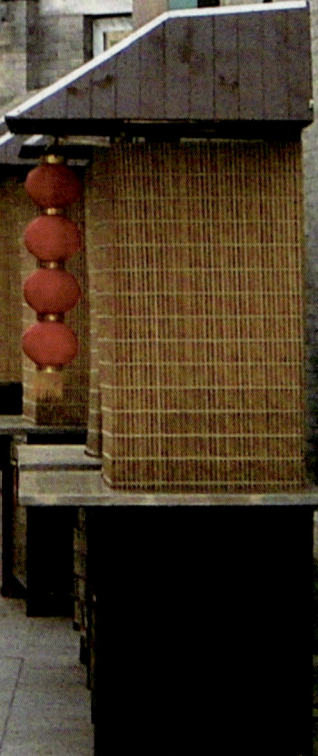

CONTENTS
目 录

PART 1

THE FOREWORD OF ROAD LANDSCAPE

道路景观序说

　　所谓美丽的道路景观是具有生态和审美特征的自然和人工的道路景致，它最重要的特性是人工性、地域性、功能性、文化性等。美丽道路景观是在交通空间的基础上发展起来的规划布局形式。市民、车辆在道路上的行动，道路的人文环境等都是该道路的景观。它反映了这个城市生产力的发展水平，市民的审美意识、生活习俗、精神面貌、文化修养和道德水准等。本书的重点是叙述城市道路红线内的线形地貌的路面、绿装、亮化、轻轨、步行商业街、立交桥、广场、停车站场和路旁其它主要设施景观等。本讲主要概说道路类型和道路景观。

道　路

　　道路是现代化城乡必备的重要基础设施，它是国家交通运输的通道，又是城乡活力的所在，也是人们户外生活的重要场所，所以说道路是城乡物流的"血管"，是城市的"骨架"。近年来城乡交通运输的迅猛发展，要使各种道路各尽所用，按照现代城市交通的特点进行道路分类是很有必要的。

　　道路本身一般由路面、路基和附属工程构成，道路景观虽然多种多样，但是都与其结构关系密切。在路基之上的行车或行人部分称为路面，它是用不同粒料或混合料铺筑而成的层状结构物。路面直接承受行车的作用，设置路面结构可以改善汽车的行驶条件，提高道路服务水平（包括舒适性和经济性），以满足汽车运输的要求。绝大部分路面的结构是多层次的。按使用要求、受力状况、土基支承条件和自然因素影响程度的不同，在路基顶面采用不同规格和要求的材料分别铺设垫层、基层和面层等结构层。在路面上具有各种分工不同的装饰景观和设施景观。路基是在地表按照道路的线型和断面的要求，开挖堆填的岩土结构物，它为车辆在道路上行驶提供基本条件，也是道路的支撑结构物，对路面的使用性能和景观效果都有重要影响。路基的断面形式有：路堤式，即路基顶面高于原地面的填方路基；路堑式，由地面开挖出的路基；另外，也会有横断面一侧为挖方，另一侧为填方的路基。从材料上来说路基可分为土路基、石路基、土石路基等。还有很多的市政设施也都设置在路基之下或者在路旁，例如各种电线、电讯、给水和排水管道、供气管道等。特别是行道树根部生长对于路基都有密切的关系，路基对行道树等绿色景观影响也较大。道路的附属工程还有道牙、明沟、雨水井、台阶等，它们的施工、材料、造型都和道路景观息息相关。

　　由于城市规模、性质，发展状况不同，其道路也有多种多样，根据道路在城市中的地位、交通特性和功能的不同可分4类，如快速路、主干路、次干路、支路（CJJ 37-90）。根据对外交通的不同还有高速公路、公路、国道、省道、县道、村道等。按照现代城乡交通工具和交通流的特点进行道路功能分类，可把道路大体分为六类，如高速干道（高架路）、快速路、主干路、次干路、支路、专用道路等。见图1.1示道路结构。

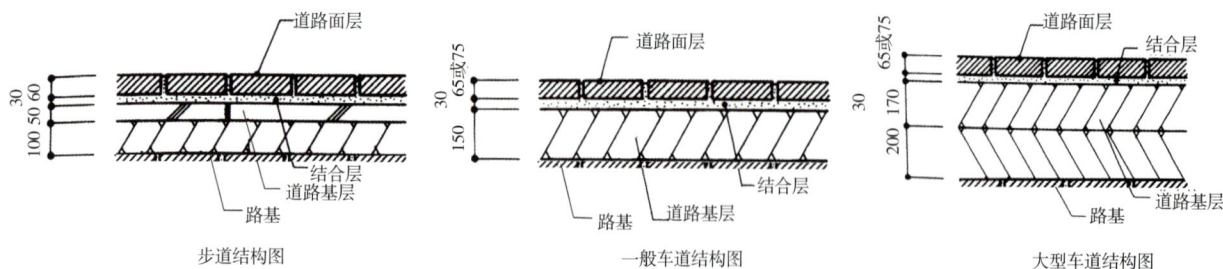

图1.1 道路结构（单位mm）

1. 高速路

　　在特大城市、大城市设置高速交通干道，也就是高速路，为城市各大区之间和远距离高速交通服务。联系距离为20~60km，其行车速度在80~120km/h。行车全程均为立体交叉，其它车辆与行人不准使用。最少有4车道（双向），中有2~6m分车带，外侧有停车道。见图1.2所示。

2. 快速路

　　快速路也称快速交通干道，在特大城市、大城市，规划人口在200万以上，长度超过30km的带状城市较为适用。与其它干路构成系统，为了便捷与对外公路的联系，或城市各分区间较远距离交通道路联系，一般距离为10~40km，其行车速度≥70km/h；行车全程为部分立体交叉。最少有4车道，中央设置分车绿带，机动车道

图1.2 高速干道，它依靠城市的高架道，凌驾城市的上空，也是城市的带状风景线，但对市民来说也有一定的压抑感

图1.3 展示快速道路景观，如路面装饰景观和设施景观等都是路面的重要景观

图1.4 气势壮观的快速路

旁不设置非机动车道，外侧有停车道。自行车道、人行道都在外侧。道路两侧不设置公共建筑的出入口。

快速道路经过城市人流集中地区时，设置人行过路天桥或开通地下道。城市的各种主干管不埋设在快速路或主干路下，避免灾害时影响救灾工作顺利进行。快速路的两侧不宜种植高大的乔木或行道树，以免遮挡视线，有碍交通安全，在中央分车绿带上种植了低矮的灌木，用来遮挡对向行驶车辆的眩光。快速路的绿化带景观带一年四季常绿，有利于净化大气。见图1.2~图1.4所示。

3. 主干路

主干路又称交通干道，是大、中城市道路系统的骨架，是城市各用地分区之间的常规中速交通道路。机动车与非机动车分道行驶，其设计行车速度为≥40~60km / h，主干道最少有4车道，路两侧不宜有较密的公共建筑出入口，行车全程基本为平交，在交叉路口较远处可设置人行过路天桥，直接深入道路两侧的公共建筑或多层商店内部，避免行人在交叉路口横穿道路，以便形成开阔的交叉路口空间，有利于交通的安全和广场景观的布置。见图1.5所示。

4. 次干路

次干路也称区干道，在工业区、仓库码头区、居住区、风景区以及市中心地区等分区内均存在。共同特点是作为分区内部生活服务性道路，行车速度较低，但横断面形式和宽度因"区"制宜；路的两侧可以设置公共建筑物出入口、停车站点、停车场等。其行车速度为

图1.5 城市道路系统的主干路景观，主干路的景观设置主要是展示该城市的个性，创造城市的特色

图1.6 某区级干路景观，创造该区的绿化特点，形成了该区内生活服务的功能

图1.7 某风景区的支路，共同特点是分区内部服务性道路景观

图1.8 住宅群内部直接连接公共建筑的道路景观

图1.9 专供自行车的道路绿化景观

图1.10 步行休闲、商业购物的街道景观

图1.11 居住区内部的专用木栈道景观

图1.12 居住区内部专用道路的绿化景观

图1.13 城乡之间的公路香樟及灌木景观

25~40km/h；行车全程为平交；按工业、生活等不同地区，具体布置最少2~4车道，见图1.6~图1.8所示。

5. 专用道路

专用道路是从城市交通规划考虑具有特殊要求的道路，其断面形式根据具体设计要求而定。如专供公共汽车行驶的道路，专供自行车的道路，城市绿地系统中和商业集中地区的步行街、商业街等。

商业街是城市中较特殊的专用道路，其平面是按街道的形式布置的单层或多层商业用房，沿街两侧设有特色铺面及各种休闲生活适用景观。它是以步行休闲或商业购物为主要功能的景观街道。 还有以城市交通特征为主的道路叫街道，包括巷道和胡同等叫城市生活性街道。它具有城市人们相互往来生活性街道景观的特征，见图1.9~图1.13所示。

道路景观

道路景观是城市景观的重要部分，城乡道路景观的好坏，直接影响民众的日常活动和生活水平。城乡道路景观与路旁的自然景观、人文景观融为一体，人、车、路与大自然相互协调也展示了城乡的艺术水平。因此在日益注重绿色空间和环境质量的今天，道路景观有着举足轻重的作用。美丽道路景观多种多样，内容丰富，本讲简介路面铺装景观、道路绿装景观、道路亮化景观、道路桥梁景观、道路广场景观、轨道交通景观、公交车停靠站及停车场景观以及其它附属景观等等。

1. 路面铺装景观

城市道路的路面由于道路功能的不同，有车道、人行道、步行道、广场等路面。其铺装的材质、色彩、花纹构图、质感等都各有不同。它常采用山石、砖、混凝土、沥青、卵石、木材等材质进行路面铺装，一是为了满足城市道路功能和使用的需要，二是提高对路面的可识别性，以便区分不同性质的区间，诱导交通，或限制车速，或加强人与车的拦阻，或造成无障碍路面，提高人的方向感。当地面有高差变化时，应做明显的标志，如采用醒目的颜色等。根据不同气候条件选择不同性能的铺装材料，如南方炎热多雨，应选用吸水性强、表面粗糙的材料，在雨季可起防滑作用；而在北方寒冷地区，应选择吸水性差、表面粗糙且坚硬的材料，防滑防冻、不易损坏。见图1.14、图1.15所示。

图1.14 卵石、大理石规整花纹构图路面铺装景观

2. 道路绿装景观

在道路红线之内，采用花草、树木等绿色植物作为材料所创造的具有生命力的景观，称为道路绿装景观，也就是绿化景观。它是道路环境中重要的视觉要素，因花草、树木的种类不同、景色不同就形成了不同道路的特色，也是识别道路的重要标志。应用乡土树木更可创造地方特色，它不仅丰富了城市的景观层次，而且还为城市增添了自然的生机。它主要表现在行道树绿化带景观、分车绿带景观、交通绿岛景观等路段上。因此道路绿化景观被人们称为"具有生命活力的绿色廊道"。城市道路绿化景观已成为城市人们日常生活

图1.15 卵石、大理石波纹构图路面铺装景观，它使用了各种不同的色彩和图案来表现城市的文化底蕴，创造了引人注目的道路特征，表现了特有的韵律，创造了该城市突出的路标景观，形成城市突出的个性

不可缺少的一部分，也是维护人们健康和维持城市生态最直接的一环，它把城市中的公园、街头绿地、居住区、风景区等大小绿地斑块串在一起，最大限度地发挥景观绿地在城市生态中所起的作用。按景观生态学理论，超过12m宽的城市绿带就能产生一定的生物栖息效应，这种绿色生态廊道的幅度越宽效应就越明显。因此符合生物生活尺度的绿色廊道就成为城市重要的生态基础。见图1.16、图1.17所示。

3. 道路亮化景观

随着人民生活水平的提高，人们对城市环境的生活质量要求也日益提高。城市道路亮化景观不仅要满足人们的夜间出行、夜间辨识等基本功能，还能满足人们对城市环境的景观性诉求。城市道路亮化是城市照明的有机组成部分，是城市道路空间、交通特征的物质表现，是城市中最易识别、最易记忆的部分。在白天，别具一格的灯具造型，不仅增添了道路空间的艺术氛围，而且具有独特的个性；在夜间，亮化了整个城市道路景观，使得建筑失去了应有的体积感和厚重感，更多地成为某种戏剧性的变化。见图1.18、图1.19所示。

4. 道路桥梁景观

城市道路桥梁是为了解决城市道路路口处交通紧张而修建的交通设施。如城市的过街天桥环境景观、高架景观、立交桥景观，都给城市的带来了交通的便利，也增添了一些美丽的景色。特别是晚上的立交桥梁，对城市夜景的景深与空间层次有着极其重要的作用。城市立交桥梁的形式多种多样，它不仅包括平面交叉的道路，高架贯通的跨线桥，还有四通八达分层互通的大型立交。它是组成城市交通的主要枢纽，也是城市景观的重要组成部分。它在一定程度上体现着这座城市的风土人情，代表着整个城市的景观风貌，还反映出社会物质的频繁互动对空间跨越的要求，是城市文化的聚焦及城市形象的窗口。见图1.20、图1.21所示。

5. 道路广场景观

城市广场是现代城市空间体系中最具公共性、

图1.16 采用落叶大乔木及花箱等绿化装饰的道路绿装，充分发挥景观绿地在城市生态中所起的作用，形成生物生活尺度的绿色廊道生态景观

图1.17 采用乔木、灌木等色彩不同的植物带状绿化景观装饰，充分发挥景观绿地在城市生态中所起的作用

图1.18 北京奥林匹克大道的亮化景观，表现了城市夜晚外部空间的暮色，不仅照亮了道路、广场和建筑物，它是夜间旅游的先决条件，能让行人体验这座城市的文化与生活

图1.19 某大道的亮化景观，表现了城市夜晚外部空间暮色，不仅照亮了道路，也亮化了绿化环境，使人领略了城市的另一种风情

图1.20 快速路高架桥下的水、石、绿化景观，它不仅包括自然的环境，而且还代表着文化的环境，给市民创造一个美好和谐的生活环境

图1.21 城市过街天桥景观，也是在人文背景下的环境景观，它是技术与艺术的结合，景观尺度和谐，高低错落，蜿蜒曲折，富有时代气息

图1.22 繁忙的城市交通绿地广场景观，组织城市交通，包括人流、车流等，是城市交通体系中的有机组成部分

最具艺术性、最具活力、最能体现都市文化和文明的开放空间。它是大众群体聚集的大型场所，也是现代都市人们进行户外活动的重要场所。城市广场还是点缀、创造优美城市景观的重要手段，从某种意义上说，体现了一个城市的风貌和灵魂，展示了现代城市生活模式和社会文化内涵。广场要有足够的行车面积、停车面积和行人场地。对外交通的站前交通广场往往是一个城市的入口，其位置一般比较重要，很可能是一个城市或城市区域的轴线端点，所以往往是城市景观的重要载体。广场的空间形态应与周围建筑环境相协调，体现城市风貌，使过往旅客使用舒适，印象深刻。它在绿化景观上，考虑到以广场作为提高周边环境质量的景观核心，创造适合人居城市的步行空间。用放射性的道路设计将绿地成块分割，呈现出人流、车流集散的方向和空间，体现了其功能设置的人性化、景观设计的生态化，充分展现"前客厅"的形象，见图1.22所示。

6. 轨道交通景观

随着城市化进程的加快、人口的增加和车辆的增多，许多城市开始谋求发展轨道交通来缓解交通压力。城市轨道交通作为城市公共交通运输的主力，承担城市客流运送的主要任务。它可以减少能源消耗，减轻污染，调高土地利用率，而且还方便居民的出行、工作、购物和生活，有利于城市的发展。因此，发展城市轨道交通已成为城市交通可持续发展的关键。现代城市轨道交通按照构筑物的形态或者轨道相对于地面的位置不同一般可以分为地下线、地上线，其中地上线包括地面线和高架线，细分之下可以分为地铁、轻轨、市郊铁路、有轨电车、磁悬浮列车及其它交通系统等。见图1.23所示。

7. 停靠站及停车场景观

城市中公共汽车停靠站是大众出行转乘车辆候车的场所，是城市景观的重要组成部分。它也是百姓获取资讯的重要界面和交往场所。还是百姓在城市空间中定向、识别甚至找到归属感的一个重要场所，它要求适用、经济、美观，在技术、人文、生态、地域等方面都应富有创意。

停车场是城市中集中停放车辆的场所。停车场的设置应符合城市规划和交通组织管理的要求，便于存放。停车场内的交通路线必须明确、合理，宜采用单向行驶路线，避免交叉。还要有交通法规规定的停车场专用标志，道路交通标志标牌等，见图1.24、图1.25所示。

8. 其它附属景观

其它附属景观也是道路景观的重要部分，对整体道路景观有着画龙点睛的作用。不同的城市区域有其不同的规划景观控制要求，无论道路设计还是建设管理，目的就是将各个不同的道路附属设施，通过整体统一的风格定位，创造出与城市整体环境相呼应的新景观。尤其是一些历史文化名城或历史文化街区的建设，对道路附属设施一般有较高的要求，附属设施应充分体现地方性，在风格定位上与古朴的周边环境相协调，在材质选取上，颜色及质感应与整体风格相配套，尽可能突出古色古香

的历史韵味。对于城市新区道路附属设施的建设，则要充分体现时代感，整体风格应简洁明快，寓意深刻，蕴含现代的文化氛围，同时在材质选取上，应采用现代技术合成的材料，体现科技含量，展现时代风格，给人以美的享受。一般认为路旁设计长时间的休息场所，宜分布在林区边缘、风景名胜、历史古迹、建筑艺术遗址附近，这样不仅能包括设计独特的候车亭，而且还可根据地势高低修建一些上下坡道、阶梯、路旁音响等景观，或形成山地休闲型场地，供乘客休闲赏景，有效地塑造道路的艺术形象，增进景观效果。配合城市道路服务行人和市民的其它附属景观很多，例如路旁小游园、电话亭、书报亭、宣传栏等建筑小品，警示牌、栏杆等安全设施，凳椅、垃圾箱、雕塑、交通标志、交通信号、休息设施花坛、坐凳等。这一系列的景观又可分为公共服务设施（具有为人们提供识别、依靠、洁净等功能）和公共艺术品（具有点缀、烘托、活跃环境气氛的精神功能）。这些附属设施景观设计要统一布局，风格与道路环境协调统一。其造型设计在满足使用功能的情况下，强调时代感，使人感到自然、轻松、愉快。见图1.26所示。

图1.23 某市地下线轨道交通站点景观，它的沿线景观是一种新的城市景观，也逐渐演变成城市文化的一种载体和宣传媒介

图1.24 公交车停靠站，它结合了路旁、广告、坐凳等，使等车的人们可以获取资讯、休息和交往，也是百姓在城市空间中定向、识别甚至找到归属感的一个重要场所

图1.25 城市中公共汽车停靠站景观，它结合了路旁、广告、坐凳和垃圾箱等，它不仅简洁、适用、经济、美观，在技术、人文、地域等方面都富有创意

图1.26 配合城市道路服务行人和市民的路旁休闲广场的树林和坐凳景观，为人们提供识别、依靠、临时休息等功能，这些附属设施景观布局、风格与道路环境协调，其造型设计在满足使用功能的情况下，强调时代感，使人感到自然、轻松、愉快

PART 2

SIDELIGHTS OF FOREIGN BEAUTIFUL ROAD LANDSCAPE

外国美丽道路景观拾零

　　从古到今，从国外到国内，有很多优秀的美丽道路景观作品，都值得继承和传承，取其精华，相互借鉴，不断创新，以便建设更多美丽道路景观作品，服务于百姓。古代意大利的道路景观就使用了柏树作为行道树；德国曾用樱花树作为行道树景观；俄罗斯曾用桦木、杨树、椴树作为驿道的景观树等创造美丽的景观。随着社会的发展，各国城市道路景观建设也日新月异。特别是近几十年来由于工业的高速发展，引起日益严重的城市公害，很多城市进行了重新认识，或创新规划。老城市逐渐扩大和更新，很多新兴的工商业城市为了满足交通运输上的需要，要求在城市建设宽阔的道路和美丽的道路景观，与生态城市景观融为一体。

欧 洲

　　欧洲在中世纪时期，各国在主要的街道上就种植乡土树种：意大利丝柏等，创造了道路绿化景观。各国常将古城墙拆除，填平壕沟，将其建成环行的园林景观大道，方便市民游览，休闲散步，使得城市景观变得更加生动活泼。特别是文艺复兴时期之后，城市道路绿化景观得到了大力发展。奥匈帝国国王约瑟夫二世在1770年颁布法令：在国道旁种植苹果、樱桃、西洋梨、波斯胡桃等果树作为行道树。至今匈牙利、捷克、斯洛伐克、德国等国的道路还有果树行道树的景观特色。

　　中世纪欧洲各国将古城墙拆除，壕沟填平，建成环状街道或将其局部辟为园林大道，以建设景观为主要功能，形成宽阔的游憩散步路，使得城市面貌更加生动活泼。见图2.1~图2.6所示。

图2.1　欧洲各国对造景理论的研究也不断地深入，注重将道路植物造景与整体环境相协调，创造主景突出、富有层次感的路旁纪念碑和绿化景观

图2.2　现代欧洲各国城市的街道景观已形成了优美的街景，成为城市的重要标志。欧洲艺术家习惯将人物雕塑抬高，以便夺取人们仰视的目光。而该图为匈牙利布达佩斯道路雕塑景观小品，却放在地面，反映了道路清洁工的快乐喜悦的形象，同样更能吸引人们的眼球，受到人们的爱戴

图2.3　欧洲工业革命后，资本主义发展，城市兴起，商业繁荣，人口向城市集中。市区急速扩充，都市计划进展，辟建干线和道桥，行道树栽植逐渐盛行。城市行道树突破了"一条路两行树"的简单模式，而出现了园林大道等新的模式。图为匈牙利布达佩斯大桥景观

图2.4 随着工业革命及城市规划的发展，园林大道成为世界城市景观中的亮点，对环境和市容的改善起到了相当大的作用。街头小游园、绿化广场层出不穷，图为奥地利维也纳街头广场景观

图2.5 瑞士商业街，道路旁建筑的花卉装饰和大排档景观

图2.6 罗马道路桥梁和群雕景观

1. 意大利

罗马时代（公元前7世纪至公元4世纪），城市的主要街道旁也都种植了意大利丝柏。在神殿前广场与运动竞技场前的步道两旁都配植了悬铃木等绿化景观；希腊时代（公元前5世纪），在斯巴达的户外体育场两侧道路旁，都列植了悬铃木作为行道树景观；现代的威尼斯水路景观等。见图2.7~图2.9所示。

图2.7 罗马时代城市的主要街道旁也都种植了意大利丝柏。在神殿前广场与运动竞技场前的步道两旁都配植了悬铃木等绿化景观，意大利罗马古道、古建、古柏等古色古香的街景

图2.8 意大利威尼斯水城的街景，在商店门口配有小型绿树，建有各种码头、小桥和小亭装点街景，创造了水城特色

图2.9 意大利维罗拉古城道路的分车绿带景观，又兼有人行道的功能，其中高大的乔木为夏季行人起到了很好的遮阳作用

2. 法国

法国于1552年颁布了相关的法令，如规定在城市干道必须栽植行道树，当时的主要树种为欧洲榆等。18世纪末至19世纪初，法国政府正式制定了有关道路必须栽植行道树的法令，国道及县道行道树的管辖法令（1825年）；行道树栽植法令（1851年）等。这些法令对于栽植位置、树种选择、树苗检查、树权、砍伐与修剪的手续等事宜均加以规范。法国16世纪以来，是欧洲各国栽植行道树相关法令方面最先进的典范。在1872年曾对30个树种进行试验，最后限定10~12种为最适合栽植的行道树景观树种。见图2.10~图2.12所示。

图2.10 法国巴黎香榭丽舍大道的绿化、古建、雕塑景观，以七叶树等作为行道树，使得道路景观显得更加壮丽，成为近代园林大道的经典，对欧美各国都产生了极大的影响

图2.11 法国巴黎道路修剪整齐的大树绿化、方整的草坪和雕塑景观，显得整齐大方，气势磅礴

图2.12 巴黎铁塔轴线干道的大桥、广场、绿化、古建景观，广场的建筑、喷泉、花坛、绿化等景观对称布置，显得景色特别壮观

3. 德国

德国古代就用樱花树作行道树创造道路景观。早在1647年，柏林曾以特尔卡登为起点设计了菩提树大道。

在道路东侧配置了4~6列树木，这条美丽的林荫大道景观，对欧洲各国有极大的影响，例如法国巴黎的园林大道（Boulevard）就是很好的例子。德国著名的道路见图2.13~图2.15所示。

图2.13 德国柏林通直宽阔的凯旋大道，人物雕塑、铺装路面、绿化景观，视野开阔通透，非常有利交通安全

图2.14 德国菩提树林荫大道景观，绿荫浓厚，景色丰富

图2.15 德国法兰克福道路街心花园景观，其中休息设施较全，两边设有安全栏杆，车流两边双向行驶

4. 英国

最早的林荫步行道景观出现在英国。1625年英国于伦敦市的摩尔菲尔斯地区，格林公园以西，圣詹姆士公园以北，建造了林荫步行道景观，长约1km，种有4~6排七叶树和悬铃木，其功能又兼作车道，这条林荫景观是女王陪同国宾乘坐马车巡视时的优雅美丽的街景。它开创了城市林荫散步道的新理念。它成为美国、日本等城市林荫步道学习的典范；日本的购物街的设计也采用了这种模式，见图2.16~图2.18所示。

图2.16 英国某商业街中心广场，其中大理石铺装路面、绿化、花箱、休闲坐凳等景观，为购物行人休息和赏景提供了很好的露天场所

图2.17 英国优雅美丽的街头游园景观，吸引了很多儿童、老人就近游览、休息、赏景

图2.18 英国林荫道景观，这条林荫景观是女王陪同国宾乘坐马车巡视时的优雅美丽的街景，英国林荫大道绿化景观，为很多游人和车辆提供了非常好的夏季遮阳场所

5. 俄罗斯

俄罗斯的驿道两旁很早就种植了桦木、杨树、椴树等景观树。十月革命后在城市街道绿化方面取得了较大的成就。并将行道树、林荫道、防护林带连成一体形成"绿色走廊",还创造了大量的林荫路。通过城市道路绿化建设的实践在理论和法规等方面都有所建树。例如在城市绿化景观方面规定了林荫道的最低规模和一般应具备的功能,见图2.19~图2.22所示。

6. 列支敦士登

见图2.33所示。

图2.19 俄罗斯莫斯科大学前道路花坛、绿篱、宽阔的杨树、椴树等行道树、林荫道、防护林带连成一体形成"绿色走廊"

图2.20 现代俄罗斯莫斯科商业街的景观灯、花坛、绿化景观

图2.21 俄罗斯莫斯科农展馆前大道的人行道与公园绿带相结合的景观

图2.22 俄罗斯莫斯科二战广场旁主干道的人行道绿带与广场环境绿带景观相结合,创造了自然和谐的道路景观

图2.23 列支敦士登瓦杜兹的道路广场、绿化、喷泉、雕塑等景观不拘一格融为一体,形成一个清洁美丽、舒适、活泼的人居环境

大洋洲

1. 澳大利亚

澳大利亚堪培拉、悉尼、墨尔本等城市宽阔的道路上桉树、杨树成林，浓荫蔽日，大草坪像巨大的地毯，十多米宽的行道树绿带和分车绿带与城市公园等绿地连成一体，形成一个个美丽的花园城市，看不到黄土，汽车飞驶尘土不会扬起，人们听不到车辆的噪音，创造了一个空气清新的城市，见图2.24~图2.25。

2. 新西兰

见图2.36所示。

图2.24 澳大利亚悉尼歌剧院广场景观

图2.25 澳大利亚某广场水景雕塑和绿化景观

图2.26 新西兰道路分车绿带的棕榈树构成一个具有地域特色的美丽风景带

美 洲

美国

社会的发展，人与环境的矛盾显得突出，而这其中城市道路的作用与影响是极大的。人所企求的自由、舒适的生活空间已被机械地分隔与破坏，除去道路自身设计上的合理布局、竖向及水平设计的美观、线性弧度的精致以及行车安全的保障，最常用也是最有效的方法就是通过植物绿化来进行道路景观的创造，弥补和改善机械的道路对城市环境的破坏与影响，这也是当今美国城市建设中的一个重要环节。见图2.27~图2.29所示。

图2.28 闻名于世的美国华盛顿的林荫步行道绿化景观，是具有四排美国榆树的园林大道，也是美国各大都市设计林荫道的典范

图2.27 美国纽约街道绿化景观，通过植物绿化来进行道路景观的创造，弥补和改善机械的道路对城市环境的破坏与影响

图2.29 美国国会广场大草坪和大乔木绿化景观

亚　洲

1. 印度

　　印度城市道路景观的建设和发展是伴随着政治、经济和文化的发展而不断变化的。它表现了一定时期的生产力水平和人的愿望。例如印度在公元前10世纪时，当时出于军事目的在印度加尔各答与阿富汗之间修建了一条干道，在道路的中央与左右两边种植了三行树木，因此这条路被称为知名的"大树路"，它大大地推动了印度政治、经济和文化的发展。当今新型的道路景观也不断涌现，见图2.30所示。

图2.30 印度城市道路景观的建设和发展表现了一定时期的生产力水平和人的愿望，该图为当今印度南部港前干道景观

2. 日本

日本由于地震频发，日本政府在防震理念的指导下，建造了大量的防护公园和通向公园的景观路。在景观路设计方面还特别注意了环境防护的功能，强调人工措施与自然环境的协调。特别是日本的林荫步道景观设计，常采用樱花或美国榆树的绿化景观设计手法，全国形成很多园林景观大道。在日本《城市绿化政策纲要》中规定缓冲绿地及道路绿化的面积占70％以上。见图2.31～图2.34所示。

图2.31 图为日本的林荫道景观，采用国花——樱花树为主题进行绿化，形成了繁花似锦的特色景观

图2.32 日本有大量的防护公园和通向公园的景观路。在景观路设计方面还特别注意了环境防护的功能，特别是日本的林荫步道景观设计，常采用四排美国榆树的绿化景观设计手法，全国形成很多园林景观大道。该图为日本新宿干道绿化霞光景观

图2.33 日本筑波市为著名的生态城市，道路旁布满了森林大树，浓荫覆盖，形成了生态林荫景观路

图2.34 在日本景观路设计方面还特别注意了环境防护的功能，强调人工措施与自然环境的协调，图为日本横滨市干道绿化景观

3. 新加坡

花园城市新加坡的绿地率达70%左右，是世界著名的花园城市。它地处热带，具有高温、高湿、雨量充沛优越的气候条件，热带植物非常丰富。新加坡的道路绿化景观具有简洁、疏朗、开敞、自然的特点。常以疏林草地、组团绿化景观为主。在道路两旁、分车带、交叉路口、行人过街天桥或路灯支柱旁都充满了花草树木和藤蔓，道路绿化景观与城市景观融为一体，显得更加生态。见图2.35~图2.36所示。

4. 印度尼西亚

见图2.37所示。

5. 阿拉伯联合酋长国

见图2.38所示。

图2.35 新加坡街道小桥头的浓郁的植物景观

图2.36 新加坡干道绿荫景观，热带植物体现了地域特色，树形高大，华盖如伞，经多年的生长已成参天大树

图2.37 印度尼西亚道路旁的建筑周围具有丰富而多样的亭廊和绿化景观

图2.38 迪拜应用当地丰富的植物资源创造了美丽的道路绿化景观

PART 3

COLLECTION OF CHINESE URBAN
ROAD LANDSCAPE

我国城市道路景观集锦

我国古代道路景观就具有丰富的内容和多种多样的形式，对现代城市道路景观规划与设计仍有借鉴作用；当今我国各大城市的道路景观建设以植物景观的营造为主体，将节约型、生态型和地方特色相结合，创造了可喜的成果。本讲是我国古今某些城市道路景观的集锦，供读者借鉴参考。

古代

我国道路景观具有悠久的历史，据《周礼》记载，公元前5世纪，周朝首都镐京（今西安附近）至洛阳的道路，就种植许多行道树，来往的客人都可以在树下赏景休息。我国古代城市道路景观的内容和形式多种多样，依据功能的需要，因地制宜的规划设计和设施仍具有现实的意义。

1. 秦汉（前 221-220）

《汉书》记载："秦为驰道于天下，东穷燕齐，南极吴楚，江湖之上，滨海之观毕至。道广五十，三丈而树，原筑其外，隐以金椎，树以青松。"秦始皇修"驰道"，也就是说，在当时城市中的道路宽82.95m，中间天子走的道路宽7.29m，这样大规模地沿道路两侧种植青松，在世界上也是罕见的。汉代的长安朱雀大街，路宽几乎是"驰道"的一倍，达到150m宽。在满足功能需要的基础上，体现了"天子以四海为家，非壮丽无以重威德"的思想。以超乎寻常的广阔尺度来表现庄严雄伟。京城长安街道旁多栽桐树、梓树和槐树，每到夏

季，绿荫一片，繁花似锦。东汉洛阳，除宫苑官署外有里间24街，两侧植有栗、漆、梓、桐四种行道树，见图3.1所示。

2. 魏晋南北朝 (220-589)

西晋洛阳(今洛阳以东)"宫门及城内中央大道皆分为三，中央御道，两边筑土墙，高四尺余，夹道种榆树、槐树，此三道四通五达也。"南朝梁简文帝《洛阳道》诗："洛阳佳丽所，大道满春光。游童初挟弹，蚕妾始提筐。金鞍照龙马，罗袂拂春桑。"元帝："洛阳开大道，城北达城西。青槐随幌拂，绿柳逐风低。"《拾遗记·魏》："青槐夹道多尘埃，龙楼凤阙望崔嵬。"说明

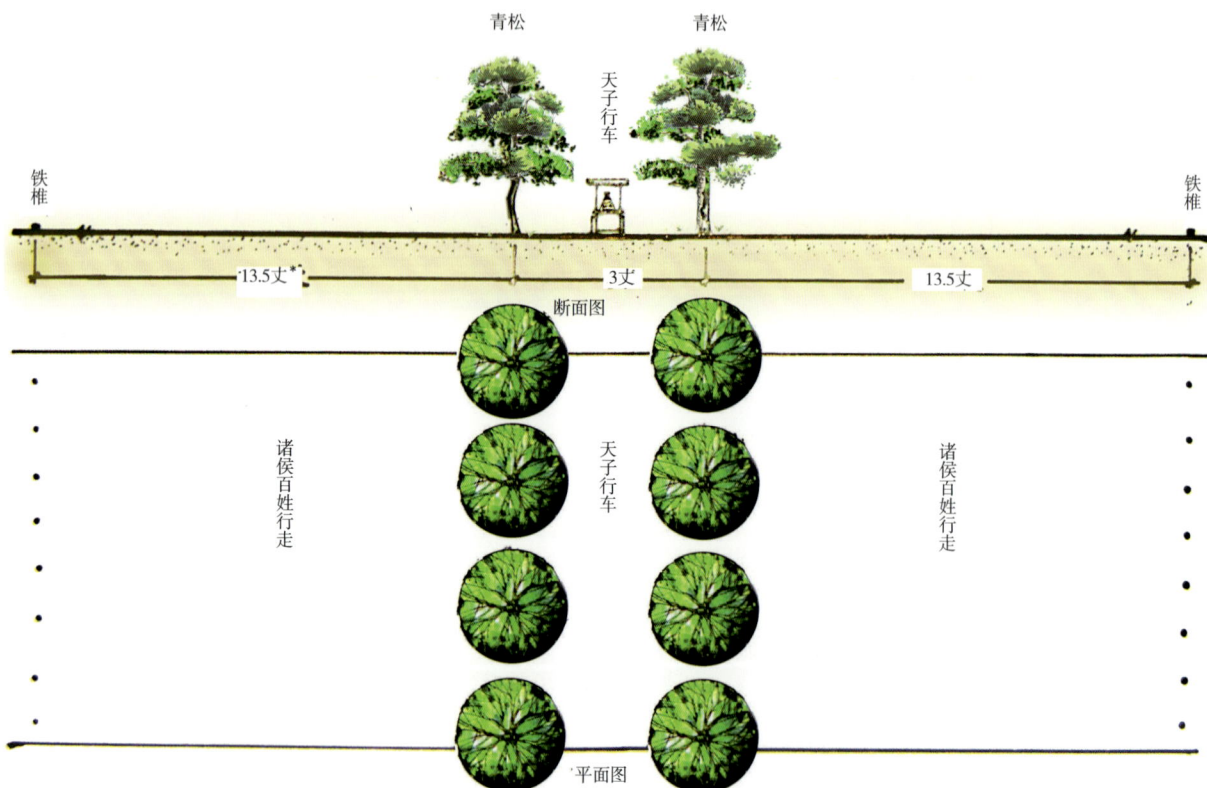

图3.1 秦始皇统一中国后，修筑了以咸阳为中心，分别通往燕、齐、吴、楚等地的大道。这些大道两侧，每隔三丈种以青松，非常壮观。长安城有南北并列的14条大街，街道都是土路面，为了排水，两侧有宽深各2m的水沟，街道两侧种有成行的槐树，称"槐衙"。图为秦代驰道景观推想图

注：丈：3丈=10m。

当时都城洛阳的道路景观以槐、柳为主,街景很美。见图3.2所示。

3．隋唐（581—907）

五代南唐尉迟偓在《中朝故事》中写道："天街两畔槐树,俗号为槐衙。曲江池畔多柳,亦号为柳衙,意谓其成行列,如排衙也。"历史上对槐树特别推崇,周官外朝之法:"左九棘,孤、卿、大夫位焉;右九棘,公、侯、伯、子、男位焉,面三槐、三公位焉。"三公即当时的太师、太傅、太保。槐树也就作为高贵、高位的象征。槐树还有"忠正"之品格,取其黄中外怀,又其花黄其成实玄之义。唐·李涛有诗:"落日长安道,秋槐满地花。"唐代诗人白居易诗中的"下视十二街,绿树间红尘"。岑参诗中的"青槐夹驰道,宫馆何玲珑"。唐代的柳宗元不仅以诗而闻名,也因道路绿化而名垂史册。唐代行道树制度通过日本遣唐使传至日本。对日本平城京的行道树的种植与管理等制度有很大影响。木宫泰彦著《中日交通史》记载:"日本中古之制……多仿唐制也。如天平宝字三年,东大寺普照奏请畿七道诸国驿路两侧并植果树,旅行者夏日息于木荫,以纳凉,饥则摘果,以充饥。"见图3.3、图3.4所示。

4．北宋（960—1127）

北宋时将杨树作为行道树,街道绿化比较丰富,同时路边有御廊,供行人遮阳挡雨,驻足小憩。宋代蔡

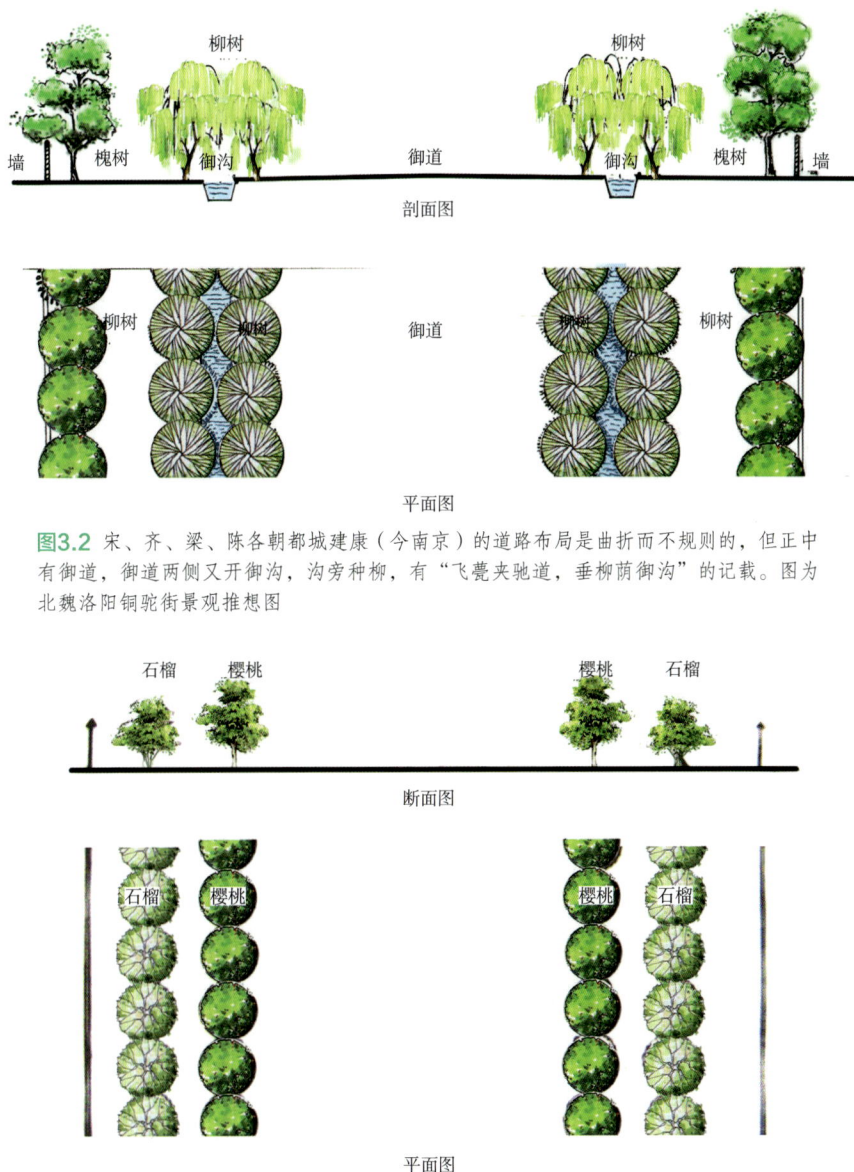

图3.2 宋、齐、梁、陈各朝都城建康(今南京)的道路布局是曲折而不规则的,但正中有御道,御道两侧又开御沟,沟旁种柳,有"飞甍夹驰道,垂柳荫御沟"的记载。图为北魏洛阳铜驼街景观推想图

图3.3 隋炀帝大业元年,在周王城故址(今洛阳)建东都,正对宫城正门的大街(天津街)宽一百步,道旁植樱桃和石榴两行作为行道树,自端门至建国门南北长九里,四望树木成行,人由其下。图为隋东部天津街景观推想图

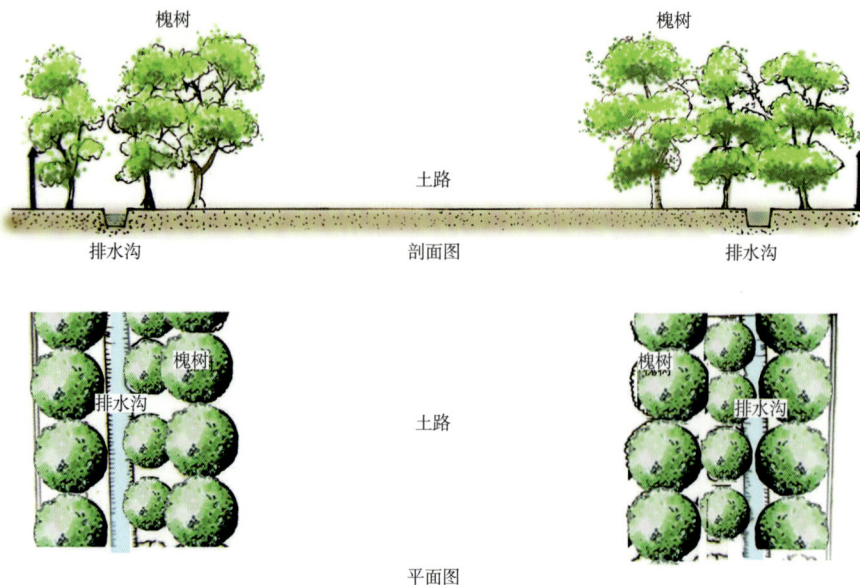

槐树

槐树

土路

排水沟   剖面图   排水沟

槐树

排水沟   土路   槐树   排水沟

平面图

图3.4 唐玄宗时期（8世纪中叶），曾在两京（长安，洛阳）的道路旁种植果树，唐代的道路绿化多以槐树为主。王维曾有诗句写道："俯十二兮通衢，绿槐参差兮车马。"长安南北11街，东西14街，布局严紧，城内街道主要树种是槐树、垂柳、桃、李、榆树等。槐衙指古代长安天街两旁排列成行的槐树，图为唐长安朱雀门大街景观推想图

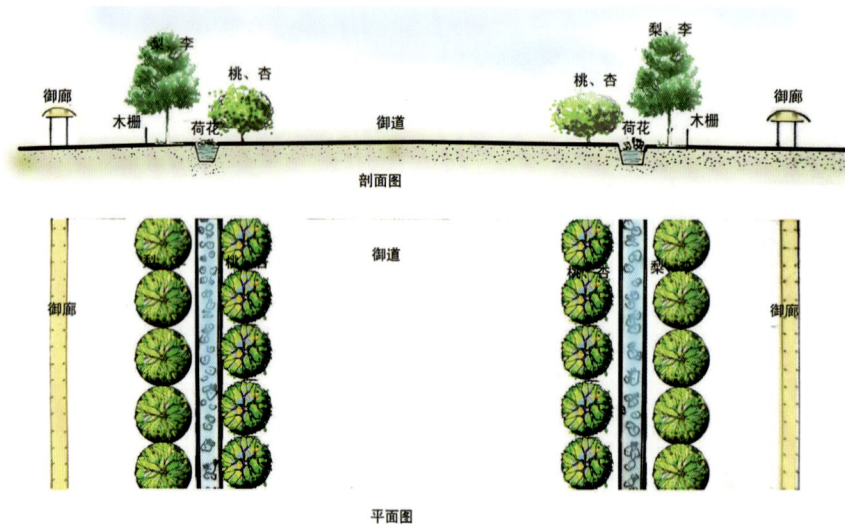

李   梨、李

御廊   桃、杏   御道   桃、杏   御廊
木栅   荷花   荷花   木栅
剖面图

御道

御廊   御廊   梨

平面图

图3.5 北宋的东京（今开封）街道植树最多，树种有柳、石榴、樱桃等，并以行道树作为隔离带。在宫城正门南，御街用水沟把路分成三条。并用桃、李、梨、杏等列于水沟边，沟外又设木栅(杈子)以限行人，沟中植以荷花，春夏繁花似锦，夏末荷花飘香，秋季果实累累。图为北宋东京御街景观布置推想图

襄任福州知府时，因下令各州县大搞道路绿化而有功，闽中民谣赞道："夹道松，夹道松，问谁栽之找蔡公。行人六月不知暑，千古万古摇清风。"南宋诗人杨万里《槐》："荫作官街绿，花开举子黄。公家有三树，犹带凤池香。"描绘了当时的道路绿化景观，真是绿荫气爽，避暑飘香，树姿优美，树冠庞大，枝繁叶茂，绿荫如盖的景象。梅尧臣："六月御沟驰道间，青槐花上夏云山。"古人历来把植树作为评价官吏政绩的依据之一。见图3.5、图3.6所示。

图3.6 宋代至今曲阜城门与神道相连的道路两侧古柏树形成苍翠挺拔，庄严肃穆的景观

5. 元代（1206—1368）

公元1271年，元世祖忽必烈迁都燕京(今北京)，就很重视道路绿化植树，元世祖规定大道上每隔两步要植一树。当时忽必烈对过去的蒙古政权行政机构进行了大规模整顿。其中就有一"制设"，专门负责颁布植树制度，例如"在一切要道之旁，视地土所宜，为此种植"，"并任命有关属员，保持路途，使之不致损坏"。还有元代永定河上美丽的石桥——卢沟桥。见图3.7所示。

6. 明清时代（1368—1911）

清左宗棠率部收复新疆时，就规定凡有水源的地方都要在路旁栽柳。东起潼关，西到新疆，颁令沿途种植树木。而且布告周知："有毁树者，即军法从事。"他在新疆戍边时，又令士兵自玉门关至迪化、阿克苏，沿途植柳，长达数千里。诗人杨昌浚曾写了"新栽杨柳三千里，引得春风度玉关"的诗句。如今平凉、六盘山和阿克苏等地，还有一些当年种植的几人合抱的"左公柳"。清中叶以后，沿海城市迅速兴起，一些新建街道引种刺槐、悬铃木、意大利杨等树作为行道树（段松廷《车与人》）。古城南京、苏州还现存明清时代多处道路景观，见图3.8~图3.11所示。

图3.7 保存至今的元代永定河上的卢沟桥景观，此桥长百步、宽百步，即使10个骑马的人并肩而行，也不会感到狭窄不便。桥共有24个拱，由25个桥墩支撑着，桥拱与桥墩皆由弧形的石头砌成，显示了高超的技术。桥的两侧由大理石板和石柱构成护栏。桥面的拱顶处有高大的石柱立于一个大理石乌龟上。靠近柱脚处有一个大石狮子，柱顶也有一个石狮。桥的倾斜面还有一根雕石狮的石柱，这个狮子离前一个狮子一步半。全桥各柱之间均镶嵌大理石板。这与石柱上那些精巧的石狮，构成一幅完美的图画。图为元代至今永定河上十分美丽的卢沟桥景观

图3.8 明代至今古城南京明孝陵石象路的枫香树和石雕景观

图3.9 现在保存完好的明清时代至今的古城苏州盘门陆上交通城门景观

图3.10 现在保存完好的明清时代苏州古城盘门水上交通的城门景观

图3.11 扬州市瘦西湖风景区内，五亭桥始建于清代乾隆（1757年），上建五亭、下列四翼，建筑风格既有南方之秀，也有北方之雄，具有极高的桥梁工程技术和艺术水平

现 代

20世纪初期我国城市道路景观以种植行道树为特色，80年代以后城市道路景观形成了"绿网"景观的特色，90年代形成了绿色植物景观的特色；21世纪以来，全国各大城市的道路绿化建设以植物景观的营造为主体，逐步走向节约型、生态型和地方特色相结合的路子。

1. 北京

北京的道路景观遵循"见缝插绿"，增加绿量，显山露水，展示古城风貌的理念。特别是天安门林荫路、奥林匹克大道等更加生态自然。遵照植物造景、适地适树的原则，营造四季有绿、三季有花的生态林荫大道和30多条花园式林荫路。王府井大街以交通组织序化、建筑立面美化、空间景观净化、道路景观绿化、城市夜景亮化为目标，创造了一个路畅、街美、景优的北京道路景观，彰显活力、和谐宜人的现代都市形象。见图3.12~图3.14所示。

2. 上海

上海世纪大道、肇嘉浜路、南京路等景观都很有特色。肇嘉浜路是在原臭水沟的基础上改建的，中间保留平均宽度约21m左右的绿化带，设6快2慢8车道，在宛平路、枫林路和大木桥路建造有3座人行天桥。其特点是该道路的断面为二板三带式，在该道路中间有较宽的中心绿化带。绿化景观与立交桥的建设进行了巧妙合理的配合，是有名的"城市林荫道"。金山区中央大道整体景观是一个特色街，它是欧陆风貌街、影视文化街、中华香樟一条街、文化名人街、雅文化街等组合的整体，形成一个风格各异、个性鲜明的道路景观。有名的南京路商业街景观更是城市道路景观与市民的共生、融合、互动的典范。上海道路已形成地上、地下、高架等多层景观，见图3.15~图3.17所示。

图3.12 北京的天安门广场既展示了古城风貌的理念，又创造了一个路畅、街美、景优的道路景观，彰显具有活力、和谐宜人的现代都市形象

图3.13 北京天安门林荫路的龙爪槐景观，给人们带来冬暖夏凉的感受

图3.14 北京奥林匹克大道两旁种植了大面积的银杏、杨树和黑松，又配以带状花坛，绿带美丽壮观，更具有绿色生态环保可持续发展的效果

图3.15 上海城市道路已形成地上、地下、高架等多层景观

图3.16 上海世纪大道是当前世界上独一无二的不对称道路，气势宏大，具有强烈的园林景观效果。世纪大道上的环境小品、带状花坛、景观灯等景观规律性地体现了其整体性和现代高技术的风格，是上海世纪之交城市形态建设的标志性景观

图3.17 上海世纪大道旁的环境小品，带状园林景观，具有强烈的生态园林景观效果

图3.18 天津大道景观

图13.19 海河东路是天津市中心区繁华地段的一条城市主干道，它是展现天津大都市风貌的重要窗口。道路旁具有异国风情和时代特色的建筑，多层次并富有节奏的绿化，路上和水上交通繁忙，体现了自然、生态、低碳

图3.20 天津古文化街人流攒动，古色古香的建筑和清洁的街道，形成一片气象繁荣的景象

3. 天津

天津城区快速路网有14条放射线，分别与途经本市的高速公路、滨海新区快速路网相接，沟通快速环线及环城高速。天津大道突显"节约、节能、生态、环保"的规划思想。黑色路面与标线的对比鲜明，道路两旁栽种多种绿色植物，具有生态防护绿带的作用，形成"三季有花、四季常绿"的自然园林景观。道路中央分车带修剪齐整、造型各异，舒适美观，见图3.18~图3.20所示。

4. 重庆

重庆道路以形象展示和生态为主题，成为展示历史文化和生态交融的景观大道。沿途的生态景观，具有山水城市的韵味，又有内涵历史的变迁，在展现画中美景的同时又描述着人文地理、巴渝风情、城市历史、社会发展。重庆新南景观大道绿化景观，在植物的选择上大量采用了乡土树种，两侧的人行道分车带，采用几何形式划分出的绿篱种植空间，毛叶丁香与红花檵木间植。上面再分别种植苏铁球、海桐球打破了单一的植物空间，给人丰富层次及变化。中央分隔带是高大乔木：上层空间采用银杏、桂花与红叶李的组合，做到了常绿与落叶以及彩叶树的搭配，下层空间则用整形的海桐球与红花檵木球点缀于草皮之上，不仅有充足的绿量，而且也注意到了季相的变化。灌木绿篱段：整形的小叶女贞与红花檵木及杜鹃等搭配，上方种植分枝点很低的天竺桂。花灌木与色木的完美搭配，显出繁花似锦的道路景观。见图3.21~图3.23所示。

图3.21 重庆市海峡路绿化景观

图3.22 重庆新南景观大道绿化景观，采用了乡土树种，两侧的人行道分车带，采用几何形式划分出绿篱种植空间，颜色分明，给人兴奋感

图3.23 图为重庆杨家坪步行街道瀑布景观，是山地城市的公共展廊与山城环境的骨架，它是山城的特色与活力所在，具有强烈个性，从大的轮廓上保持了独特的城市景观，是山地城市街道原有的鲜明个性。它创造了具有重庆地方特色的步行街道景观

5. 南京

南京的林荫道是绿树花草夹道而立，绿意盎然，形成五彩缤纷的南京绿色走廊，构建了具有生态性、地方性、独特性的道路景观。北京东路北极阁段，道路采用南京市市树雪松作为行道树，表现了南京市树的宏伟和壮观。并配以洒金桃叶珊瑚、素馨和细叶麦冬，具有丰富的层次感。由于雪松四季常绿，在色彩上略显单调，但细叶麦冬、水杉、素馨和时令花卉的种植（如国庆节的一串红，春节时的羽衣甘蓝），对单调的色彩有所弥补，该路紧靠鼓楼广场、北极阁公园，将"借景"发挥得淋漓尽致。太平北路是南京的一条主干道，是南京城市的景观路之一。道路上绿色的海桐球和红花檵木对比，道路和珍珠小游园完美地融合在一起，景观层次突

出。配有薄壳山核桃、水杉、海桐、红花檵木、小叶黄杨、龙柏、洒金桃叶珊瑚、细叶麦冬等。春有红花檵木的红色小花，秋有水杉的有色叶，冬季则有许多常绿植物。突出了常绿与落叶树种的搭配以及乔灌草的结合，见图3.24、图3.25所示。

的内环路，利用艺术栏杆和错落的绿化带，体现了浓郁的南方城市的景观特点。沿江路荔湾区路段，风格凝重突出历史感，在沿江路沿线建有江畔花园、旅游观景码头、海珠石公园、海珠桥底人工瀑布及天字码头观景台等五大景观。见图3.26、图3.27所示。

6. 广州

随着城市化进程的加快和生活水平的提高，对道路的步行、休闲功能提出了更高的要求，广州以高架为主

7. 深圳

深南大道是深圳市的迎宾路，亦是深圳繁华的道路之一，被称为"深圳第一路"，它具有景色优美的

图3.24 南京具有行道树之王的悬铃木，作为城市道路绿化的基调树种，突出了城市的特色。中山大道的百年悬铃木景观，已成为风景优美的绿色隧道

图3.25 该图是"南京眼"，位于南京市建邺区，跨越南京夹江，以河西青年文化体育公园为起点，步行终点是江心洲青年森林公园，它是长江上首座观光步行桥，也是南京的新地标，新景点

图3.26 广州沿江西路将是一条酒吧街，具有巴黎塞纳河岸边商业街模式，加上原有的老榕树和簇新的路灯，远远望去，与沿江中路、二沙岛江岸蜿蜒相连，海关沿江路旁有江畔公园、海珠石公园、海珠桥底人工瀑布、海印桥底游园加上二沙岛一带亮丽的江景，30m宽的沿江绿化带，浓荫蔽日、长须摇曳的一溜老榕树，以及新的江堤护栏、拓宽的人行道及路灯等，广州新城市景观正展现在市民眼前

图3.27 广州南站景观大道

绿色景观和繁华的商业用地、行政文化中心、旅游景区等。滨海大道位于深圳市西南面深圳湾畔，贯穿了红树林自然保护区、华侨城景区、沙河高尔夫球会、高科技园区、南山城区等，是深圳西部重要的东西向滨海城市道路绿化带，也是深圳重要的景观路。该道路以绿化植物为主，通过不同的分隔绿化带、立交绿地的植物配置，体现了"滨海气氛、立体景观、植物多样性、持续的生态效益"等特色。深圳特别以大王椰子作为行道树，景观性强，又突出了地域特征。见图3.28所示。

8. 济南

经十东路是济南市东西向的一条主要城市干道，整体道路绿化布局显得宽敞开阔、层次分明、有序、色彩明快，给人以大气、疏朗的效果。人行道侧绿化带宽约30m，配置结构主要以背景林、前景中低小乔木、开花大灌木、灌木球以及修剪式灌木色带、草坪为主，层次分明、高低错落、大体量的效果突出，形成了很好的道路绿化界定作用，在某些地段还放置了人文景石，起到了点景的作用，见图3.29所示。

9. 威海

威海的城市发展建设目标是创新、开放、宜居、幸福的现代化城市。提出了"灵活、宽容、创作"的建设理念。道路所在区域景观环境较好，沿线自然、历史、文化背景极具特色。灵活运用标准与指标，因地制宜、因路制宜，使道路与周围自然环境和社会环境相协调；以人为本，通过设计上的种种手段，消除安全隐患，见图3.30所示。

图3.28 深圳以大王椰子作为行道树，景观性强，又突出了地域特征

图3.29 济南市经十东路道旁绿化、行道树和道旁防护林带景观

图3.30 威海滨海大道的滨海公园与黑松绿化带景观融为一体，是一条国际一流的滨海旅游景观大道，具有鲜明的个性特征

10. 其它城市

见图3.31~图3.35。

图3.31 云南昆明碧溪古镇始建于明代，是茶马古道上的一个重要驿站，秀美、古朴、富庶，形制完整，保存完好

图3.32 苏州新区景观大道

图3.33 无锡古街灰瓦白墙清秀的古建筑配有条石路面，具有江南古街特色

图3.34 宁波商业街，路面铺装整齐清洁，在街心配有多种绿化和雕塑，具有使人心情愉快和亲切之感

图3.35 扬州文昌阁广场，位于汶河路文昌路交叉处，文昌阁高24.25m，为扬州市地标建筑，为三级砖木结构，攒尖顶楼阁式建筑。三层重檐向上逐层收缩作伞状，攒尖后以宝瓶收顶，顶部为椭球。文昌阁底层为八角形，四面辟有拱门，与街道相通，四周布满鲜花

PART 4

PATTERN AND BENEFIT OF ROAD LANDSCAPE

道路景观模式及效益

　　由于城乡道路的种类、宽窄不同，各自的功能不同，景观的样式也很多。根据快慢车行道和人行道绿带关系不同，可归纳如下几种模式：一板二带式，二板三带式，三板四带式，四板五带式等。道路景观最突出的功能效益有：构成美丽城市景观的网络，维护生态环境景观，凸显社会公众福利，展示区域历史文化艺术，保护交通安全，净化城市空气，改善城市小气候，延长道路的寿命等。

道路景观模式

1. 一板二带式

此种是最常见的绿化景观布置形式，一板就是一块板车行道；一板二带式绿化景观，即在这车行道两旁各设一条绿带，也就是在人行道分割线上种植行道树。中间是行车道，在其两侧人行道上种植行道树。这种形式的特点是容易形成林荫、简单整齐、用地经济、管理方便、造价低。在路幅较窄，车流量不大的街道旁，特别是中、小城镇的街道绿化多采用此种形式。但是行道树与架空线路易产生矛盾。当车行道过宽时行道树的遮阴效果较差，机动车辆与非机动车辆混合行驶不利交通管理。见图4.1~图4.5所示。

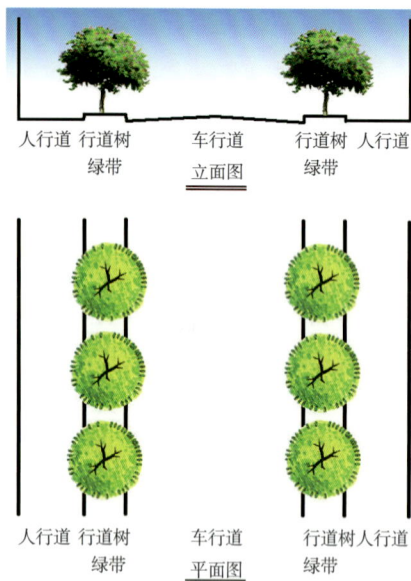

图**4.1** 一板二带式道路景观设计示意图

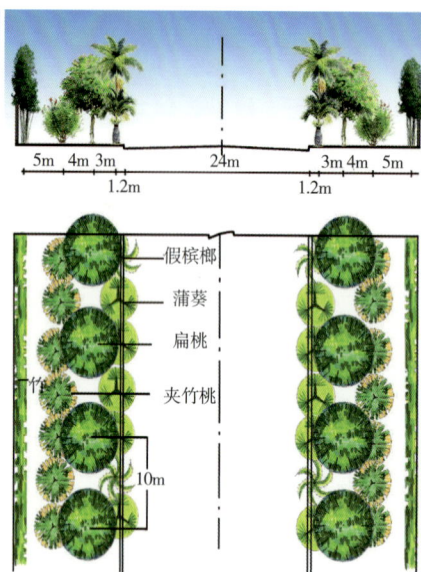

图**4.2** 以假槟榔为主要景观的一板二带式道路景观设计图

图**4.3** 常绿树香樟为主的一板二带式道路绿化景观图

图**4.4** 以落叶树杨树为主要景观的一板二带式道路绿化景观

图**4.5** 以落叶树悬铃木为主要景观的一板二带式道路绿化景观

2. 二板三带式

二板即是该道路具有上下行两条车道，二板三带式景观，就是在其间和车道的外侧共设3条绿带景观。这种形式有较好的景观效果，车辆分开行驶，减少了事故的发生。中间的绿带又叫分车绿带或中央分车绿带，主要功能是分隔上下行车辆，一般宽度为1.5~3m，常种些常绿小灌木及草坪，以不阻挡驾驶人员的视线为宜。特殊的中央分车绿带可达数十米宽，其中设有休息设施，形成游园式的绿地。车道最外边的两侧绿带可种植1~2行乔木或花灌木。这种形式的特点是绿量较大，生态效益较显著。常用在交通量大的市内道路上，或城郊高速公路和入城道路上。见图4.6~图4.11所示。

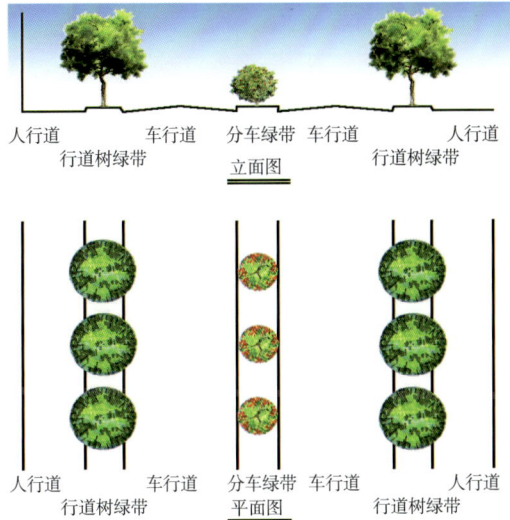

人行道　　车行道　　分车绿带　车行道　　人行道
　行道树绿带　　　　立面图　　　　行道树绿带

人行道　　车行道　　分车绿带　车行道　　人行道
　行道树绿带　　　　平面图　　　　行道树绿带

图4.6 二板三带式道路景观设计示意图

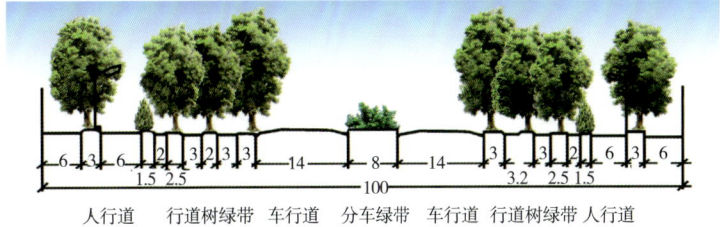

人行道　行道树绿带　车行道　分车绿带　车行道　行道树绿带 人行道

图4.7 二板三带式道路景观设计示意图

图4.8 二板三带式道路景观，其中修剪整齐的中央分车带景观

图4.9 二板三带式道路景观，其中单干常绿乔木的中央分车带景观

图4.10 二板三带式道路景观，其中规则图案式的中央分车带景观

图4.11 二板三带式道路景观，其中自然绿化的中央分车绿带景观突出

3. 三板四带式

三板四带式，即是具有1条中央快车道和2条上下行的慢车道道路。三块板，都是车行道，居中的为快车道，两侧的为慢车道。三板四带式景观就是在快车道与慢车道之间设有两条分车绿带景观，而两边的慢车道与人行道之间又设有两条绿带，因此叫三板四带。此种形式的特点是绿化量大，防护效果较好，有很好的减弱噪音和防尘的作用。慢车道与人行道之间设有行道树，以利夏季行人遮阳。此种形式多用在机动车、非机动车、人流量较大的城市干道。虽然占地面积大，但组织交通方便，安全可靠，解决了各种车辆混合互相干扰的矛盾，是城市道路绿地较理想的形式。其缺点是建设投资较大，如果分车绿带较窄，树木生长势弱，隔离效果较差，见图4.12~图4.16所示。

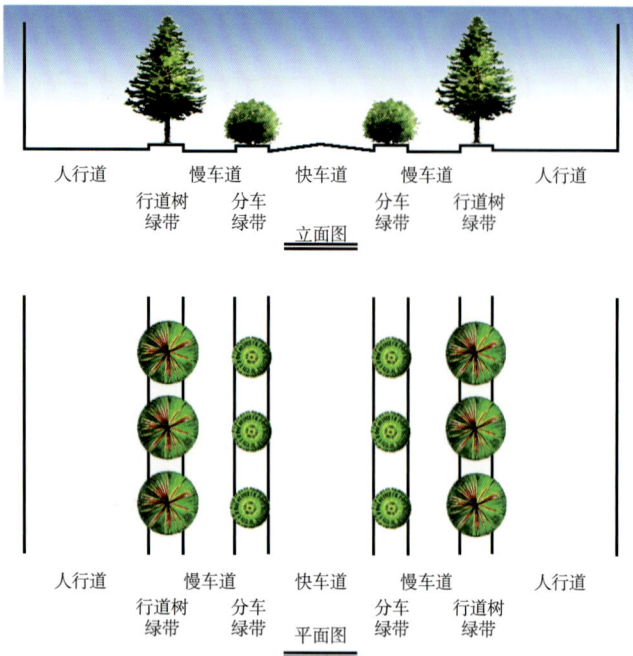

图4.12 三板四带式道路景观设计示意图

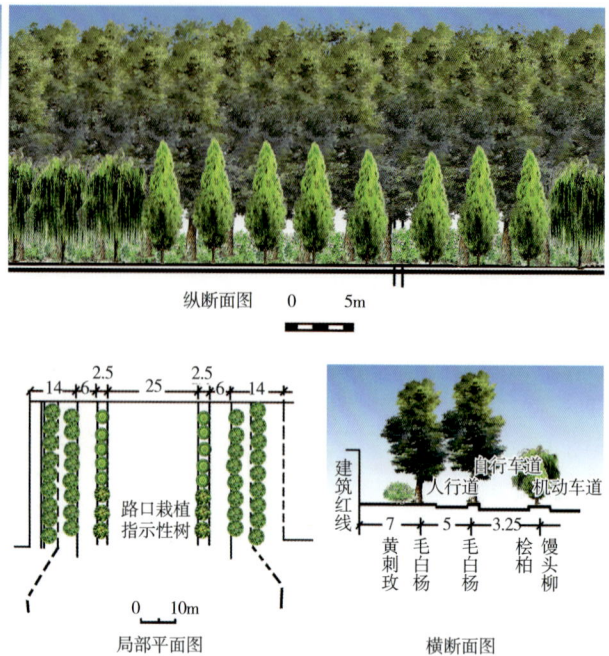

图4.13 三板四带式道路景观设计示意图

图4.14 三板四带式道路景观图，其中可见黑色路面的快车道和机动车道，灌木状两侧分车绿带景观和人行道的行道树景观比较突出

图4.15 三板四带式道路景观，其中两条分车绿带景观比较突出

图4.16 三板四带式道路景观图，黑色路面为快车道和机动车道，其中可见乔木为主的两侧分车绿带和行道树景观

4. 四板五带式

在宽路幅的条件下,具有2条上下行的快车道和2条上下行的慢车道组成的道路。也就是在上下行快车道之间,快车道与慢车道之间又设有两条分车绿带景观,而两侧的慢车道与人行道之间又设有两条绿带景观。中间的是一条中央分隔绿带景观,两侧的是快慢车道分隔绿带景观,而外侧的慢车道与人行道之间还设了人行道绿带景观。这种形式的特点是方便各种车辆上行、下行互不干扰,有利于限定车速和交通安全。如果道路面积不宜布置五带,则可用栏杆分隔,也可以节约用地,见图4.17~图4.19所示。

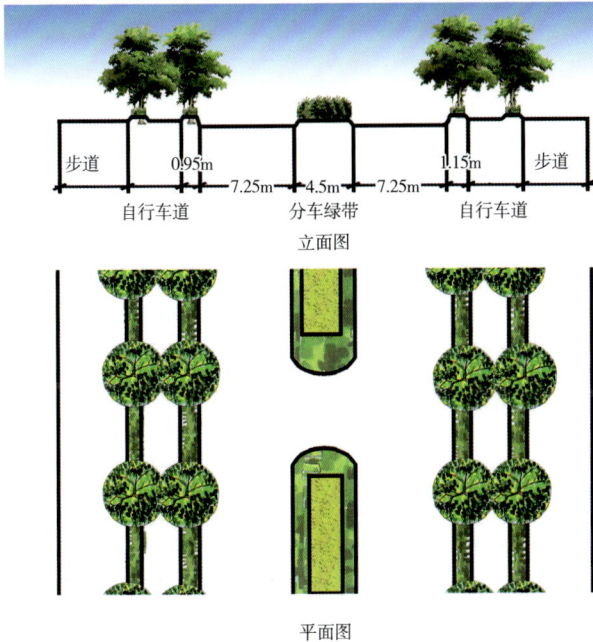

图4.17 四板五带式道路景观设计示意图

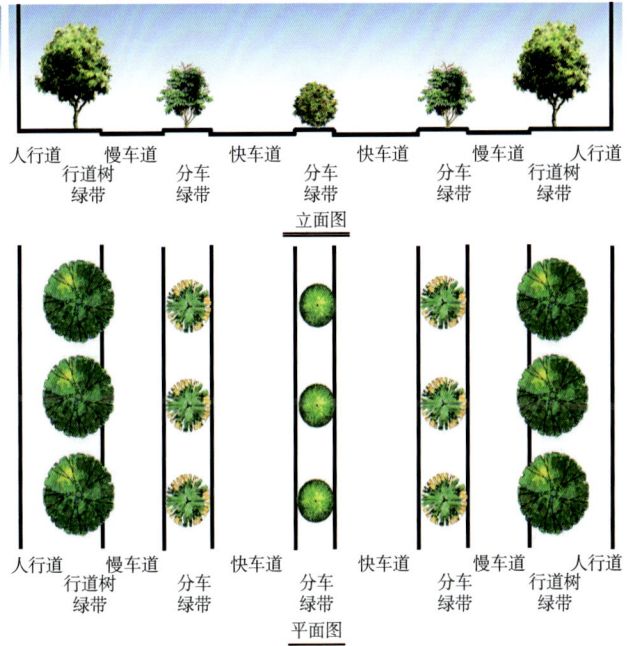

图4.18 四板五带式道路景观设计示意图

图4.19 四板五带式道路景观,有绿化、亮化、路标等景观,其中可以明显看到中央分车带景观和一边的两侧分车带景观

道路景观效益

1. 构成景观网络

城市道路景观内容丰富，城市道路的铺装、绿化、亮化、桥梁、喷泉雕塑等形成了丰富的城市景观系统。它在城市中以线的形式连接着公园、风景区、居住区、工厂、机关、学校等地的景观，从而使城市的绿化、亮化延续不断，构成了城市的结构，形成了城市的景观网络。它不仅美化城市环境，而且形成了完整的城市景观网络骨架，见图4.20所示。

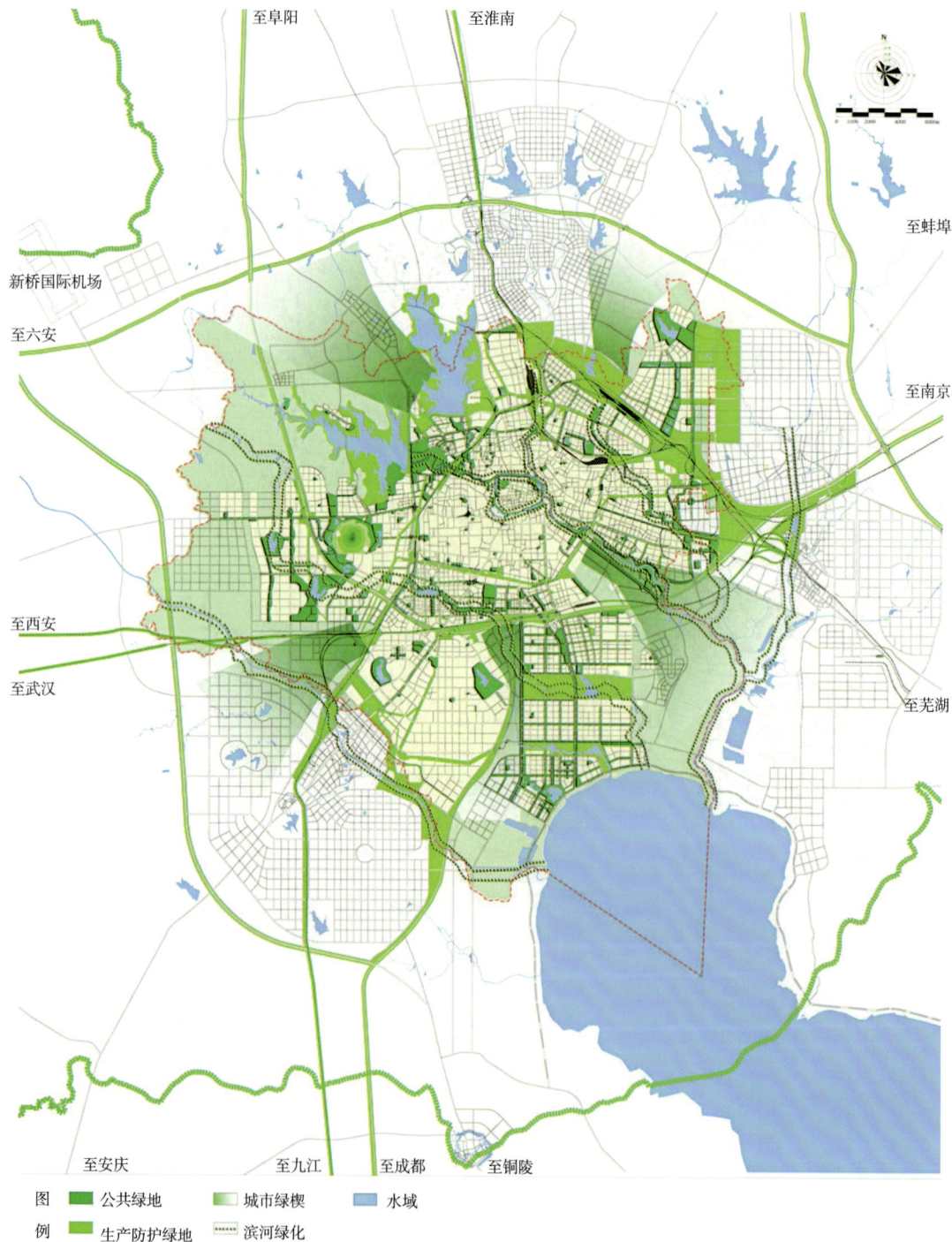

图4.20 某城市道路的景观系统联络了全市的大小公园和风景区，构成了美丽城市景观网络图

2. 维护生态环境

随着社会的进步，城市化进程的加快，使世界各国面临巨大的生态危机。为了缓解这种状况，道路的绿化景观已从最初的行道树种植的形式，发展为道路绿地的生态景观，构建完整的城市绿地系统。道路绿化景观是城市绿地系统中的重要组成部分，它有不可替代的作用。道路上植物多样化的配植符合植物的生态习性和生物学特性。它以乔木为主，乔木、灌木、地被植物相互结合，形成复层的拟生态的植物配置结构，充分发挥植物的环境生态效益。它以带状绿化的形式，占领了道路30%以上的空间，不仅形成区域特有的景观特色和地域特点，它还在减少环境污染、防御风沙与火灾的同时，起到生态平衡的作用。见图4.21、图4.22所示。

3. 凸显社会福利

现代道路景观是一个城市的生产力发展水平、公民的审美意识、生活习俗、精神面貌、文化修养和道德水准等的真实反映。它不仅构成了优美的街景，而且是一个区域的连续构图景观的组合，成为认识城市的重要标志。根据城市道路所在地的特点，通过视线导向、沿路景点、屏障间隔等，把道路景观形成统一的系统，这个系统可将自然的色彩和外形引入道路空间。乔木在道路上投射的光影变化和在蓝天衬托下的立面轮廓，缓解了城市环境中钢筋水泥等人工气氛，使得环境充满生机和活力，而且时时处于动态变化之中。道路景观设计师灵活地对道路旁的建筑进行配合处理，创造优美的街景，体现自然之美、立体之美。

现代道路景观给城市居民创造散步、休闲、安全、卫生、舒适优美的生活环境。植物吸收了大量的CO_2和废气，放出了大量的氧气，一年四季的花香、果、落叶、抽芽等变化，给人们心灵的振奋和对自然的遐想，带给人们不同的感受。所以说，植物不同的习性奉献给人们的不仅是视觉、嗅觉上的享受，还有心灵的慰藉。

城市美丽道路景观将社会的长期效益与短期效益相结合，是保证人类社会可持续发展的物质文明、精神文明的重要组成部分。它不仅肩负着形成道路景观、改善城市面貌的作用，而且对于提高城市居民的生活质量具有重大影响。见图4.23、图4.24所示。

图4.21 以乔木为主，乔木、灌木、地被植物相互结合，形成复层的生态的植物配置结构，充分发挥植物的环境生态效益

图4.22 道路和桥头绿化景观，形成了区域特有的道路景观特色和地域特点，既减少环境污染，防御风沙，又能起到生态平衡的作用

图4.23 根据城市道路所在地的特点，通过视线导向、沿路景点、屏障间隔等，使得道路景观形成一个统一的系统，将大自然的色彩和外形引入道路空间，特别是对于提高城市居民的生活质量具有重大影响，突显了社会的福利

图4.24 自然的色彩和人工的艺术外形引入道路空间，给城市居民创造娱乐、散步、休闲、卫生、舒适优美的生活环境，它改善了城市面貌，提高了城市居民的生活质量

4. 展示区域文化

加强城市道路景观建设，讲究道路空间的艺术设计，追求"骨架"与整体的平衡和谐，是完善城市功能、提高城市品位的有效途径。城市道路景观是一个沿着纵轴方向演进的风景序列，两旁不仅有建筑立面的变化，还有代表区域性的树木、花卉、草坪等。它不仅具有高低大小姿态和一年四季景观的变化，而且那些独具地方风格的植物景观结合人文设施蕴含着当地文化特色，会给人留下深刻印象。根据当地气候特征和植物季相变化表现，采用地域性植物形成地方特色。花坛、雕塑、喷泉、灯光等元素都是该城市的象征符号，特别是古道，或道路中的古树、古建都是城市发展历史的见证。道路不仅仅是连接两地的通道，在很大程度上还是人们公共生活的舞台，是城市人文精神要素的综合反映，是一个城市历史文化延续变迁的载体，是地区一种重要的文化资源，是构成区域文化表象背后的灵魂要素。城市道路景观组织了城市风景、串联公园绿地、形成完整的景观系统网络，丰富城市艺术风貌，使街道富有横向的层次感和纵向的节奏感。因而城市道路景观搞好了，不仅能美化街景，而且还能展示城市的历史文化艺术风采，见图4.25、图4.26所示。

5. 保护交通安全

道路上的绿化带、交通绿岛、分车绿带、路灯、信息牌、停车站亭等，都是组织交通、保证行车速度、维护城市交通安全的有力保证。由于路面枯燥乏味的灰色调，容易造成驾驶人员视觉疲劳而引发交通事故，而分车绿带和道旁的绿色植物，不仅可以缓解驾驶人员的疲劳，还可以起到防眩光的作用。道路景观还可以防止行人穿越，提高交通效率，保障交通安全。合理的道路林带景观连接着全市内外绿地，它不仅可以把郊外的自然风导入市区，还有防风、防火、防震、防雪等作用，在特殊情况下还能为市民提供避难场所。城市道路亮化景观不仅满足人们的夜间出行、夜间辨识等基本功能，还能满足人们对城市环境的景观性的诉求。在白天，别具一格的灯具造型，不仅增添了道路空间的艺术氛围，而且具有独特的个性；在夜间，整个城市道路景观使得建筑失去了应有的体积感和厚重感，更多地成为某种戏剧性的变化。城市道路的亮化景观不仅是夜间旅游的先决条件，可以使人领略城市的另一种风情，它能让游客体验这座城市的文化与生活，也维护了城市的夜间交通安全。见图4.27、图4.28所示。

图4.25 该道路景观是结合城市的人文历史、风土人情进行设计建设的喷泉和雕塑，具有较浓的地方特色，启发人们的联想

图4.26 上海世纪大道雕塑景观展示了现代城市的文化艺术风采

图4.27 道路旁的绿化带、交通绿岛、分车绿带、路灯等景观都是组织交通、保证行车速度、维护城市交通安全的重要景观

图4.28 道路旁的路牌、信息牌等景观成为组织交通导向、保证行车、维护交通安全的重要设施

6. 改善空气质量

道路绿化景观在城市中可以形成一个网状的体系，犹如人体的血脉，它能为城市源源不断地输送新鲜的氧气。在城市中，特别是车辆拥挤的道路、立交桥和交叉路口等环境污染较严重的地区，大量的树、花、草都能起到强化自然体系的作用。道路旁的

林带具有降低噪音和减弱风速的作用；很多树的叶子能散发出一些挥发性物质，具有杀菌的功能；道路旁绿化的草坪还可以防止灰尘第二次扬起，从而减少了人类很多疾病的传播；道路绿化树木还具有吸收二氧化碳、二氧化硫、氯气、醛、酮、醇、醚等毒气的作用。所以道路绿化景观通过植物的自身生长特性，具有增氧、杀菌、减弱噪音、吸收汽车尾气、滞留烟尘

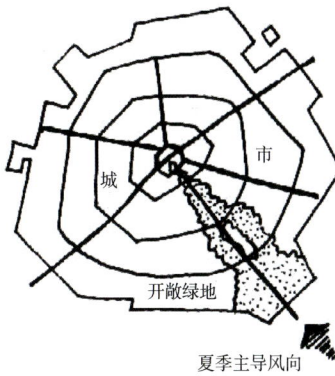

图4.29 道路绿化带与城市夏季主导风向一致可将郊区新鲜空气引入市内，改善城市的小气候

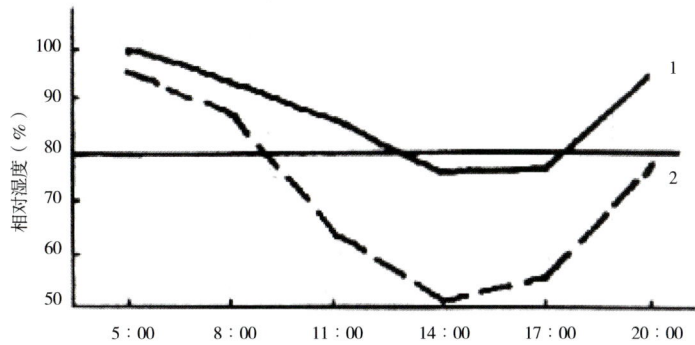

图4.30 行道树提高相对湿度的作用（1975年8月20日南京观测）
1. 行道树完全郁闭（北京西路）　　2. 新栽行道树未成荫（北京东路）

图4.31 风沙地区的道路旁柽柳等绿化带景观，起到很好的防风沙作用

等作用，从而不断地改善道路环境的卫生，净化城市的空气。道路绿化景观对于缓解城市热岛效应，改善城市小气候，起到重要作用。据测定，在气温为31.2℃时，裸露地表温度达43℃，而道路绿地景观内的地表温度较之低15.8℃；由于行道树绿化景观带的绿色植物的大量绿叶具有蒸腾作用，所以它还能将空气相对湿度提高10%~20%。据测定，多排树木绿化的道路比没有树木的道路能减弱风速约50%。城市道路绿化树木的枝叶可对光照产生散射和漫反射，有效降低硬质地面的热辐射，提供绿荫，降低地表温度，并通过根系的生长进行水土保持，增加空气湿度。还可以减少道旁建筑的热辐射，创造层次丰富的绿色生态景观又有利于行人的身心健康。特别是滨河道路的绿化带景观，形成城市的绿色廊道和通风渠道，如绿带与该地区夏季的主导风向一致，可以将城市郊区的气流引入城市中心，因而也大大地改善了市区的通风条件；如果道路绿化带垂直于冬季的寒风方向，还可以大大地减低冬季寒风或风沙，见图4.29~图4.31所示。

7. 延长道路寿命

道路是城市中具有重要地位的空间环境，在大部分的城市中，道路的面积约占城市所有土地面积的1/4。道路绿化景观的树木在夏季能阻挡太阳的直射，还能通过它本身的蒸腾和光合作用消耗许多热容量，因此可以在夏季降低气温。据测定夏季树荫下气温比裸露地块低3~5℃，比柏油路面的温度低8~20℃。道路绿化植物的枝叶对太阳光的吸收和散射，不仅减少太阳的辐射热，降低路面的温度，保护了路面，而且植物的根系起到紧固土壤和石砾的作用，防止道路水土流失，延长了道路的使用寿命。道路绿化带还具有防风、固沙的功能。

PART 5

DAOLU JINGGUAN
SHEJI JIBEN YUANLI

道路景观设计基本原理

　　随着人们生活水平的日益提高，对道路环境的要求也逐渐提高，人们对道路的要求已不再是从一处到另一处的通道，而是能承担足够的交通量，并具有流畅优美的线形，富有行车诱导性以及与周边环境景观统一协调的设施。要设计一个良好的道路景观，满足人、车、路、环境及景观的要求，就要掌握道路自身功能，创造生态景观，讲究艺术构图等基本原理。

道路自身功能的原理

1. 以人为本

城市从形成之日起就和道路交通联系在一起，交通的发展与城市的发展是紧密相连的。将道路周边的建筑物、构筑物和林立的人工景观相协调统一，来表现道路本身的魅力。道路自身功能就是以人为本，维护交通安全、顺畅，保证道路的行车及行人的安全；人是道路的主人翁，道路空间是供人们生活、工作、休息、相互往来与货物流通的通道。由于道路上的人流、车流等，都是在动态过程中观赏街景的，各自的交通目的和交通手段不同，设计者需要掌握他们的行为规律和视觉特性。

以人为本，维护城市交通安全、顺畅，保证道路的行车及行人的安全，是城市道路景观规划设计的主要原理。为了保证行人安全，道路中的景观不应遮挡汽车司机在一定距离内的视线；不应遮蔽交通管理标志；要留出公共汽车站台的必要范围；保证乔木有适当高的分枝点，不致刮到大巴车的车顶；尽可能地利用绿篱或灌木遮挡汽车灯的眩光；道路绿化景观要充分发挥其遮阳、滞尘、减噪、改善道路生态环境质量的功能，使行人免受阳光暴晒，减少道旁建筑的热辐射。在不同性质的道路上，选择一种主要用路者的视觉特性为依据，步行街、商业街行人多，应以步行者视觉要求为主；在大量自行车交通的路段，景观设计要注意骑车者的视觉特点。见图5.1、图5.2所示。

2. 协调环境

城市中的道路周边具有较多的建筑物、构筑物和林立的人工环境景观，乡村道路毗邻山、河、湖、海、丘陵、森林等自然环境。规划时应结合不同的人工环境或自然环境特点，与市政环境工程互相协调，才能创造该路段的景观特色。在历史悠久的城市内，由于历史的变迁，使得土壤成分比较复杂，一般不利于植物生长，这就要求加强人工管理。而在浇水、除虫、修剪等方面也会受到管理手段、管理水平和能力的限制。因此在设计上也应兼顾城市道路绿化景观应与市政的公用设施的位置等统一协调，既要保证各种市政设施的正常运作和维修，又要有适当的位置、空间保证树木的生长。创造和谐的街景由多种景观元素构成，各种景观元素的作用、地位都应恰如其分。单纯地作为行道树而栽植的树木往往收不到好的效果，还会影响其它市政工程。道路绿化景观关系着街景的四季变化，要使春、夏、秋、冬均有相宜的景色，应

根据不同用路者的视觉特性及观赏要求，处理好绿化的间距、树木的品种、树冠的形状以及树木成年后的高度及修剪等问题。道路景观是动态景观，要求花纹简洁明快、层次分明；作为街景它更要求色彩丰富，与周围环境协调一致。使人有"人在车中坐，车在画中行"的良好感觉。见图5.3、图5.4所示。

3. 创造特色

道路本身记载着城市的历史，蕴涵城市的文化，反映了一个城市的特色。一个地区给人留下深刻印象的往往是道路上的景观，街道两侧建筑物的体量和风格，色彩各异的广告牌匾和指示标牌，独具特色的绿化、雕塑、喷泉、小品设施，还有书画、诗词等文学艺术和民族文化内容，以表现地方风土人情、民族特色和时代的特点，以及街道上穿梭的车流，或漫步或急行的人们，或驻足聊天的市民，这些在道路上的情景往往成为这座城市或地区景观的代表。不同的绿化景观有助于加强道路特征，区分不同的道路，一些道路也往往以其绿化景观而闻名于世。在现代交通条件下，要求道路具有连续性，而绿化景观则有助于加强这种连续性，同时绿化景观也有助于加强道路的方向性，并以纵向分隔使行进者产生距离感。道路上的古树名木，它代表了这个城市的历史文化，具有标志性的意义。见图5.5所示。

图5.1 德国斯图加特特雷西亚的商业街景，景观设计者充分考虑了人们的出行目的、进度和视觉特点，树木的不同栽植和修剪方式、路面的花纹铺装等都将街景作为视觉线形设计来考虑

图5.2 地处道路拐弯处的花坛，其中种植有大灌木或小乔木，并恰当地布置花坛，既没有影响行者的视线，又给人以赏心悦目之感

图5.3 道路周边具有较多的人工环境景观或自然环境，本设计结合不同的人工环境或自然环境特点，创造了与市政环境工程互相协调的景观特色

图5.4 道路景观利用多变的植物形态，美化了建筑环境，本图将建筑前通道和人行道之间的地块，用绿化景观加以分隔，其中采用了前低后高的配置方法，软化道路两侧建筑物硬线条的不良影响，同时也与道路旁的地下设施相互协调，遮挡不需要暴露的地区，强调了高低和色彩的变化

图5.5 道路景观的历史文物以及现代建筑有机地联系在一起，把道路与环境作为一个景观整体加以考虑做出了一体化的设计，创造有特色、有时代感的城市道路环境，本图的道路地处江滨风光，其面层材质、图案、颜色、喷泉、雕塑、凉亭等都体现了地方特色

生态学的基本原理

1. 植物生态学原理

随着我国城市道路等建设事业的发展，生态环境也相应恶化，面对日益恶化的生态环境，如何利用生态学的原理，特别是植物生态学原理和景观生态学原理，来为城市道路景观设计服务，是目前非常值得关注的问题。生态学是研究生物及环境间相互关系的科学。这里，生物包括动物、植物、微生物及人类本身，即不同的生物因素，而环境是指生物生活其中的无机因素。

植物生态学是研究有关植物与环境、植物与植物之间相互关系的一门科学；道路景观也是一门以生态学为基础关于植物同人类生态系统、城市生态系统相互关系，及其技术调控手段的一项生态工程。例如创造适宜植物生态环境和稳定的植物生态群落，关注植物的他感作用。植物在适宜的生态环境中才能正常生长繁育，植物的生态环境包括自然气候和自然物质两大类。自然气候即光照、温度、湿度、降水、气压、雷电等，为园林植物提供生存基础；自然物质是指维持植物生长发育等方面需求的物质，如自然土壤、水分、氧气、二氧化碳、各种无机盐类以及非生命的有机物质等，当然还有半自然环境、人工环境等。环境中各种生态因子对道路绿色植物的影响是综合的，缺乏任何一因子植物均不可能正常生长。城市道路景观艺术构图应具备季相变化的特点，而植物、地形和山水等都是道路的重要景观要素，而它们大都是随时间、季节的变化而变化，如伴随着风、云、雨、雪、雾的变化更使景观显得丰富多彩。白天日光，夜晚月色，朝晖、晚霞……都会给人们带来精神上的享受和振奋。设计者要充分利用设计地域的特征和要素，尽量保持原有地貌特征，维护植物生长发育等方面需求的环境和物质。

植物具有多样性 道路的绿色植物景观是城市道路系统景观的重要组成部分，选择多种植物创造不同氛围，体现植物生长的多样性以及植物的层次性与季相性。城市道路绿化景观是构成城市景观的重要因素之一。道路绿化景观要保证植物生长所需的空间与环境，没有足够的地面与地下生长空间，植物就无法生长，就谈不上利用植物改善环境。园林植物的选择应因地制宜，适地适树，以适生树种或乡土植物为主。只有它们能适应当地的自然条件和立地条件，绿化的效果才能长期保持稳定发展。植物的配植应符合植物间的生态习性和生物学特性，以乔木为主，乔木、灌木、地被植物相结合，形成复层的拟生态的植物配置结构，充分发挥植物的环境生态效益。绿化同时需要结合给水灌溉设施，绿地坡度要有利于自然排水，避免积水和水土流失，城市道路绿化景观中的各种园林植物，因树形、色彩、香味、季相等不同，在景观、功能上也有不同的效果。根据道路绿化景观及功能上的要求，要实现四季常青、三季有花就需要多品种配合与多种栽植方式的协调。根据本地区气候、栽植地的小气候和地下环境条件选择适于在该地生长的树木，以利于树木的正常生长发育，抗御自然灾害，保持较稳定的景观成果。见图5.6、图5.7所示。

植物具有群落性 在自然界，任何植物种都不是单独地生活，它们跟其它植物共同生活在一起。这些生长在一起的植物种，占据了一定的空间和面积，按照自己的规律生长发育、演变更新，并同环境发生相互作用，称为植物群落。植物群落是植物生态系统的核心之一，它包括各种树木、草本、花卉等陆生和水生植物，它是植物生态系统的初级生产者，利用光能合成有机物质，为植物生态系统的良性运转提供物质、能量基础。植物群落在不同环境中的形成及发展过程，以及生态系统的能量流动、物质循环中植物的作用保持平衡，其景观才能持续稳定。见图5.8所示。

植物具有他感性 生态是物种与物种之间的协调关系，也是道路绿色景观的灵魂。它要求乔木、灌木、草本的多层配置，创造植物群落的整体美。植物一系列的生命活动中，地上器官和地下的根都会分泌近百种物质，这些物质进入空气或土壤中，能改变周围的环境，并会引起其它植物产生各种不同的反应。如通过几种相生树种的混植，可以促进植物生长，达到速生，更快地营造理想中的道路景观；有些植物也会产生有毒物质，从而抑制周围的其它植物生长，这都表现了植物的他感作用，也就是植物生化的相生或相克作用。设计者通过尊重植物群落的自然特点，考虑植物的他感作用，注意生态环境因子对植物的影响，来合理组合植物种类，才能创造最佳的景观。另外，也可利用植物他感的原理，达到抑制某些杂草生长的目的，以减少化学除草导致的环境污染和植物增强药物抗性的问题。见图5.9所示。

2. 景观生态学原理

景观生态学是研究在一个相当大的区域内，由许多不同生态系统所组成的整体（即景观）空间结构、相互作用、协调功能及动态变化的一门生态学。不仅要研究景观生态系统自身发生、发展和演化的规律特征，而且要探求合理利用、保护和管理景观的途径与措施。

道路景观规划就是要创造交通安全、流畅，生活环境良好，城市环境优美的景观。在道路景观规划设计中，要始终把道路景观和城市景观系统作为一个整体来考虑，协调人与环境、生物与生物、生物与非生物及生态系统之间的关系。完善景观结构异质化、斑块及走廊，实现对生物多样性保护等方面。

完善景观异质化 我国不少城市顺应回归自然的潮流，十分重视生态环境工程的建设，对城市环境质量的改善产生重要影响。在城市道路景观设计中要崇尚自然、追求自然、力求人与自然的高度融合，加强自然景观要素的调整运用和恢复。提高道路景观异质化程度，即可避免很多自然灾害。城市道路景观多样性丰富，也有利于景观异质性的维护，促进城市可持续稳定发展，见图5.10所示。

图5.6 以乔木为主，乔木、灌木、地被植物相结合，形成复层的拟生态的植物配置结构，充分发挥植物的环境生态效益

图5.7 根据本地区气候、栽植地的小气候和环境条件选择适于在该地生长的多种树木，利于树木的正常生长发育，抗御自然灾害，保持较稳定的景观成果

图5.9 在城市道路植物景观的设计中，通过植物生化相生作用的机理，确定深根的松树、杨树、银杏与浅根的刺槐和小灌木相生配植，互不争肥、水，另外刺槐还有根瘤菌可固氮，为松树、杨树树种提供肥料，促进其生长，达到速生，更快地营造理想中的道路景观

图5.8 道路绿带景观中，将乔木、灌木、草本和藤本植物因地制宜地配置在一个群落中，形成稳定的生态群落系统，创造生态协调、稳定平衡、景观优美的道路景观

图5.10 体现了城市道路景观异质化程度高的景观，它保护了道路景观中的生物多样性，丰富了城市道路景观，有利于景观的持续发展

平衡斑块及走廊 道路景观建设是斑块、廊道建设，也是景观生态建设。特别是道路绿色植物景观，它是天然过滤器，可以滞尘和净化空气，行道树尤其是乔木具有遮阳降温功能，景观植物可以增加空气湿度。树木能吸收一些有害气体，并能杀灭细菌，制造氧气；低矮的绿篱或灌木可以遮挡汽车眩光，也可以作为缓冲栽植；植物可以隔音和吸收噪音，植物还可以防风、防雪、防火。城市道路景观是一个高度人工化的景观，硬质斑块及走廊占优势，绿地软质斑块走廊占弱势，产生了严重的失衡现象。因此在城市道路景观结构中，应增加绿地走廊及绿地斑块的建设，特别是路侧绿带与公园、游园、小区绿化相结合，形成较稳定的城市绿地生态系统，以利抵抗不良因素的干扰，从而体现城市道路景观中人与植物、动物的协调共生，见图5.11所示。

实现多层次配置 道路植物景观应是立体的、多层次的，要实现多层次的植物景观，一是以植物生态学特性为切入点，构筑多层次绿化植物体系；二是模拟恢复地带性植物群落，重视乡土植物材料的应用；三是注重植物多样化配置等，实现多层次稳定的景观，见图5.12所示。

保护生物多样性 在道路景观规划中，应注意对原有环境的多样生物加以保护，尽可能设计多种植物景观类型，例如：观赏型植物群落、抗逆型植物群落、保健型植物群落、知识型植物群落、文化环境型植物群落等等。当然绿色植物景观也是鸟类的宿营地，可使鸟类等小动物与城市居民和睦相处，使得优良的城市生态得到持续发展。见图5.13所示。

图5.11 在城市道路景观结构中，弱势的城市道路绿地软质斑块走廊，与路侧绿带、与公园、游园、小区绿化相结合，形成较稳定的城市绿地生态系统，有利抵抗不良因素的干扰，从而体现城市道路景观中人与植物控制共生，形成优美的城市绿化景观

图5.12 立体的、多层次的城市道路植物景观，构筑多层次绿化植物体系，恢复地带性植物群落，重视乡土植物材料的应用，注重植物多样化配置等，形成了多层次的植物环境景观

图5.13 对原有环境的多样树木加以保护和利用，设计了多种植物景观类型，形成了人工自然生物多样性的生态环境景观

艺术构图的基本原理

1. 变化与统一的原理

　　道路景观构图是道路景观设计的章法。道路景观也须遵循一定的章法，不使一笔无韵、一笔不谐，这样才能使得路人得到美的熏陶和启迪。道路景观构图就是有目的地组织好各个组成要素，处理好各要素之间及要素与道路整体环境之间的相互关系，从而使道路整体与环境之间形成相辅相成、互补互映的关系，以达到优美的形式与内容的高度统一。道路景观构图是以自然为特征的环境空间设计，构图对象来源于自然，但并不是对自然的仿造，而是因借自然、效法自然、高于自然。它既要考虑到自然的生境，又要强调艺术的意境，这样才能达到"虽由人作，宛自天开"的艺术效果。道路景观艺术构图在统一的基础上有灵活的变化，在调和的基础上创造对比的活力，使整个造景系列富有韵律与节奏。使用正确的比例、尺度，讲究造景的均衡与稳定和富有比拟联想的空间序列。

　　变化与统一，也称多样统一，它是重要的美学原则，也是城市道路景观艺术构图的基础。道路景观与其它艺术景观一样，要求在统一中有变化，从整体景观到局部景观都要讲究统一，但过分的统一，则显得呆板；过分多样变化，则会疏于统一，而显得杂乱。只有在多样之中求得统一的道路景观才是一个好的构图。所谓"变化"，是指景观各组成部分的多样性；所谓"统一"，是指景观各组成部分之间整体联系的艺术表现。任何一个艺术作品，都是由若干个不同的部分组成的，各个组成部分之间既存在着区别，而又有内在的联系。在道路景观艺术构图上，应充分利用这一原理，把富有变化的各个部分组成一个有机的统一的整体。现代道路趋于多种文化的交叉，常运用多种风格进行分区规划，并通过统一的道路、地形、植物等来取得整个城市的多样统一，体现了风格多样与统一。

　　如果把道路景观中的树木、建筑小品等都围绕某一种功能和形式来组织，那么此景观就易取得和谐统一。沿路人工种植的花、草、树木与周围的环境要取得统一，就要使用一切陪衬小品去烘托主题；使用一致的材料或表现一致的线条等都能创造道路景观的统一。例如，城市的道路系统中，规则式道路线形多用直线或折线表示道路的线形；而自然式的道路线形多用自然的曲线表示。由规则式进入到自然式时，则应有自然的过渡方法，使形式与内容取得变化统一的效果。一种风格的道路景观形成，除了与气候、国别、民族文化及历史背景差异有关外，同时还有深深的时代烙印。法国古代"勒诺特"的道路风格，具体表现在全市统一在轴线放射、图案严谨对称的风格之中；英国风格的城市道路布局来源于牧场的改造和模仿，所以是自然平缓、流动的起伏的形式。这说明城市道路布局的风格的统一还具有历史性和地域性。见图5.14所示。

2. 均衡与稳定的原理

　　道路上的景物都是由一定的体量和材料组成的实体，这种实体都会给人们一定的体量感、重量感和质感。人们在习惯上要求道路景物完整，而在力学上就要使人们感到均衡、稳定。均衡是存在于景物之中的普遍特性的规律，是景物一部分与另一部分相对的关系，但它有明显的"均衡中心"，它是受"均衡中心"控制的。均衡有两种形式，一是对称均衡，二是不对称均衡。对称均衡有明确的轴线，景物在轴线两边完全对称布置。不对称均衡无明显的轴线，但景物是根据功能、地形不同自然布局，在路线前进方向求平衡，或在无形的轴线两边求平衡，此种景观较活泼自然，具有亲切感。

　　均衡感是人体平衡感的自然产物。它是指景物群体的各部分之间对立统一的空间关系，一般表现为两大类

图5.14 路面铺装使用了灰色砖、石等，创造了材料与质地的变化与统一。在这一条道路中具有各种特色的景观，但就总体而言，其建筑风格造型，色彩变化保持与整体协调，达到局部与整体的多样统一。再如，道路亮化的灯具是城市道路空间轮廓中重要的景观元素之一，根据古城道路自身的特点，在灯具形式上采用了传统的鸟笼的造型，保持类型的统一，古城商业街的路面、建筑、路灯、水缸、坐凳等景观形式富有多变，但是都统一在古色古香的传统造型之中

型。一是静态均衡，也称对称，就是景物以某轴线为中心，取得左右（或上下）对称的形式，在心理学上表现为稳定、庄重和理性；二是动态均衡，在群体景物中，有意识地强调一个视线构图中心，而使其它部分都与它取得对应关系，从而在总体上取得均衡感，又称动态平衡法。景物的质量、体量不同，也可使人感到平衡。例如在道路节点上，左边是一块山石景，右边是一组乔灌木景，因为山石的质感重，体量小，可以与质量轻、体量大的树丛相比较，产生平衡感。

稳定即景物本身上下或者两景物相对的关系，它是受地心引力控制的。从体量上看，上小下大的景物给人稳定感；从重量来看，上面轻、下面重就显得较稳定；从质感上看，景物上方细致，下方粗犷，显得较稳定。见图5.15所示。

3. 对比与调和的原理

对比与调和，是达到多样统一取得生动和谐的重要手段。任何两种景物之间都存在一定的差异性，差异程度明显的，各自特点就会显得突出，对比鲜明；差异程度小的，显得平缓、调和、和谐，具有整体效果。所以从对比到调和是景物的程度差异或变化，是事物存在的两种矛盾状态，它体现出事物存在的差异性。

对比，是比较心理学的产物，对景观或艺术品之间存在的差异和矛盾加以组合利用，取得相互比较、相辅相成的呼应关系。是在事物的差异性中求"异"，使人感到鲜明、醒目，富于层次美。道路景观常利用色彩的对比，可以达到明暗及冷暖的不同效果，色彩主要来自植物的叶色与花色及建筑物的色彩。为了烘托或突出暗色景物，常用明色、暖色的植物做背景，否则相反。植物与非植物之间也会产生对比色，如秋高气爽之时在蔚蓝色天空下正是橙红色槭树类变色的季节，远望能使人感到明快而绚丽。

调和，是在事物的差异性中求"同"，是把两个相当的东西并在一起，使人感到融合、协调，在变化

中求得一致。道路中的景物都具有各种不同的形象。如街头广场上的圆形花坛放在方形广场上，形象对比较强；放在圆形广场中间，就显得调和。建筑小品的底平面与外围环境场地，采用一致的手法时就显得调和；而绿化树木的主面与建筑的立面，常采用对比的手法就较活泼。如行人从封闭的行道树空间，进入开敞的广场空间，就有空间开合对比效果，富有层次感。因为光线的强弱会产生明暗对比，在光线明暗对比强烈的环境里，就会使人感到振奋，而在弱光环境里就会感到幽静、柔和。在道路两旁的景观常用色彩对比，如"万绿丛中一点红，动人春色无须多"，就是色相上红与绿的对比，在绿的基调上突出了一点红的春意。道路景观中的色彩是很丰富的，但还要掌握冷色（蓝、绿）与暖色（红、黄）、明与暗、深色与浅色的对比，人们在对比强烈的环境里会有活泼、愉快之感；在道路旁的绿化景观设计中，应富于变化对比。例如用小体量突出大体量；用丑陋来衬托优美；用笨拙来反衬灵巧；用粗来衬托细；用暗预示明等等。道路景观设计经常会运用对比、调和的原理用形体、线型、空间、数量、动静、主次、色彩、光影、虚实、质地、意境等创造美丽的景观。例如背景对主景物的衬托对比会强调差异中的对比美，还有强烈对比和微差对比则可协调差异美。在道路的节点处，用对比手法，创造突出形象，容易使游人识别，并给人以强烈的印象。为了突出别致的景物，广场中喷水池、雕塑、大型花坛、孤赏石等都可使其位置突出、形象突出或色彩突出。在广场采用塔、雕塑等垂直矗立，与地平或台基面形成方向对比，以显示主体的突出。调和在形式美的概念中是指各景物之间形成的矛盾统一体，也是在景观的差异中强调统一。在道路景观中广泛地利用植物可变的体形、线条、色彩等取得调和。例如，形状基本相似的几何形体、建筑体、花坛、树木等，其大小及排列不同而产生的相似调和感，见图5.16所示。

图5.15 气壮山河的雨花台广场的群雕景观，它的虚实、色彩、材料、线条、体形、数量，上部轻、下部重，上部细腻、下部粗犷都给人们带来力量、统一和均衡、稳定感

图5.16 设计师巧妙地使用多个同类型的花箱组合，从相似中求统一，路旁的花坛色彩对比非常丰富，但是以暖色为主，从近似的暖色调中求变化，表现得温暖、喜庆与调和

4. 比例与尺度的原理

景物的本身，景物与景物、景物与总体之间都有内在的长、宽、高的大小关系，也就是体形、体量、空间大小的关系，这种大小关系即为比例。景物本身宽与高的比例不同，给人的感受也不同，如1：1具有端正感；1：0.618又称黄金比例，具有稳健感；1：1.414具有豪华感；1：1.732具有轻快感；1：2具有俊俏感；1：2.236具有向上感，等等。人类在审美活动中，客观景象和人的心理经验形成合适的比例关系，使人得到美感，这就是合乎比例了。比例出自数学，表示数量不同而比值相等的关系。世界公认的最佳数比关系是由古希腊毕达格拉斯学派创立的"黄金分割"理论。即无论从数字、线段或面积上相互比较的两个因素，其比值近似1：0.618。这是人类长期社会实践的产物。17世纪法国建筑师布龙台认为：某个建筑体（或景物）只要其自身的各部之间有相互关联的同一比例关系时，好的比例就产生了，这个实体就是完美的。以上理论确定了圆形、正方形、正三角形等，可以作为好的比例单位衡量标准。比例一般只反映景物及各组成部分间的相对数比关系，不涉及具体的尺寸，所以比例的源泉是形状、结构、功能的和谐。

景物的整体或局部大小与人体高矮、人体活动空间大小的度量关系，也就是人们常见的某些特定标准之间的大小关系称为尺度。而尺度则是指各景物要素给人感觉上的大小与真实大小之间的关系。因此，尺度是景物和人之间发生关系的产物，凡是与人有关的物品或环境空间都有尺度问题。即引用某些为人所熟悉的景物作为尺度标准，来确定群体景物的相互关系，从而得出合乎尺度规律的景观感受。人的习惯尺度法就是以人体各部分尺寸及其活动习惯规律为准，来确定风景空间及各景物的具体尺度关系。例如道路广场中的空间尺度有夸大、适中和亲切三种类型。在大尺度大广场空间里赏景，会有雄伟、壮观之感；在习惯大小的空间里赏景，会感到自然、舒适；在小于习惯尺度空间里有亲切、趣味感。

总之，习惯与功能常常是决定物体比例尺度的决定原因。尺度既可以调节景物的相互关系，又可以造成人的错觉，从而产生特殊的艺术效果。比例、尺度的大小都要满足一定的功能、性质的要求，应以自然景观为依据，大小适度，主次分明，见图5.17所示。

5. 节奏与韵律的原理

节奏和韵律本属音乐术语，系指音乐中声音有规律的重复和变化。把它移用到道路景观艺术创作中，则指某种要素或一组要素做有规律的重复、有组织的变化。把听觉的艺术效果转移到视觉的艺术效果上来。

在节奏的基础上，赋予一定情调的音乐色彩，便形

图5.17 商业街旁的一件规定大小尺度与人体的比例相近似的雕塑，突显了古典文化艺术气息，显得气魄非凡，非常亲切

成韵律。例如在城市道路景观中的韵律设计实例很多，例如：乔木与灌木有规律的搭配种植，产生体形、花色、高矮及季节变化的韵律。道路旁人工修剪的绿篱，可以剪成连续的波浪形韵律。交通广场上的喷泉弧线的变化，加上声、光配合，产生了强烈的韵律感。

韵律大致有如下几种：简单韵律，即同种要素作等距离反复出现的连续构图，或是景物形式中多个相同或相似部分之间的重复出现，或是对等排列与延续。如整齐排列的悬铃木行道树等，因其统一的美学特征创造了庄严与秩序感。交替韵律，即由两种以上的要素，交替等距离的反复出现的连续构图。如行道树中的桃树、柳树交替栽植的景观，就是交替韵律的表现，富有连续韵律感。交错韵律，是某一要素做有规律的纵横穿插或交错变化，但变化是按纵横或多个方向进行的，或景观中两组以上的要素按一定规律相互交错变化，就形成交错韵律。例如道路景观中，空间序列的开合、一明一暗的过渡和各种花纹图案铺地的路面等，都是交错韵律的表现。旋转韵律，某种要素或线条，按照螺旋状方式连续进行，或向上、或向左右发展，从而得到旋转感很强的旋转韵律特征。起伏曲折韵律，即一种或数种因素在形象上出现有规律的起伏、曲折的变化。例如在景观路面的花纹设计中常见行云或流水的图案，自然流畅，不规则但却有一定规律地婉转，流动，反复延续。具有自然柔美的韵律感拟态韵律，是指在景观中既有共同要素，又有不同要素反复出现的连续构图。如道路旁的小品云墙，虽然窗子大小一致，但其中的花纹是不同的，即一

幅具有拟态韵律的连续构图。拟态渐变韵律，连续出现的要素，如果按照一定规律变化，逐渐加大或变小、加宽或变窄、加长或缩短，从椭圆逐渐变成圆形，色彩渐由绿变红，就给人以柔和的拟态渐变韵律感。见图5.18所示。

6. 比拟与联想的原理

比拟，是中国传统的修辞格与艺术手法，包括拟人、拟物两种。在我国古代第一部诗歌总集——《诗经》中，大量运用了这种艺术表现手法。与此相关的，能够深刻反映中国古代文人士大夫人格修养和道德修养的"比德"手法，对中国文学，尤其是咏物诗的发展，影响尤为深远。在这些诗文当中，或托物言志，或借景抒情，使客观外物与作家的主观情思、情与景、天与人达到高度的融合统一，正如王国维所说"一切景语皆情语也"。比拟与联想总是紧密相连的。

联想，是一种形象思维方法，由此形象，到彼形象，具有一种相似的特征，或凭知觉器官赋予一种相似的特征，从而激起一种感情，想象得更多、更广。所以，联想是一种创造性的思维。一切比拟好的设计，都产生于联想之中，不经联想，则用不上比拟，也创造不出比拟的形象。比拟方法的运用，应具有联想及想象的思维能力。从路上行人来讲，则是通过比拟形象，激起他们的感情，使其产生联想，发生共鸣，获得审美享受，达到陶情冶性，愉悦身心的目的。例如：物的特性、姿态、形象、色彩等赋予人性比拟形象物。例如以松树来比拟坚强不屈，竹象征虚心高节，梅象征纯洁坚贞，兰花象征高风脱俗，菊象征坚强而不畏风霜，柳象征灵活，枫象征老而尤红，荷花象征廉洁朴素，玫瑰象征爱情、青春，以松、竹、梅配置象征"岁寒三友"，梅、兰、竹、菊象征"四君子"等等。古代造园家多用这些来寄寓情操，显示作者创造景观的主题；现代则以此启迪道路行人的心灵，达到触景生情，情景交融，寓教于乐的精神享受。见图5.19、图5.20所示。

总之，道路景观构图的原理是多方面的，在对道路进行规划设计时要根据道路功能要求和环境的变化，充分考虑以上的原理创造最好的艺术形象。

图5.18 该道路广场景观，在花卉的配置上又考虑了道路的长度和不同的形式，不同的区块重复，产生节奏感，形成一种韵律高低起伏的花坛和行云流水式的花纹色彩，显示了节奏与韵律变化

图5.19 在道路旁，利用一个被垃圾撑破了裂缝的地球雕塑的比喻，引导观众联想未来城市环境保护的重任

图5.20 在道路旁利用植物、山石、建筑、景墙等小品创造比拟形象，利用景观墙上的文物、古迹、图案浮雕等形象来比拟知识、思想、道德、精神等方面的联想

PART 6

PLANNING AND DESIGN OF ROAD LANDSCAPE

道路景观规划设计

　　城市的道路景观是城市景观的框架，其规划设计在于景观空间组织、异质性的维持和发展。在城市美丽道路总体规划设计时，必须把城市景观作为一个整体单位来考虑，对现场进行综合调查分析，引入城市设计的概念和方法，进行道路动态视觉艺术环境设计，始终要协调人与环境、社会经济发展与资源环境、生物与生物、生物与非生物及生态系统之间的关系，尊重当地历史文化，因地制宜地创造特色。

现场资料调查

在规划设计之前要进行现有的道路性质的调查、现场结构的调查和自然条件的调查、技术经济情况的调查、历史文化的调查等。这些调查资料都是道路景观规划设计的重要依据，根据资料并绘出现状图，认真地分析调查资料，明确道路景观的定位，才能科学的规划布局，精心设计。道路景观规划设计应充分结合各地域的环境特点，挖掘地域文化，强调道路景观的整体性和个性，讲究道路绿色空间的艺术布局，完善城市功能，提高城市品位，追求更新、更美、更具时代特点的城市绿色空间。必须进行技术经济资料收集，道路性质、现场和结构等方面的调查。

1. 技术经济资料调查

道路景观是城市道路系统的重要组成部分，其规划设计需要收集许多相关的基础资料，还应根据具体情况适当增加调查项目。为了节约人力、物力和财力，避免重复工作，提高工作效率，资料的收集工作应该与城市总体规划的调查研究相结合。现有园林植物的种类和生长势，乡土树种、地带性树种、骨干树种、优势树种、基调树种的分布，主要病虫害等；苗圃面积、数量、规格及长势等，鸟类、昆虫及其它野生动物、鱼类及其它水生动物等的数量、种类、生长繁殖状况以及栖息地状况等；历年的绿地调查资料、城市绿地系统规划图纸和文字、城市规划图、航空图片或卫星遥感图片、电子文件等；调查统计资料包括风景名胜区、水源保护区、隔离带等其它绿地的位置、面积及建设情况等。见图6.1所示。

2. 现场和结构调查

道路现场及周边环境和结构比较复杂，城市路面的人流和车辆繁多，往往会碰破树皮、折断树枝或摇晃树干，甚至撞断树干；城市道路上空的管线常抑制破坏行道树的地上生长，路下的管线也限制树木根系的生长。应将道路的性质，线形，断面布局，路面结构，市政管线设施（如照明、燃气、给水、排水、雨水口、检查井等）的位置，人行横道，公交车站，交通信号灯，是否有高压线走廊，道路市政工程设施（如杆线、地下管网线、深井）的位置，警亭等调查清楚，然后才能通过绿化景观来协调相互之间的关系。城市道路结构示意图图纸比例为1：5000~1：20000，通常与城市总体规划图的比例一致，见图6.2所示。

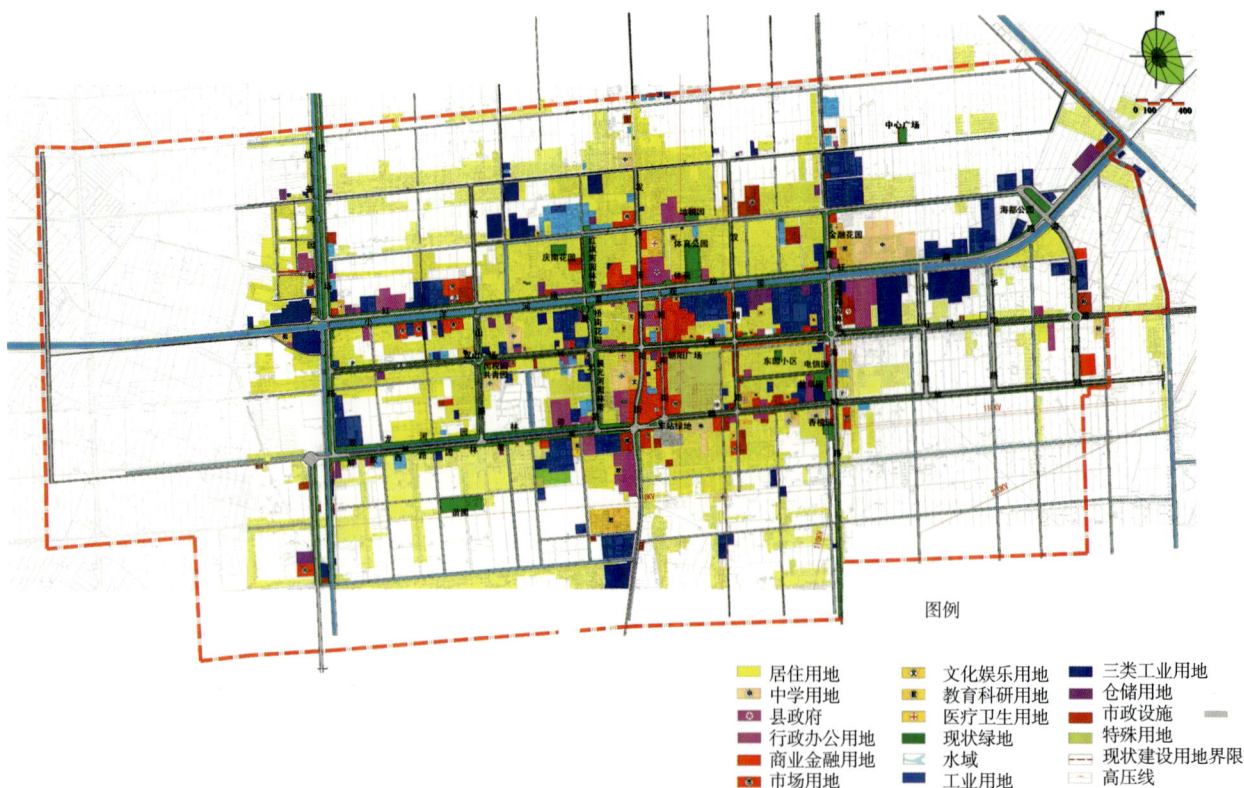

图例

居住用地　文化娱乐用地　三类工业用地
中学用地　教育科研用地　仓储用地
县政府　医疗卫生用地　市政设施
行政办公用地　现状绿地　特殊用地
商业金融用地　水域　现状建设用地界限
市场用地　工业用地　高压线

图6.1 城市规划图中道路交通、居住、商业、文化、工业、绿地、风景区、水域等等技术经济用地的位置、面积及建设情况等

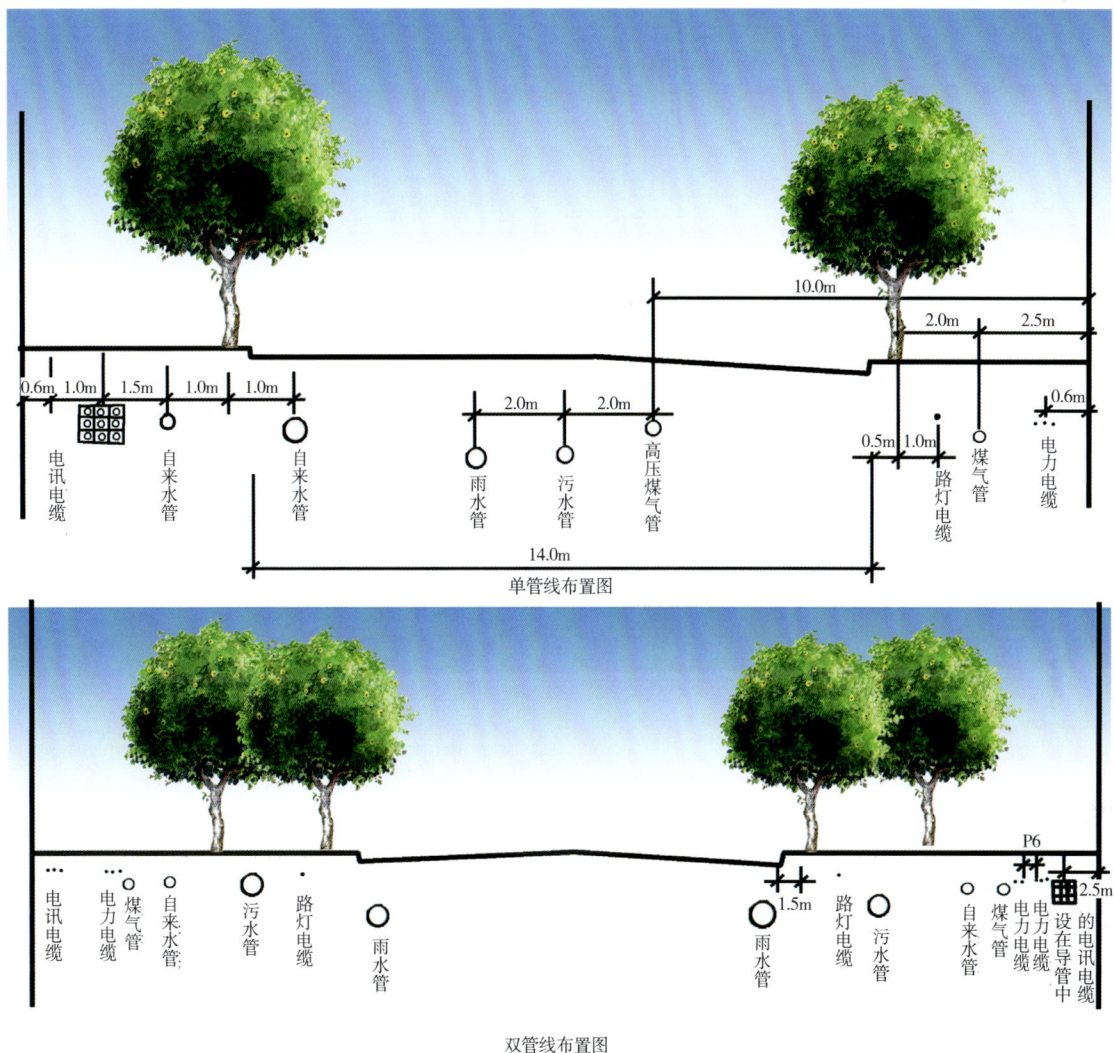

单管线布置图

双管线布置图

图6.2 为城市道路结构示意图。表现道路的线型、断面布局、路面结构，如照明、燃气、给水、排水、雨水口、检查井等位置，地下管网线、深井位置等

3. 历史文化的调查

道路所在地及周边区域的社会都具有各自的历史、文化特点。不论是城市间还是旅游点之间，两点及线之间的社会历史、文化特点都有助于挖掘人文景观，有价值的线索都需要调查了解，以便作为设计的题材加以利用。了解沿线其它景点的状态，从而有利于道路景观布置的宏观控制和统筹安排，不至于使各景点之间服务半径过小。依据现场实际绘出现状图以备详细设计参考。

4. 自然条件的调查

通过自然条件的调查，了解道路绿化植物生长所需立地条件，包括调查道路沿线地质，两旁植树绿化处的土壤深度、pH值、肥力、厚度及纵向各段的差异；旧路基和旧建筑基础的特殊情况、地下水位、现有树木花草生长情况、气温、日照和风的情况。了解道路所跨区域的地质、地貌情况、山水地貌景观特点、走向、海拔高度、水文、气象等资料，以及古树名木资料等，以便规划设计时使用。气温、湿度、降水量、风向、风速、风力、日照、霜冻期、冰冻期等，以及道路环境的有害气体和粉尘都直接危害植物，出现污染病症，破坏植物的正常生产发育。另一方面，由于道路两边的建筑物等影响也降低了光照强度，减少了光照时间，改变了空气的物理化学结构，影响了植物的光合作用，降低了植物抵抗病虫害的能力。

总之，影响道路景观的光照和温度的主要因素有纬度、海拔高度、季节变化以及城市污染状况等。城市道路环境条件是很复杂的，有时是单一因素的影响，有时是综合因素在起作用。

城市道路构图分析

1. 道路构想分析

比较城市人口规模、构成、土地利用现状等调查结果，提出人口、产业、城市动向与发展、建成区和城市规模设想，提出近期和远期的预想效果以及今后的发展情况，车流量、人流量及流向、道路两旁用地性质，主要建筑的功能、类别及使用情况。绘出城市道路景观设想图等。见图6.3所示。

2. 环境保护分析

分析评价城市的名胜古迹，传统建筑物，历史风土人情，动、植物等自然特性，绘出环境保护评价图。建筑是城市道路空间的主要围合元素，也是道路环境景观的主要形象，所以道路景观设计应与道路两旁环境的建筑性质、体量、形式、轮廓、色彩相互协调统一，体现传统的地方特色。

3. 预防灾害分析

预测各种灾害、公害发生状况及土地利用等，研究火灾、水灾、石崩及噪音、震动等公害可能发生的地区，做出防灾配置的对策，绘出公害、灾害发生预想地区的分析图、防灾评价图。

4. 景观分析

在景观调查基础上，提出各种景观类型，得出城市道路景观分析评价的结论。例如城市道路绿化景观是城市道路景观设计的核心，良好的绿化构成了简洁、大方、鲜明、自然、开放的景观。若两侧建筑景观比较有特色，要表现建筑就选择比较低矮的植物。街道绿化景观有其特殊性，道路绿化的植物配置要体现多样化和个性化结合的美学思想；在立地条件允许的条件下，通过隔离带中配置中、小乔木和花灌木，真正达到大、中、小乔木和花灌木的结合，使道路景观呈现层次化。

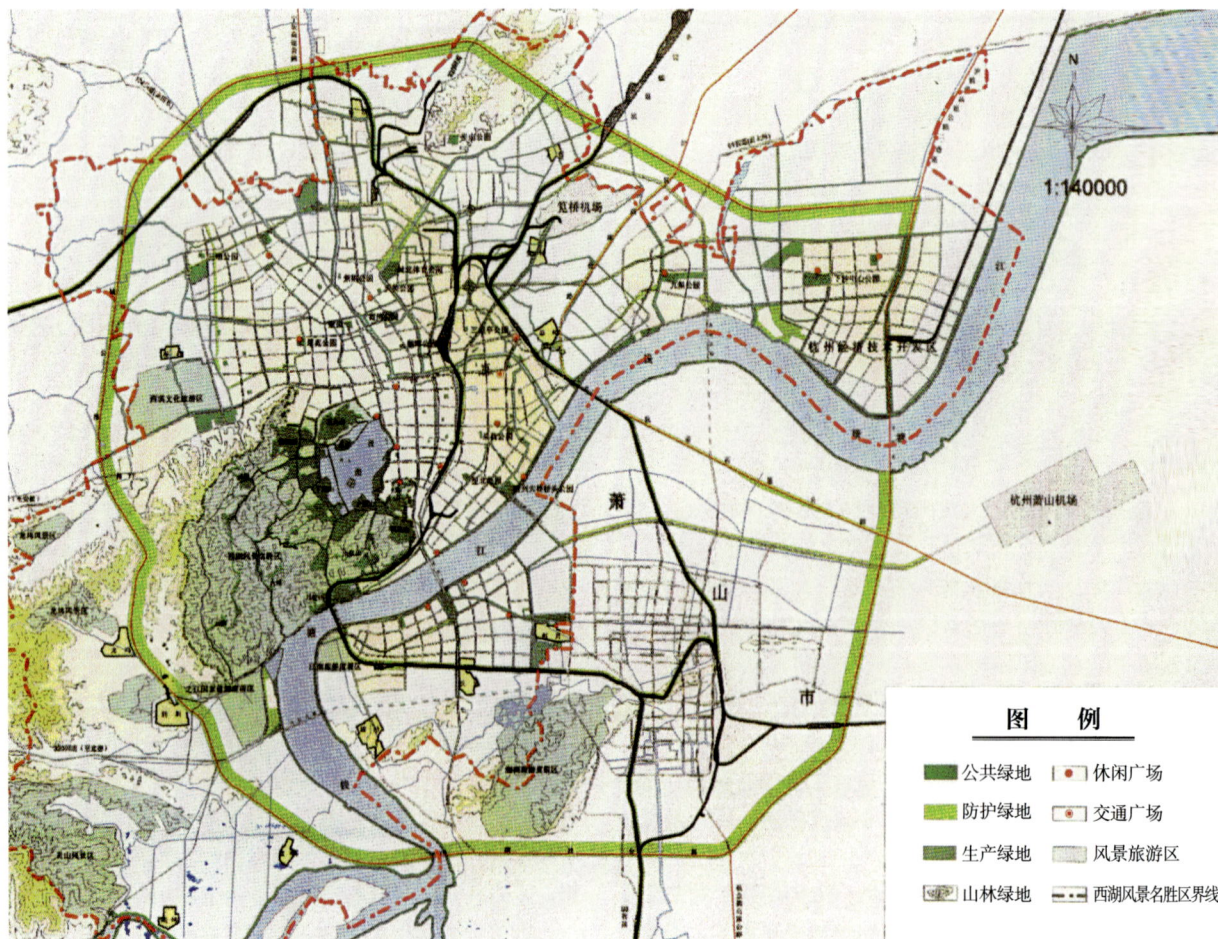

图6.3 根据建成区和城市规模设想等，绘出城市道路景观规划设想图

图6.4 根据自然条件调查结果、社会条件调查、经济、文化的调查结果分析立案，以环境保护、防灾、景观构成的观点，明确规划设计目标，绘出综合评价图

5. 综合评价定位

将自然条件调查（气象、地形、地质、植物），社会条件调查（人口、土地利用、城市设施等），经济、文化的调查结果分析立案，以环境保护、防灾、景观构成的观点明确设计目标定位，归纳提炼出设计主题。它就是道路景观规划设计的主线，提出初步的规划设计方案，不断深入，自始至终围绕该定位的主题展开设计，各种设计要素都围绕该目标和定位主题循序渐进，逐步展开，最终就会达到定位明确、主题突出的效果，再绘出综合评价图。

我们通过综合评价分析，从而明确各自道路景观的定位。再根据以上调查资料结合现状进行分析，确定该道路景观的总体风格定位，分段特色，而后进一步深入进行规划布局。在道路交叉口的节点上进行点状景观布置；结合道路沿线地形变化进行各种线形景观布局，道路两旁有山地森林、田园风光、公园或路旁游园时，可进行大块面的景观布置，形成科学的"点""线""面"相结合的连续景观设计。比较自然条件的调查和社会条件等的现状调查，并分析、评价其

结果，利用城市形态、周围环境等城市的立地性，明确城市的性质，合理规划出都市的形态，确定道路景观构图形式，绘出道路景观模式图。再通过专家评审，进一步修正补充形成较完善的方案。

由于城市的布局、地形、气候、地质、水文及交通方式等因素的影响，会产生不同的路网。这个路网是由不同性质与功能的道路所组成。对于一个大城市来说有快速道路系统、交通干道系统、自行车系统、公共交通系统、人行步道系统等等。由于道路的性质不同，交通的目的不同，其环境中的景观元素要求也不同，道路景观设计都必须符合不同道路的特点。对于交通性街道，我们要以直线、大半径的曲线为主，通过道路两侧的建筑和绿化树木的高度与街道的宽度比，产生空间感受。步行街是交通性道路的延续，在设计时要注意合理使用收放的手法，如在步行商业街加宽的地方，设置一些园林小品如小型喷泉雕塑等，可增添街道的自然情趣。依据城市总体规划任务书的要求，明确道路的性质，根据不同的道路，制订不同的道路景观基本结构、要素构成、用地布局、用地规模和边界等。见图6.4所示。

道路景观规划

1. 尊重历史文化形成亮点

城市道路的景观规划设计应与道路周围的土地区划、建筑密度、建筑类型组合、公用设施、街道建筑小品等功能密切配合综合考虑。道路景观是由多种景观元素构成，各种景观元素的功能作用、地位都应恰如其分。道路景观的设计应符合美学的要求，让路上行人从各方面来看都有良好的效果。现代的道路环境景观往往容易雷同，采用不同的景观方式将有助于创造道路特征，区分不同的道路空间，一些道路也往往以其空间景观而闻名于世。城市道路的级别不同，景观也应有所区别——主要干道的景观标准较高，在形式上也较丰富；在次要干道上的景观带，相应可以少一些，有时只种两排行道树。抓住城市各种大小、主次道路的节点景观设计，即可创造城市道路景观的亮点。例如南京市新街口广场的伟人孙中山铜像，抓住了孙中山先生推翻封建帝制、建立中华民国、开启中国历史新纪元的地方，南京也因其提倡孙中山的"博爱"精神，而树立了"博爱之都"的形象。所以孙中山铜像位于中山路节点上，坐北朝南，含基座总高度达到11.12m，矗立在直径18m的绿岛花园中心，创造了南京城市博爱之都的亮点。见图6.5所示。

2. 因地制宜创造道路特色

道路景观的形式直接关系到人们对城市的印象。道路景观规划设计要尊重历史、继承和保护历史遗产，同时也要向前发展。对于传统和现代的东西不能照抄和翻版，而需要探寻传统文化中适应时代要求的内容、形式与风格，塑造新的形式，创造新的形象。其形式应根据土地利用、集散点、交通流量和流向，结合地形、地物、河流走向、原有道路系统，因地制宜规划才能形成特色。谷地或山地的主干路景观带应布置在谷地或山地的上坡面；一般沿河道路景观带适宜沿河道的一边布置；特别是历史古城的道路景观，应在满足道路交通的情况下，结合地方经济条件、历史文化的内涵进行布局，创造道路的景观特色。

图6.5 南京绿岛花园中心的孙中山铜像

图6.6 高速道路的匝道景观设计,该匝道地处银杏生产基地,根据银杏叶的特点与风格塑造了具有路标特色的花坛景观图案

图6.7 城市道路带状景观和水系景观要素构成了立体线形景观,形成完美的连续线形网络系统

坚持可持续发展就是要运用规划设计的手段,因地制宜地结合自然环境,使道路建设对环境的破坏降低到最小,并使得道路景观对环境和生态起到强化作用。同时还能够充分利用自然可再生能源,节约不可再生资源的消耗。各种道路的土壤与环境都不一定相同,有的是山区树林,有的是城市,尤其是土壤、空气、温度、日照、湿度,空中和地下设施等情况差别很大。不同城市还有各自的特点,所以要因地制宜坚持可持续发展的原则,不能生搬硬套其它城市道路的做法。见图6.6所示。

3. 构成连续线形网络景观

道路景观多是带状或块状风景要素所形成的立体"线"性景观。直线的路段方向性和连续性较明显,给路人以整齐、雄伟、壮观的感受,但是景观比较简单、呆板;而弯曲的路段会形成优美的线形景观,使路人产生自然、和谐、亲切的感觉,更加深对道路景观的深刻印象。所以道路景观规划布局需要结合地质、水文、高低起伏的地形,将道路的直线和曲线、起伏的地形、低缓的纵坡融为一体,形成自然优美的线形。城市道路景观规划设计既要体现城市整体的形象和个性,还要统一考虑每一条道路两侧的建筑物、绿化、街道设施、色彩、历史文化等,以免其成为片段的堆砌和拼凑。道

路景观的视觉连续性可以通过道路两侧的绿化、建筑布局、建筑风格、色彩及道路环境设施等景观的延续设计来实现。还要在时空上形成连续性,城市道路记载着城市的演进,反映了某一城市地域的自然演进、文化演进和人类群体的进化。要将道路空间中各景观要素置于一个特定的时空连续体中加以组合和表达,充分反映这种演进和进化。

道路的景观网络系统要适应城市的发展,要确定主干路网布局形式及使用功能,它是城市的主动脉,承担着市内各分区的联系,并通过主要出入口与外围地区联系。在城市中道路网络的发展,要向有利于机动化和快速交通方向发展,以便有利于与周边道路衔接,方便区域与外围的交通联系,提高快速可达性。道路景观的规划布局与城市道路的走向密切相关,首先要选择日照、通风好的、自然灾害少的走向发展;向自然景观和具有人文景观的区域沟通,将主要建筑、居住区、公园、广场连接,既美化了街景,又改善了城市面貌,也方便人们观光旅游,形成一个完整的景观系统。城市道路的各种景观要素都是沿着道路的中心线延伸的,可利用这些因素的延伸,来加强城市道路的线形特征,这些特征对行者视线诱导都有强烈的影响。通行者观赏道路的连续景观时多处于行驶状态,在这种状态下看到的只能是整体轮廓。因此,连续景观设计应力求做到与其它环境

要素相协调，形体连续、流畅、自然、通视效果好。城市道路景观中的各种园林植物，因树形、色彩、香味、季相等不同，在景观、功能上也有不同的效果。采用连续多变的植物景观进行城市道路景观设计，最容易获得道路的连续景观。要实现四季常青、三季有花的时空连续，就需要多品种配合与多种类栽植方式的协调，才能创造出连续的道路景观。道路的植物景观直接关系着街景的四季变化，要使春、夏、秋、冬均有相宜的景色。根据不同用路者的视觉特性及观赏要求，处理好景观的间距、树木的品种、树冠的形状以及树木成年后的高度及修剪特色等，均可创造连续又具有季相变化的景观。见图6.7~图6.9所示。

图6.8 采用连续多变的树木景观进行设计，获得了道路的连续景观效果，利用树种高低不同、树冠潇洒的形状、树叶四季色彩的变化，形成了绿色的连续景观和防护的效果

图6.9 采用连续色彩多变的紫薇进行设计，获得了夏秋季节色彩红白相间的连续景观效果

道路景观设计

1. 线形景观设计

要使道路景观具有优美的三维空间外观，就一定要对其平面和纵面进行组合设计，利用计算机建立道路三维模型进行透视图检查，以保证道路本身具有良好的视觉连续性。其方法如下。

（1）平曲线与竖曲线互相对应

所作的平曲线应稍长于竖曲线，使竖曲线的起点和终点分别放在平曲线的两个缓和曲线内，才是理想的平、纵组合，这种组合线形平顺、流畅，行车舒适感好、连续性强，并具有良好的视线诱导与可预知性。

（2）平曲线与竖曲线的大小保持均衡

如果所作的平曲线和竖曲线其中一方大而平缓，那么另一方就会小而不平缓。一个长的平曲线内有两个以上竖曲线，或一个大的竖曲线含有两个以上平曲线，三维景观就不会好看。所以平曲线与竖曲线的大小一定要保持均衡。

（3）三维景观的组合

如果所作道路的暗弯与凸形的竖曲线组合，明弯与凹形的竖曲线组合，三维景观就比较合理。如果将道路的暗弯与凹形竖曲线组合，明弯与凸形竖曲线组合，三维景观就不合理，会产生较大的坡差，给人留下舍近路不走，而故意爬坡、绕弯路的感觉。

（4）三维弯道布线

平面的长直线与纵面的直坡线的组合，易使行车人感到单调乏味而疲劳。直线上如有两次以上的变坡，会使线形发生扭曲。因此，路线尽量不要采用直线，最好将平、竖曲线进行合理的组合，得到线形优美，诱导性好的三维弯道。道路的平面线形由直线和平曲线构成，平曲线包括圆曲线和缓和曲线。缓和曲线、圆曲线、直线的合理组合才能构成安全美观、行车舒适的平面线形。顺应地形地势而曲折舒缓的线形，能够灵活地与道路所经地带的地形、地物、环境、景观相协调。避免硬拉直线而产生大填大挖的道路线形。

（5）弯道布线

一连串的反向弯道可能创造出一条不仅令人赏心悦目，而且也使驾驶人员感到舒适的布线。这是一类融合于起伏不平的地形中的理想道路。当然，弯道应该运用得有意义，而且应具有良好的视线诱导性。不要一味地追求变化而制造许多不必要的弯道，应该避免过多的变化，以免丧失了道路的流畅性。见图6.10所示。

（6）缓和曲线连接圆曲线与直线

缓和曲线与竖曲线不宜重合，与圆曲线、直线相连接，在连接处曲率突变时，在视觉上有不平顺的感觉。虽然规范中规定了不设缓和曲线的圆曲线半径，但从道路景观的要求来看，缓和曲线的布设还是很有必要的，设置缓和曲线以后，线形连续圆滑，增加了线形的美观和安全感。

2. 纵剖面景观设计

道路纵剖面景观的设计是研究直坡线与竖曲线这两种线形要素的运用与组合，以及对纵坡的大小和长短、前后纵坡的协调、竖曲线半径大小等有关问题。特殊地段要采用技术措施，保证地表水的排放和地上、地下的各种设施的安全。

（1）注意地形、地物的协调

在平原微丘，自然地形起伏较小、高差不大，采用较大的纵坡与地形就不相适应。所以平原微丘地形的纵坡应均匀平缓；在丘陵地区，自然地形起伏较大、高差也大，纵坡则应根据实际情况，采用恰当的纵坡。因为自然地形多呈起伏状态，纵坡过于迁就地形，就会形成波浪形的纵断线形，影响美观，所以既不要过分迁就地形，也要避免大填大挖，以便降低造价。

（2）竖曲线应选用较大的半径

竖曲线选用较大的半径，有利于视觉和路容美观，尤其是当相邻纵坡代数差小时，更应采用大的竖曲线半径，使驾驶人员的视觉感到匀顺。

（3）纵断面线形应均衡连续

纵断面线形应考虑设计成连续的曲线，即先随地形起伏设计竖曲线，再将相邻的竖曲线连接起来，即可顺利地与相邻的城市道路高程合理衔接。

3. 横断面景观设计

道路横断面设计关系到交通安全、道路的功能、通行的能力、用地使用的效率、路面排水、城市景观的好坏等。应根据道路横断面几何特征与人的视觉规律进行设计。道路横断面景观设计是在道路的红线范围内进行的，它包括车行道、人行道、分车带景观、行道树景观、分车绿带景观等。

图6.10 一条具有良好视线诱导性的弯道布线景观

（1）沿街建筑的协调性

横断面的宽度与沿街建筑高度的协调，主要表现在横断面的宽度与沿街建筑高度的比例上，正常的比值在0.5~0.7范围内比较符合宜居、防灾及城市空间的观瞻。当比值小于0.7时，会使人产生空间的压抑感。当比值大于2时，街道空间会更加宽敞，可布置多条绿化带，可增强自然的景观。应根据不同区域、不同道路的功能要求，日照、通风、防灾以及对道路景观的视觉及心理感受来确定比例关系。因为人们的常规最佳视觉为45°，所以道路宽：建筑高比为2∶1为宜。当个别建筑高度过高时，可采用后退道路红线或高低错落的办法加以解决。见图6.11所示。

（2）道路景观的整体性

由于城市道路交通组织的需要，在道路的横断面上会有车行道、人行道、分车绿带景观、行道树绿化带景观等不同的分隔方式。如果分隔带过宽，会使得道路空间涣散。分隔带上的景观高度及大小都会对行者视线产生影响。所以道路上的横断面景观元素都要注意整体景观的配合。在一般行道树绿带或分车绿带上，种植高大乔木时，应保持1.5m以上的宽度，以便管理。主干路上的分车绿带应规划2.5m以上的宽度，以便种植复层绿化树木，有利于防止来自干道车流的污染。但是由于主干路和次干路的交通流量大，噪音、废气、尘埃等污染较重，不利于身心健康，所以不应该在主、次干路的分车绿带和交通岛上布置开放式绿地景观，以免人行穿越不安全。见图6.12所示。

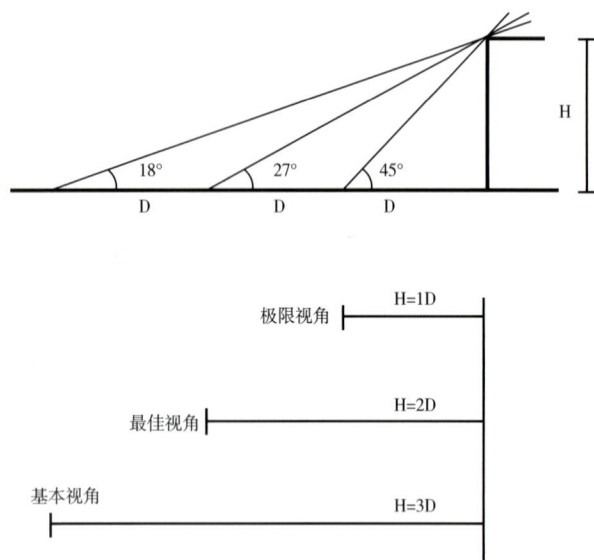

图6.11 路人的视觉规律与道路旁的建筑高度的关系示意图（D示道路宽；H示建筑高）

图6.12 道路的横断面上快车道、机动车道、人行道、分车绿带景观、行道树绿化带等景观元素齐全的景观

PART 7

LANDSCAPE DESIGN OF ROAD PAVEMENT

道路铺装景观设计

　　城市的道路在使用过程中安全、舒适是最基本的要求，在铺装设计中，对使用者的视觉感受、触觉感受、心理感受等都要兼顾到。因此城市道路铺装设计要在保证功能的前提下，注意色彩、图案、表面质感处理、尺度、材质及施工质量等要素的处理，并且还需要考虑"场地"原有特点、周围环境性质以及风土人文等环境因素。

道路铺装功能

1. 空间使用功能

在城市道路中，道路空间的使用功能可通过对道路面层材料的不同应用而进行划分，一般可分为机动车道（多使用沥青、混凝土路面），非机动车道（又称自行车道，面层材料可有沥青、混凝土、透水砖、预制混凝土砖等多种面材），人行道（与非机动车道在路面上可合并或分离，面层材料的使用较为多样，如花岗岩、仿花岗岩、透水砖、预制混凝土砖、彩色混凝土等），通过对面层材料的使用、划分从而对道路交通有效地组织、分隔、安全使用，各行其道。本讲主要指人行道的铺装设计。见图7.1~图7.5所示。

2. 警示提示功能

在遇到特定场地、构筑物、障碍物可通过铺装的色彩、材料、质感的变化等对特定的对象进行警示或提示，达到安全通行的目的。见图7.6、图7.7所示。

3. 指示功能

对于整体有序列感的设计，可使铺装强调出方向性和视觉诱导性功能。见图7.8~图7.10所示。

4. 美化功能

可通过铺装材料、色彩、质感及具有美感的设计组合，营造宜人空间、美化城市形象、增加城市色彩、提升城市品位等。见图7.11所示。

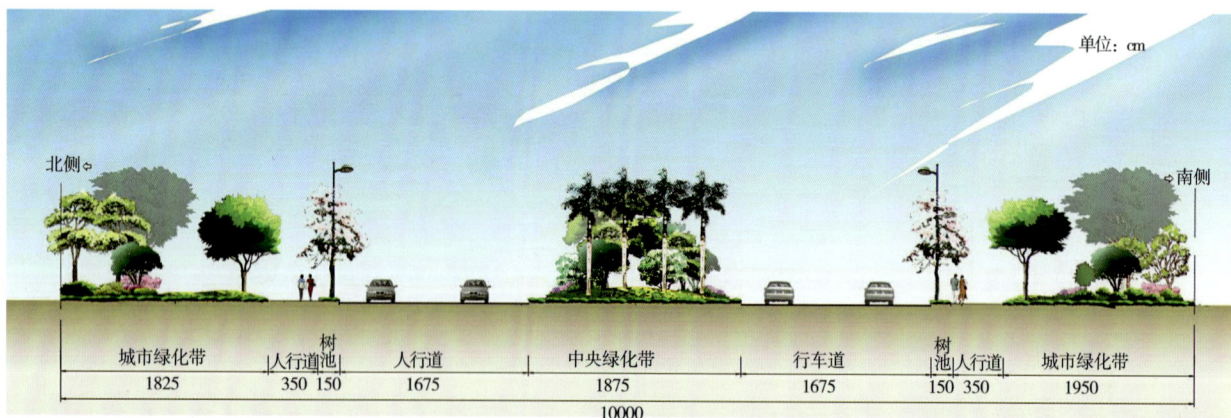

图7.1 道路横断面景观示意图一

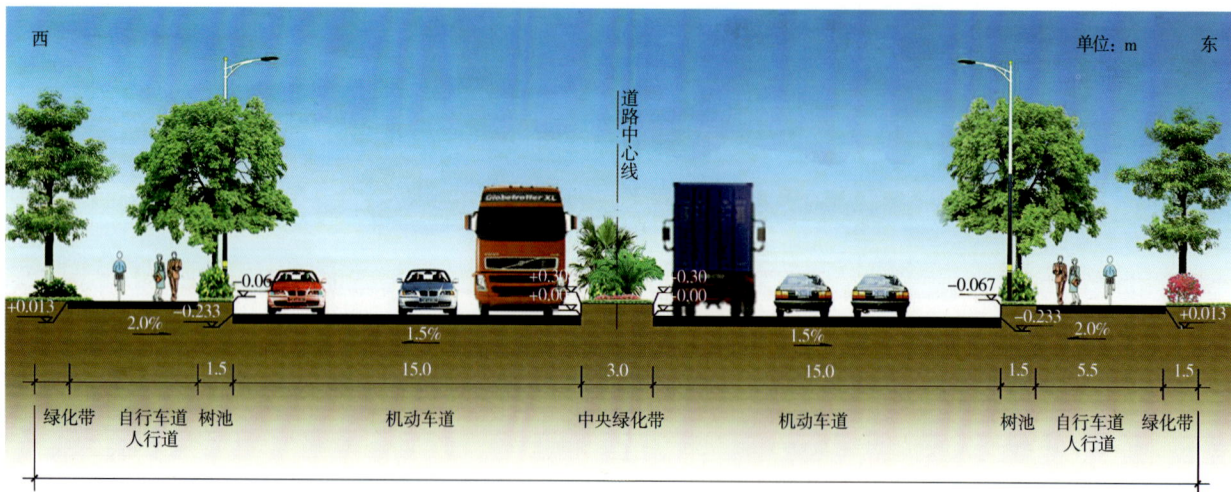

图7.2 道路横断面景观示意图二

图7.3 人行道与自行车道采用不同铺装材料、色彩，以示分区景观

图7.4 沥青路面机动车道景观

图7.5 不同的面层材料对道路的功能进行区分展示：机动车道、公交停靠道、人行道、自行车道等

图7.6 在花岗岩条石边的红色的铺装带起到提示作用

图7.7 地下管线的检查井盖以彩色的图案进行装饰，既美观又起到提醒行人注意的作用

图7.8 白色的线性铺装具有强烈的视觉诱导性

图7.9 条形的铺装风格强调方向性

图7.10 菱形的铺装引导行进方向

图7.11 自由曲线的铺装烘托出活泼的休闲商业氛围

道路铺装景观设计原则

城市道路的建设目的是为人服务，在使用过程中的安全舒适感是最基本的体验反应。在铺装设计中，对使用者的视觉感受、触觉感受、心理感受等都要兼顾到，体现"以人为本"的大理念，需要遵循以下原则。

1. 安全通行原则

合理的功能布局划分，各类交通穿插时的有效组织，面层材料使用时所提供的坚实、耐磨、防滑无障碍等的功能，有效地保证行人安全、舒适地通行。见图7.12所示。

2. 经济实用原则

材料使用上多种多样，结合道路本身的定位性质，周边地块城市发展情况等，合理选择使用，来达到经济、实用、美观，以此满足经济、节约型社会需求。见图7.13所示。

3. 文化特色原则

根据处在不同地域的道路性质、周边情况，结合当地文化特色，打造具有历史文化沉淀的特色铺装，可以通过使用地方特色材料、文化性的处理、绘出文化图案、雕刻饰样等来体现。见图7.14~图7.16所示。

4. 艺术美观原则

道路铺装需具有一定的艺术性，结合周边不同用地性质、建筑形式、路面的布局形式等，在设计时从材料质感、色彩、形状等的应用出发，考虑带给行人轻松、愉快的感受，以及美化、提升城市景观品质。见图7.17~图7.19所示。

图7.12 人行道与机动车道交叉的地方采用隔离墩保障行人安全通行

图7.13 根据道路定位可采用经济、美观、适用的铺装材料

图7.14 体育场馆周边道路采用"游泳图案"的地面铺装雕刻

图7.15 图案铺装沉淀历史街区文化

图7.16 具海鸟纹样的铺装展示出海滨城市特色

图7.17 结合等距的树池设置横向线条铺装，具有韵律感，在视觉感受上人行道有所加宽

图7.18 连续的具有韵律感的圆弧形铺装将人行道与商业前广场结合起来

图7.19 不同材质、色彩、尺寸等组合的人行道铺装，富有变化，具有纵深感；应用材料有花岗岩、广场砖、卵石等

道路铺装景观设计

1.道路铺装景观设计要素

美丽道路铺装除其所承载的功能要求以外，在色彩、图案、表面质感处理以及设计尺度等都是其主要组成要素，并且还需要考虑"场地"原有特点、周围环境以及风土人文等环境因素。

（1）色彩

色彩是铺地的主要要素之一，是道路硬质景观环境色调的主要体现，它能较强烈地诉诸于情感而作用于人的心理。因此在铺装景观中，色彩的选择能烘托出不同的环境氛围。暖色调的铺装给人以热情、奔放的感觉；冷色调幽雅、宁静，给人以清新愉快的感觉；灰暗色调平和、沉闷，给人以庄严肃静的感觉。在地面铺装中，有意识的色彩变化可以丰富空间和渲染气氛。见图7.20、图7.21所示。

（2）图案

在拼法与色块组成方面，设计手法多样，变化丰富，通过不同色彩、不同材料、不同尺寸、不同质感等的组合来达到不同的效果，如方拼、横拼、席纹拼、放射形等，可带来不同的视觉感受，美化环境、增加道路特性。在铺装走向上，与人视线同方向的线形会增强道路的方向性；与人视线相垂直的线形会使地面产生伸长或缩短的透视效果，并起到增加路幅宽度的作用。在设计图案放样时，其构图也会因场所不同而各异，讲究与道路意境相融合，突出道路环境的主题。见图7.22~图7.27所示。

图7.20 暖色调铺装热情明快

图7.21 灰色调铺装平和安静，并与绿化相协调

图7.22 人行道铺装图案平面

图7.23 人行道铺装图案设计效果

图7.24 菱形图案丰富路面效果

图7.25 白色的铺装起点缀作用

图7.26 淡雅自然的棋盘图案效果

图7.27 白色围边的方格装饰纹样与周边环境融为一体

（3）质感

在设计中，充分发挥素材所固有的质感特性，采用不同的手法来调和、组织、穿插，使其与环境的场地特点、环境特色及当地的风土人情等相关联、融合。

不同材质固有质感各不相同，加之后期在加工处理上的手法不同，就带来了不同触觉、视觉上的效果。设计中应在考虑行人安全行走的基础上，结合不同的材质及空间尺度的大小来达到所需的效果要求。比如大空间要粗犷些，可选用质地粗大、厚实、线条明显的材料，使人感到

稳重、沉着、开朗。另外，粗糙的材质可吸收光线，不晕眼。而在小空间则应选择小尺寸、圆滑、精细的材料，细质感给人轻巧、精致的柔和感觉。见图7.28~图7.32所示。

（4）尺度

尺度会带来不同的空间感受，合适的尺度应用会使人在使用时感到舒适、安全、平稳。在设计中应结合人行道长度、宽度、周边用地属性、建筑物规模等来确立尺度大小，合理选材并确定材料间的比例。见图7.33~图7.35所示。

图7.28 细腻的青瓦竖铺的路面景观给人历史沉淀感

图7.29 自然面小料石与烧面花岗岩铺地路面形成对比

图7.30 自然面的小料石花岗岩铺地路面，质感略显粗犷

图7.31 低调、柔和的烧结砖铺地路面景观

图7.32 轻松明快的烧结砖铺地路面

图7.33 采用席纹样式铺于较窄的人行道

图7.34 结合商务建筑形成大气时尚的铺装效果

图7.35 结合周边城市绿地设置适宜宽度的人行道

2.道路铺装景观材料选择

（1）常规应用铺装材料

水泥地砖（混凝土路面砖） 利用水泥和集料作为主要原料，经加工、振动加压或其它成型工艺制成的一种地面铺装材料。价格便宜，本色或彩色，施工方便快捷，是应用最多的人行道铺装材料。水泥地砖的应用要求（见《道路人行道设计和施工质量验收规范》DB 31/436.1-2009）：水泥地砖厚度不应<60mm；有机动车辆通行的出入口，不应<80mm；水泥地砖质量应符合行业标准《混凝土路面砖》（JC/T 446-2000）的要求。抗压强度应≥30MPa；当水泥地砖边长与厚度比≥5时，其弯拉强度应≥3.5MPa；整平层宜采用干拌水泥砂、石屑或砂。嵌缝砂应采用细砂；水泥地砖之间的接缝宽度为3mm。见图7.36~图7.38所示。

烧结砖 采用黏土、页岩、煤矸石或粉煤灰为主要原料，经过成型和高温焙烧，而制得的砖称为烧结砖。根据原料不同分为黏土烧结砖、页岩烧结砖、煤矸石烧结砖、粉煤灰烧结砖等。色彩丰富，色调柔和，有红、黄、白、灰、青、棕、咖啡等色系；表面纹理古朴典雅，有滚花、拉毛、喷砂、仿岩石等不同质感，可满足不同的效果需求。

烧结砖的应用要求：为了保护耕地，国内大部分省市禁止使用黏土烧结砖，推荐使用页岩烧结砖、煤矸石烧结砖、粉煤灰烧结砖；烧结砖厚度不应<50mm；烧结砖质量应符合国家标准《烧结普通砖》（GB 5101-2003）的要求；整平层宜采用干拌水泥砂、石屑或砂，嵌缝砂应采用细砂。见图7.39~图7.41所示。

花岗岩板 从天然花岗岩石材开采加工形成，材质

图7.36 灰色水泥地砖人行道

图7.37 彩色水泥地砖人行道

图7.38 紫色与黄色水泥地砖组合的席纹式铺地景观

图7.39 暖色调的烧结砖组合路面景观

图7.40 以土黄色为主体的烧结砖路面景观

图7.41 具有渐变韵律感的烧结砖组合的路面景观

硬实、耐磨性好、美观整洁、质感自然丰富，可加工成各种规格及形状。花岗岩板的应用要求(见《道路人行道设计和施工质量验收规范》DB 31/436.1-2009)：石材质量应符合行业标准《天然花岗岩石建筑板材》(GB/T 18601)有关规定；石材饱水抗压强度应≥80MPa，饱水弯拉强度应≥9MPa；石材铺面应根据使用要求和现场条件对板块尺寸、厚度、形状、色差搭配拼接等进行设计。板块厚度不宜小于40mm。石材接缝应控制在1~3mm之间；石材面层图形设计时，不同尺寸面板的厚度应相同；在坡道、转角等变换地点，面板形状应顺势转换，自然过渡；石材面层应采用刚性基层。根据铺面长度与线形，水泥混凝土基层与石材铺面层上应设置上下贯通的胀缝，胀缝间距宜为40~80mm。在纵、横坡变化处，应设置变形缝；在建成区域，石材面层应铺设到固定构筑物边；在未建成区域应按设计宽度铺设，外侧边口应采取护边措施。见图7.42~图7.44所示。

广场砖 用无机非金属粉料、粒料混合压制成形，经高温烧制而成的用于广场、步行街、社区园林等室外场所地面装饰的铺装制品。广场砖种类丰富、品种多，多采用凹凸面的形式，具有防滑、耐磨、修补方便的特点。通过不同规格、颜色的组合搭配，可以拼贴出丰富多彩、风格迥异的图案，可用于大面积铺装场地。

广场砖的应用要求(见《道路人行道设计和施工质量验收规范》DB 31/436.1-2009)：广场砖有多种规格，一般采用约100mm×100mm规格；广场砖质量应符合行业标准《广场用陶瓷砖》(GB/T 23458-2009)的相应要求；广场砖面层应采用刚性基层，并根据施工季节及平面图形布置，在水泥混凝土基层与面层上，在适当位置设置贯通的胀缩缝；整平层应采用水泥净浆，厚度为20~30mm。广场砖缝隙宽度为10mm，缝隙宜采用1:1水泥砂浆嵌缝，勾缝下凹3~5mm；广场砖的铺装图案应与沿线建筑物协调，图案中应避免出现小于1/4边长的砖块。见图7.45~图7.46所示。

图7.42 花岗岩铺地路面景观

图7.43 不同色彩的花岗岩铺地路面景观

图7.44 花岗岩铺地路面景观

图7.45 棋盘图案广场砖铺地路面景观

图7.46 波纹图案广场砖铺地路面景观

彩色沥青混凝土 脱色沥青与石料、色料和添加剂等材料在特定的温度下混合拌和配置成彩色的沥青混合料，经过摊铺、碾压而形成具有一定强度和路用性能的彩色沥青混凝土。色彩鲜艳持久，有良好的弹性和柔性，能耐高低温，具有抗水害及耐久性等特点，美观实用，维护方便。

彩色沥青混凝土的应用要求：沥青混合料的矿料级配应符合GB 50092-96中的相关规定；彩色沥青混凝土及各项指标应通过马歇尔稳定度试验确定；沥青混合料宜采用机械全路幅摊铺，如果在分路幅上摊铺时，接缝应紧密，拉直并设置样桩挖制厚度。若机械摊铺不到的部位须采用人工摊铺时，应采取扣锹摊铺，不得扬锹远甩，同时边用刮板往返刮2~3次达到平整即可；沥青面层不得在雨天施工，当施工中遇雨时，应停止施工。雨季施工时应采取路面排水措施。见图7.47~图7.49所示。

彩色混凝土(彩色压模艺术地坪) 在未干的水泥地面上加上一层彩色混凝土，然后用专用的模具在水泥地面上压制而成，在地面永久地呈现各种图案色泽，模拟石材、木材、卵石等各种自然的材质和纹理。具有防水、防滑、防腐等作用。

彩色混凝土的应用要求：当混凝土初凝时由施工人员采用大抹刀对混凝土表面进行收光，用人工刮出多余的浮浆。收光过程中若出现有较大的骨料（石块）浮在表面应捡出；撒布脱模粉，应在准备开始压模时进行，撒布脱模粉的时候应该避开大风，并顺风方向撒布；艺术地坪模具应配套使用，首先确定好纹理的分布方向，选好第一块模具放置的位置和角度。然后，其它模具紧接配套第一块模具放置。见图7.50~图7.51所示。

图7.47 褐色沥青非机动车道路面景观

图7.48 绿色沥青非机动车道路面景观

图7.49 红色沥青非机动车道及青灰色沥青人行道路面景观

图7.50 彩色混凝土自行车道路面景观

图7.51 彩色混凝土仿石材压印路面景观

图7.52 卵石用来分隔铺装路面景观

图7.53 卵石用来分隔铺装路面景观

图7.54 自然纯朴的水洗石路面景观

图7.55 水洗石地面施工实景

图7.56 水洗石预制块路面景观

图7.57 造价低廉的水磨石地面

图7.58 在街道铺装中起到装饰作用的防腐木地板路面景观

图7.59 脚感舒适的塑木地板路面景观

（2）其它特色铺装材料

卵石 指的是岩石经水流长期冲刷而成的小粒径无棱角的天然粒料，在溪流河道中天然形成。主要用于分割或勾勒主体铺装路面、形成主题图案或镶嵌边界等，多见于传统历史街区，不适合大面积铺用。见图7.52~图7.53所示。

水洗石 水洗石是选用卵石或砾石与水泥及专用胶剂按一定比例拌和，涂抹在基层上，待快干时用水将表面黏合物处理干净，露出石子原貌的一种装饰做法。水洗石地面表现出自然纯朴的感觉。见图7.54~图7.56所示。

水磨石地砖 将碎石拌入水泥制成经表面磨光的混凝土制品，是一种以水泥碎石为主要原材料的复合地面材料，分为预制和现浇两种，可任意调色拼花、施工方便、造价低廉。见图7.57所示。

木地板和塑木地板 采用原木经特殊处理，得到具有防腐烂、防白蚁、防真菌等功效的原木地板，或以植物纤维为主原料，与塑料合成的一种新型复合材料，兼具塑料的耐水防腐和木材的质感两种特性。木地板和塑木地板作为面层铺装材料，质感独特，具有原始自然的气息，可在特殊地段使用。见图7.58、图7.59所示。

3. 道路铺装景观的结构设计

人行道铺装设计分土基与铺装层两部分。铺装结构自下而上可分为垫层、基层、整平层、面层等。垫层可根据土基和基层材料特点按需设置。

（1）土基

人行道土基应均匀、密实和稳定，土基压实度应≥轻型击实标准90%。人行道应充分利用沿线永久性排水设施，综合进行地表水和地下水的排水设计。

（2）垫层

垫层应有利于排水，改善水文条件，防止土壤对上层材料的污染；垫层应根据土基水文状况及基层材料类型确定是否需要设置，柔性、半刚性基层一般可不设。地下水位较高，路基处于潮湿状态路段的人行道应设置垫层，以确保铺装结构的稳定和安全。人行道垫层材料可采用未筛分碎石或13.2~19.0mm碎石，以及符合路用性能要求的路面旧料和性能稳定的矿渣颗粒。垫层材料最大粒径应≤37.5mm，颗粒质硬无泥，压碎值应≤40%。

（3）基层

分柔性基层、刚性基层及半刚性基层三类，主要承受行人或车辆的竖向荷载，并扩散至土基，基层应具有一定的强度和稳定性。

刚性基层：适用于土基软弱、地下管线多、难以充分碾压的地段以及对铺面平整度、抗沉陷要求较高的地段；石材、广场砖、彩色混凝土铺面，应采用刚性基层；刚性基层一般采用C15~C30普通水泥混凝土。偶有轻型汽车停车的地段可取上限。

柔性基层：适用于土基状况较好，能进行充分碾压的路段或要求人行道结构透水的路段；柔性基层不宜作为石材、广场砖面层的基层；人行道柔性基层可采用级配碎石、砂砾混合料和未筛分碎石等；砂砾混合料最大粒径不得>53mm，宜<37.5mm，4.75mm以下颗粒应控制在30%~50%范围内；砂砾混合料在必要时可掺加轧碎砾石及砂，以调整级配；砂砾混合料中砾石压碎值应≤40%；未筛分碎石最大粒径不得>53mm，宜<37.5mm，4.75mm以下颗粒应控制在10%~30%范围内；未筛分碎石应级配均匀，不应夹杂黏土块、植物根茎等有害物质；碎石压碎值应≤40%。

半刚性基层：适用于能进行充分碾压并有足够养生时间的人行道。半刚性基层不应用作广场砖和石材面层下的基层；半刚性基层可采用石灰粉煤灰稳定碎石及水泥稳定碎石等；为提高铺面和基层的平整度，宜选用最大粒径<37.5mm的混合料；混合料原材料级配、质量要求应符合道路人行道施工质量验收规范规定。如有特殊

要求，应另行设计并提供质量验收标准。

透水性水泥稳定碎石基层：适用于需要保持水土涵养、生态环保要求较高的地段，如步行道、游览区道路、公共绿地内部道路人行道；透水性水泥稳定碎石基层用于地下水位高、路基透水不良的地段时，应设有排水设施；透水性水泥稳定碎石基层应具有良好的强度、透水性和稳定性。混合料的总空隙率不应<20%；水泥可使用普通硅酸盐水泥、矿渣硅酸盐水泥和火山灰质硅酸盐水泥，宜选用终凝时间较长的水泥。水泥量及外加剂应通过配合比设计试验确定；透水基层必须采用透水面层。透水铺装必须做好内部结构排水设计。避免因排水不良而影响人行道、车行道以及其它构筑物基础的强度和稳定性。

（4）整平层

整平层用原材料主要为砂、石屑和水泥。整平层可采用砂（石屑）、干拌水泥砂、水泥砂浆、水泥净浆等，根据铺面材料性质选用；砂应采用中粗砂；石屑应采用粒径3~6mm，含泥量应<5%；水泥强度等级为32.5~42.5；干拌水泥砂及水泥砂浆的水泥与黄砂的质量配合比一般为1:3；石材、广场砖铺砌应采用水泥净浆或水泥砂浆整平层，根据施工季节及铺砌条件可按要求添入缓凝剂等外加剂。

（5）面层

面层直接承受行人或车辆（进出口坡）荷载和自然因素的影响，应坚实、平整、抗滑、耐久。面层分整体铺筑和块料铺砌两类；道路铺装面层材料的选择和搭配，除必须满足结构强度要求外，还应综合考虑其色泽、形状、外观等因素，以取得与周边环境协调的效果；人行道铺面设计应达到平整、坚实、抗滑、耐磨和美观，并与周边景观相协调；人行道铺砌式面层应视所用材料的不同，在与侧面接边处的接缝宽度不应>10mm，高出侧石3~5mm，以利排水；人行道应与相邻地坪或建（构）筑物妥善衔接。沿线建筑紧靠路边区域时，人行道应铺设至建（构）筑物墙角；在后退建筑和未建成区域，应按设计宽度铺设，外侧边缘应设有护边措施。

常用道路面层铺装的方法有：砌块施工、浇筑施工、喷刷施工等。砌块施工根据结合层的不同可分为两种形式，一是将比较厚的水泥砖、烧结砖铺在弹性砂层上，二是用水泥砂浆结合，固定在混凝土结构层上。浇筑施工，是将具有流动性的材料通过浇注来完成铺装的方法，如混凝土路面、水洗石路面的铺装；喷刷施工，是采用高分子材料，在沥青及混凝土的表面，涂装彩色铺装材料的施工。根据材料的不同，可使用喷涂机施工、人工抹子施工。见图7.60~图7.63所示。

4. 美丽路边景观修饰

（1）道牙（路缘石）

安置在路面两侧或分隔带、安全岛四周，将车行道、人行道、绿化带、安全岛等分割开，使路面、路肩、绿化带在高程上起衔接作用，并能保护路面，便于排水，保证行人的安全，避免便道被压坏。一般用预制混凝土、天然石材、砌块砌制。一般分为立道牙（立缘石）和平道牙（平缘石）两种形式。见图7.64~图7.66所示。

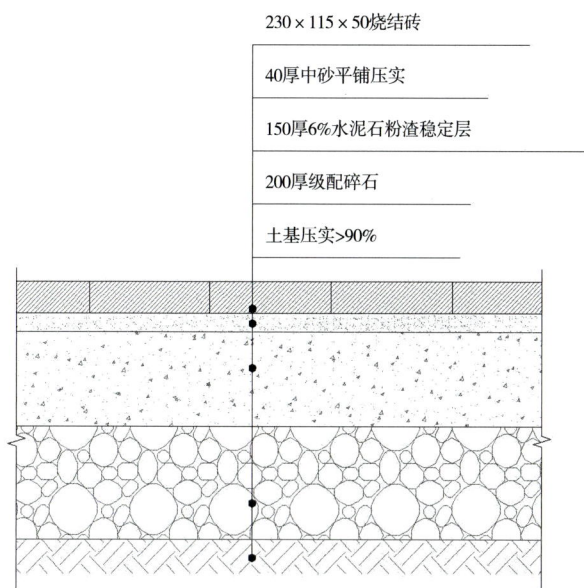

（2）树池篦子

树池篦子一般是由两块或四块对称的板体对接构成，盖板体的中心处设有树孔，树孔的周围设有多个漏水孔。主要起到防护水土流失，美化环境的作用。目前有铸铁、树脂复合、玻璃钢、花岗岩、混凝土等各种材料制作的树池篦子。见图7.67~图7.69所示。

（3）隔离墩

设置在安全岛、路口或路边，既能满足行人与自行车无障碍通行的需求，又能防止机动车驶入人行道。见图7.70~图7.74所示。

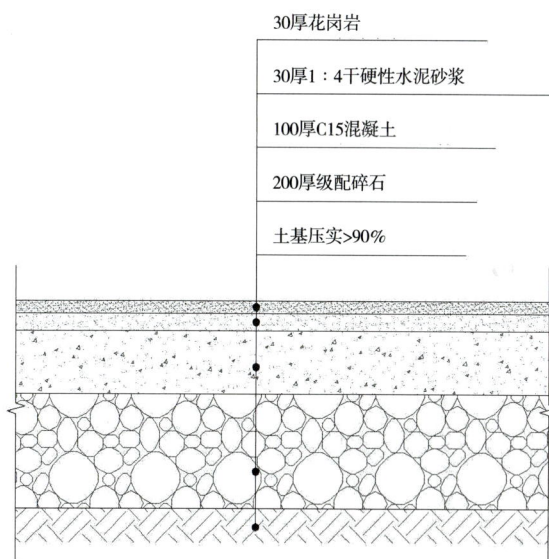

230×115×50烧结砖
40厚中砂平铺压实
150厚6%水泥石粉渣稳定层
200厚级配碎石
土基压实>90%

图7.60 烧结砖铺装断面示意图

30厚花岗岩
30厚1:4干硬性水泥砂浆
100厚C15混凝土
200厚级配碎石
土基压实>90%

图7.61 花岗岩铺装断面示意图

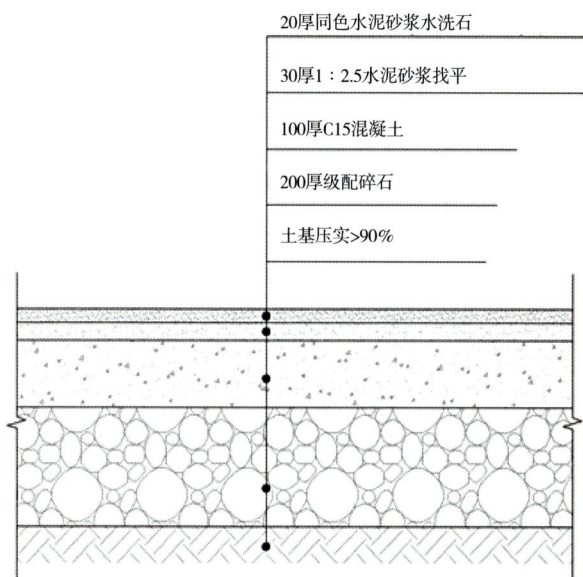

20厚同色水泥砂浆水洗石
30厚1:2.5水泥砂浆找平
100厚C15混凝土
200厚级配碎石
土基压实>90%

图7.62 水洗石地面铺装断面示意图

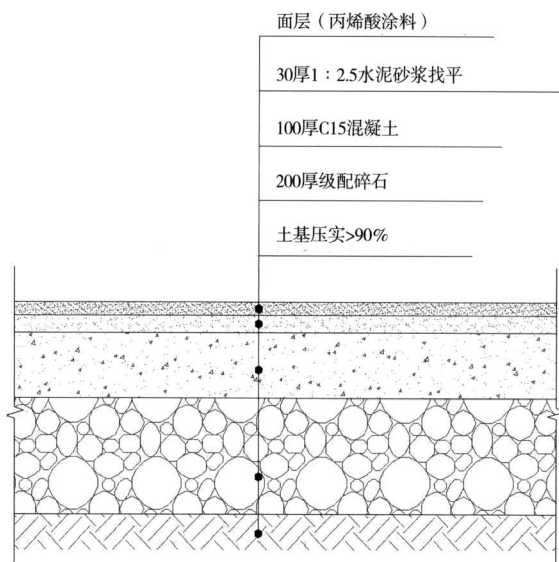

面层（丙烯酸涂料）
30厚1:2.5水泥砂浆找平
100厚C15混凝土
200厚级配碎石
土基压实>90%

图7.63 丙烯酸地面铺装断面示意图

图7.64 花岗岩立道牙

图7.65 混凝土立道牙，外刷涂料

图7.66 花岗岩立道牙

图7.67 花岗岩树池篦子

图7.68 铸铁树池篦子

图7.69 艺术纹样树池篦子

图7.70 用于路口的方柱型花岗岩隔离墩

图7.71 用于路边的球型石雕隔离墩

图7.72 圆柱型铸铁隔离墩

图7.73 圆柱型花岗岩隔离墩

图7.74 商业街边阻止汽车乱停放的隔离墩

5. 美丽道路无障碍景观设计

（1）坡道

人行道的各种路口必须设缘石坡道。缘石坡道应设在人行道的范围内并应与人行横道相对应。缘石坡道可分为单面坡和三面坡缘石坡道，其坡面应平整且不应光滑，下口高出车行道地面的距离，不得大于20mm。见图7.75~图7.78所示。

（2）盲道

人行道设置的盲道位置和走向应方便视残者安全行走和可顺利到达及无障碍通过。向前行进的盲道应为条形的行进盲道；在行进盲道的起点、终点及拐弯处应设圆点形的提示盲道；盲道表面触感部分以下的厚度应与人行道砖一致。盲道应连续不应中断，中途不得有电线杆、拉线、树木等障碍物，宜避开井盖铺设。

人行道外侧有围墙、花台或绿带，行进盲道宜设在距围墙、花台、绿带0.25~0.50m处；人行道内侧有树池，行进盲道可设置在距树池0.25~0.50m处；人行道没有树池，行进盲道距立缘石不应<0.50m；行进盲道的宽度宜为0.30~0.60m，可根据道路宽度选择低限或高限；人行道成弧线形路线时，行进盲道宜与人行道走向一致；行进盲道触感条规格应符合相关规范要求。

行进盲道的起点和终点处应设提示盲道，其长度应大于行进盲道的宽度；行进盲道在转弯处应设提示盲道，其长度应大于行进盲道的宽度；人行道中有台阶、坡道和障碍物等，在相距0.25~0.50m处，应设提示盲道；距人行横道入口、广场入口、地下铁道入口等0.25~0.50m处应设提示盲道，提示盲道长度与各入口的宽度应相对应；提示盲道触感圆点规格应符合相关规范要求。见图7.79~图7.85所示。

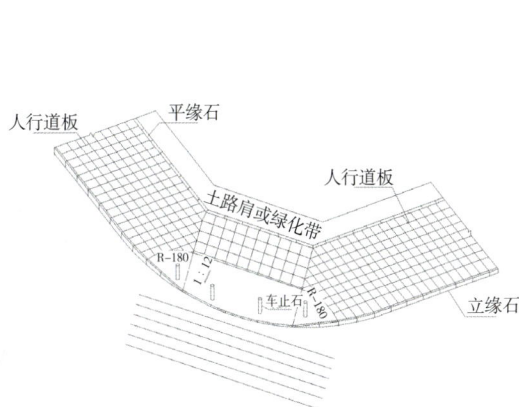

图7.75 转弯路口人行坡道示意图

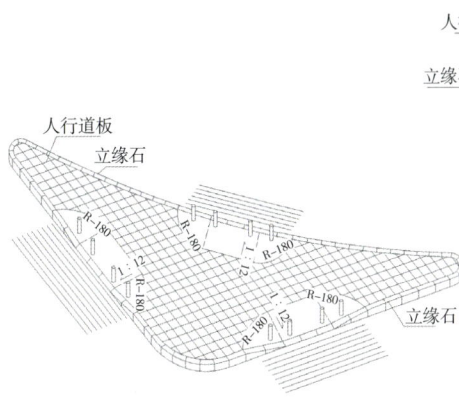

图7.76 安全岛人行坡道示意图

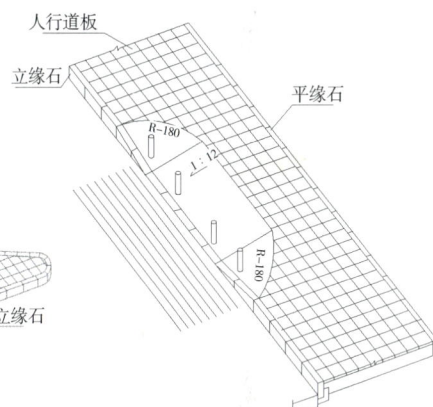

图7.77 垂直路口人行坡道示意图

图7.78 路口坡道实景效果

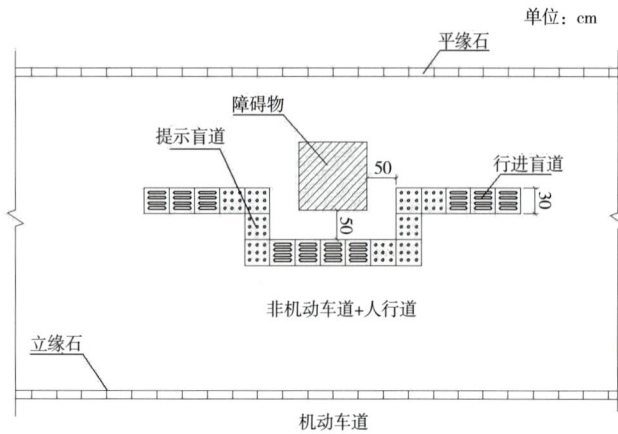

图7.79 人行道障碍物处的盲道板布置

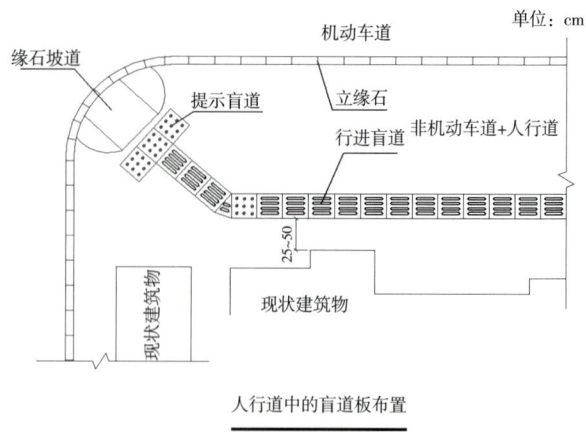

图7.80 人行道中的盲道板布置

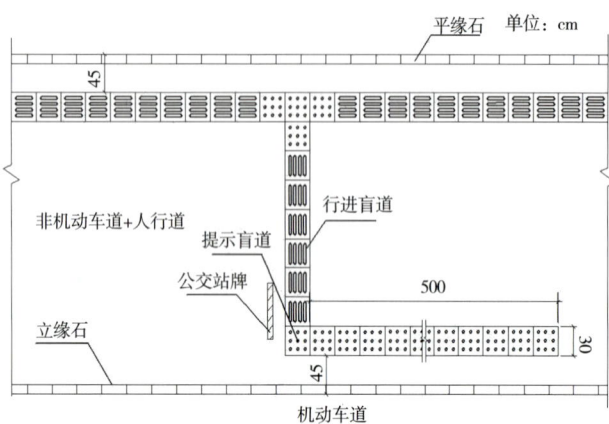

图7.81 公交站处的盲道板布置

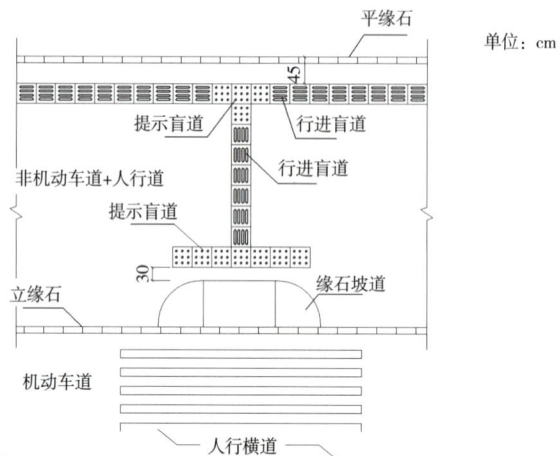

图7.82 人行横道处的盲道板布置

图7.83 障碍物处盲道实景效果

图7.84 路口盲道实景效果

图7.85 直行盲道实景效果

PART 8

ROAD PLANTING ENGINEERING DESIGN

道路绿装景观设计

　　道路绿装景观即在道路红线以内，或路侧可以绿化的地方进行绿化装饰。也就是用绿色植物绿化了的道路空间。俗话说，人是衣服马是鞍，道路也是一样，一条道路如果没有绿装，就是一条死气沉沉的灰色路带。道路如果穿上一身绿装，便形成了有生命的绿色廊道，例如行道树景观、路侧景观、分车绿带景观、绿岛景观等。

城市道路绿装景观类型

城市道路绿装景观类型有行道树绿带景观、路侧绿带景观、分车绿带景观、绿岛景观等等。各种类型相互协调搭配，整体景观才能达到和谐。见图8.1所示。

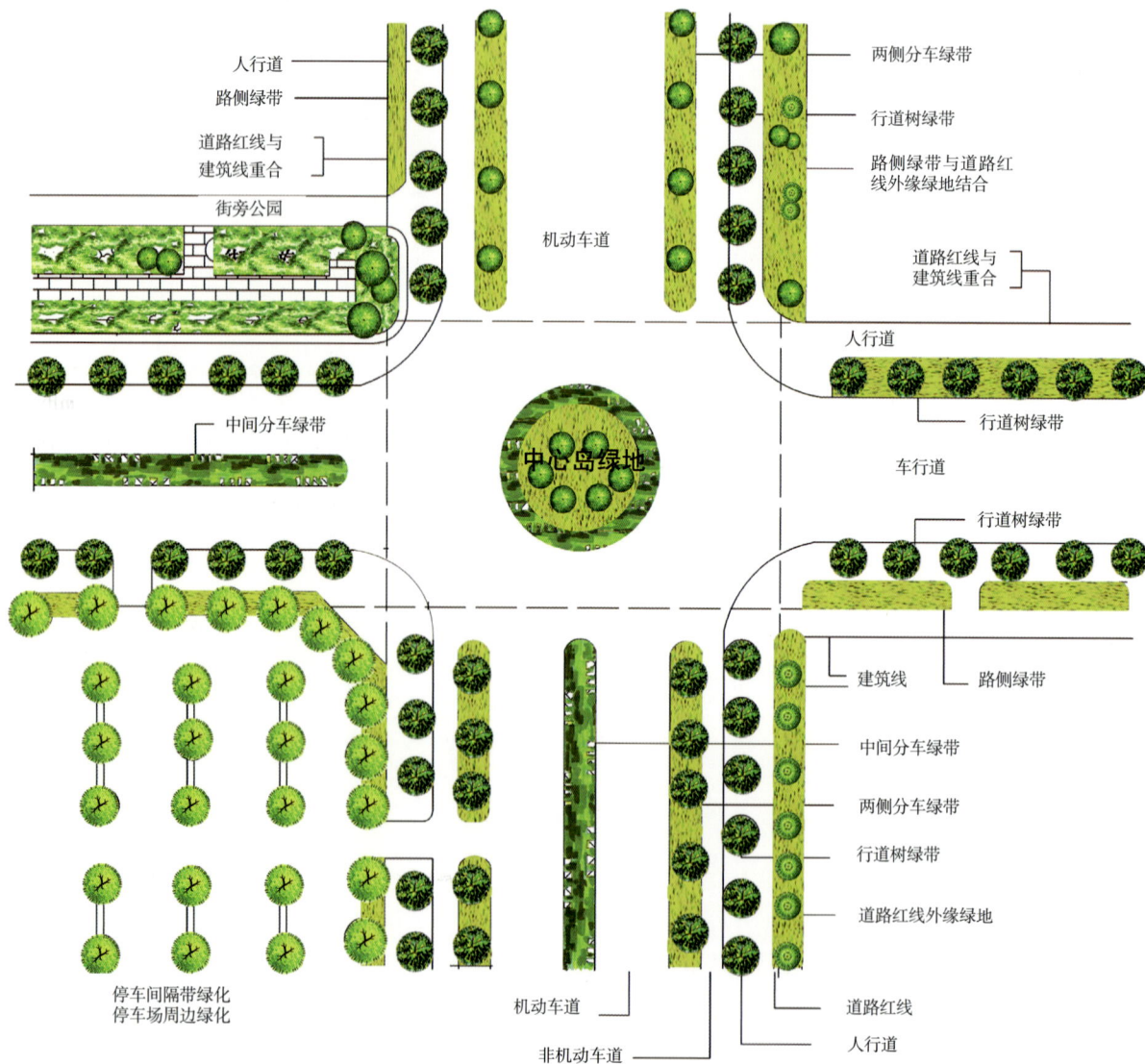

人行道
路侧绿带
道路红线与建筑线重合
街旁公园
机动车道
中间分车绿带
停车间隔带绿化
停车场周边绿化
机动车道
非机动车道

两侧分车绿带
行道树绿带
路侧绿带与道路红线外缘绿地结合
道路红线与建筑线重合
人行道
行道树绿带
车行道
行道树绿带
建筑线
路侧绿带
中间分车绿带
两侧分车绿带
行道树绿带
道路红线外缘绿地
道路红线
人行道

中心岛绿地

图8.1 城市道路绿装景观布局示意图

持续稳定的行道树景观带设计

持续稳定的行道树景观既是行道树绿带景观，又称人行道绿化带景观。它是设在道路的两侧，位于车行道与人行道之间或外侧的带状绿化带景观，也就是以种植行道树为主的绿带景观。它主要功能是为夏季行人和非机动车遮阳、美化街景、装饰建筑立面，也是城市街道绿化景观的主要形式之一。行道树景观设计要考虑主要道路环境与行道树苗木规格标准和定干高度、行道树的株距、行道树绿带宽度、行道树绿带种植形式、行道树与建筑朝向和道路走向的关系、安全视距三角形、树池大小等才能形成一个功能合理、持久稳定的绿化带景观。

1. 行道树的规格

为了保证新栽行道树的成活率，在种植后较短的时间内达到绿化景观效果，还要注意苗木的规格。例如苗木的胸径、苗木的总高度、冠幅大小、干高、分枝情况、土球大小、采用的是假植苗还是容器苗等都要规范进行。

如果选用快长树作为行道树时，树木的胸径应在8cm左右；如果选用慢长树作行道树种植时，苗木的胸径应在10cm左右，不宜选用太小或太大的树木作为行道树。

苗木的冠幅宜全冠较好，但是种植前为了保持苗木本身水分的平衡，也可以修剪一部分不必要的枝叶。

行道树的定干高度取决于道路的性质、距车行道的距离和树种分枝角度。有利于双层车或货车行走，距车行道近的可定为3m以上；距车行道较远而分枝角度小的则可适当低些，但不要小于2.5m。如果人行道上空电线太低，可把树冠的主枝，修剪成"Y"字形，让电线从"Y"中穿过，以保证树木和电线的安全。如行道树不影响行车和电线，可任其自然生长，形成自然的树木景观带。见图8.2所示。

2. 行道树的株距

行道树景观设计还必须考虑树木之间的株距，树木与架空线、建筑、构筑物、地下管线以及其它设施之间的距离，以避免或减少彼此之间的矛盾，使树木既能充分生长，最大限度地发挥其生态与环境美化功能，同时又不影响建筑与环境设施的功能与安全。行道树的株行距根据地区、树种不同而异，太稀不能很快形成良好的绿化效果，过密则几年后又影响树木本身的生长。一般常用的株距为5~8m。一些高大乔木也可采用8m的定植株距。总的原则是以成年后树冠幅为准。初种的树木规格较小，而又需在较短时间内形成遮阳效果时，可缩小株距，如2.5~3m，等树冠长大后再进行间伐，最后的定植株距为5~6m。用小乔木或树冠小的乔木作为行道树时，一般采用4m的株距。行道树种植株距不小于4m，是使行道树树冠有一定的分布空间，有必要的营养面积，保证其正常生长，同时也是便于消防、急救、抢险等车辆在必要时穿行。在城市郊区的道路上，为了早日实现绿化的效果，株行距可以适当小些，等树木长大后再进行间伐。再根据快长树、慢长树、树冠大小的特点设计不同的株距，参见下表。行道树的树干中心至路缘石外侧距离不小于0.75m，有利于行道树的栽植和养护管理，也是为了树木根系的均衡分布、防止倒伏或损坏路面。一般行道树种植株距，见表8.1。

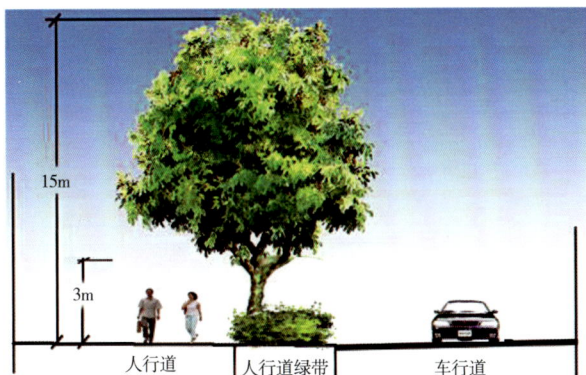

图8.2 行道树的定干高度保持在3m左右，树冠开展，有利于行人夏季遮阳，及车行道上双层车的行驶

表8.1 行道树种植株距

树种类型	暂时株距(m)		定植株距(m)	
	市区	郊区	市区	郊区
快长树（冠幅15m以下）	3~4	2~3	4~6	4~8
中慢长树（冠幅15~20m）	3~5	3~5	5~10	4~10
	2.5~3.5	2~3	5~7	3~7
慢长树（小冠树）	-	-	3~5	3~4

3. 行道树景观带的宽度

带状绿化宽度因用地条件及附近建筑环境不同可宽可窄。为了保证绿化带景观树木的正常生长，行道树绿带宽度不应小于1.5m，即行道树树干中心至路缘石外侧最小距离宜为0.75m；若条件允许，绿带景观宽度可设计在3m以上，这样就可以采用规则与自然相结合的布置形式，将乔木、灌木、花卉、草坪根据绿带面积大小、街道环境的变化而进行合理配植。为了体现以上的功能需要，最好提高行道树绿带宽度，采用规则式与自然式相结合的手法进行设计。例如林带式配置方式：行道树绿带宽度有6~10m的宽度时，在绿带外缘可设隔离防护设施，其中以高大的落叶乔木为主，地面适当配植绿篱和地被植物，以减少土壤裸露，形成连续不断的绿化景观带，提高防护及景观效果；行道树绿带宽度如设计10~20m的宽度时，以高大的落叶乔木为主，适当配植常绿树、绿篱和地被植物，以形成连续不断的绿化景观带；如果行道树绿带宽度有30m以上时，以高大的落叶乔木为主，也可以适当配植常绿乔木、绿篱和地被植物，以减少土壤裸露，形成连续不断的绿化景观带，提高防护及景观效果。行道树绿带宽度还要与沿街的绿化景观、居住区绿化景观、公园绿化景观、专用附属绿化景观等相配合，相互协调，形成统一的绿化景观系统，以提高城市的生态景观环境质量。

4. 行道树景观带配置形式

行道树景观带中的主体是行道树，它是按一定间距列植于道路两侧，并与道路轴线平行。行道树景观带的主要功能是夏季遮阳，与建筑物协调有利于街景，不应妨碍街道通风及建筑物内的通风采光。行道树景观带的配植，要根据道路环境、功能、形态不同而定。行道树景观带的类型有落叶乔木式、常绿乔木式、单株乔木式、间植式、花坛式、空间开合式、林荫式、宽带游览式等。见图8.3~图8.12所示。

立体图

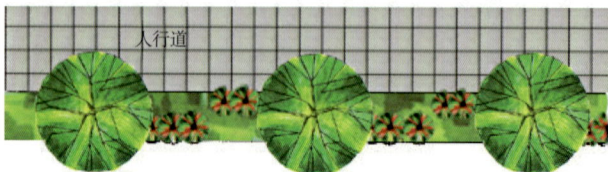

人行道

车道

平面图

图8.3 行道树景观带设计示意图

间植式行道树配置

花坛式行道树配置

空间开合的行道树配置

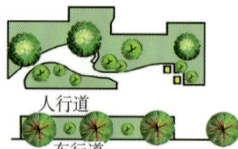

人行道

车行道

宽带游览式行道树配置

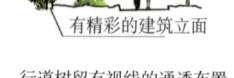

有精彩的建筑立面

行道树留有视线的通透布置

图8.4 行道树景观带类型图

图8.5 落叶乔木型，常用在北方城市的主、次干道或人行道绿带上，以落叶乔木为主、适当配以草坪。高大的落叶乔木整体会使人感到雄伟壮观，夏季给行人带来遮阳的效果，冬季还会给行人产生日光浴的作用。但是由于缺少常绿树种，冬季显得比较单调。在较宽的行道树绿带中，可配置多行景观树。为了防止或减弱汽车噪音对行人的影响，除景观树之外，还可配置各种花坛，铺装路面，增加多种灌木景观的结构层次和坐凳，点缀小品，丰富道路绿色景观内容，提高环境美化效果，有利于行人散步休闲

图8.6 常绿乔木型，常用在南方城市的主、次干道或人行道绿带上。形式是以常绿乔木为主，配以花灌木、草坪、地被、绿篱等等。既可四季常青，又有季节变化，是目前应用较多的形式，特别是通过不同花色的花卉布置，起到画龙点睛的作用。如在较窄的人行道中，行道树绿带景观只能种植一行景观树，另外还可以与路侧较宽的绿化景观相结合形成美丽的道路景观

图8.7 单株乔木型，在较窄的人行道绿带中，平行与道路轴线，单株种植一行景观树，或与路侧绿带相结合，或采用透气性的路面材料铺装，利于渗水通气，改善土壤条件，保证景观树的正常生长，同时也不妨碍行人走路。布置在人行道中间的行道树和人行道两侧多种花灌木配合，有利防止车行道上的污染物对行人的危害，又形成结构层次丰富的道路绿化景观

图8.8 乔灌木结合型，用在城市的主干道或人行道绿带上。是乔木和灌木合理搭配，既增加景观和季节变化，又具有节奏感和韵律感，有较好的视觉效果。在较宽的人行道上，行道树绿带可配置多行和上、中、下多层次的景观树，以防止或减弱汽车噪音对行人的影响，丰富道路绿色景观内容，提高环境美化效果，有利行人散步休闲

图8.9 林荫型，在较宽的行道树绿带中，为了防止或减弱汽车噪音等对小区，或行人的影响，配置了多行行道树。或配置各种花坛、地被，铺装路面，增加多种灌木使景观的结构层次丰富，提高了环境美化效果，有利于行人散步休闲

图8.10 宽带游览型，或园林景观式，在较宽的繁忙的道路两侧，或是居民分布相对较密集的地块，设置宽带游览式的景观带。它是具有一定宽度又与街道平行的带状绿化景观。其中可以种植常绿树球，布置花坛，使得行道树景观更加丰富多彩。其作用与街头绿化景观相似，有时可起到小游园的作用，居民不必穿过交通繁忙的街道，就可以自由出入散步休息，有效防止和减少车辆废气、噪音对居民的危害。这种形式在城市化进程中运用得较为普遍

图8.11 行道树花台型，行道树与花台和路栏相结合的景观形式，用在人行道较狭窄、人流较多的道路旁

图8.12 行道树花台型，行道树与花台和路栏相结合的景观形式，用在人行道较狭、人流较多的道路旁

5. 树池

树池是指在人行道上设计排列几何形的种植池，其中种植行道树的形式。树池常用于人流或车流量较大的干道，或人行道路面较窄的道路行道树设计。树池占地面积小，可留出较多的铺装地面以满足交通及人员活动需要。树池形状以正方形较好，也可设计为长方形和圆形。树池规格因道路用地条件而定，一般情况下，正方形树池以1.5m×1.5m较为合适，长方形树池以1.2m×2m为宜；圆形树池直径则不小于1.5m。行道树宜栽植于树池的中心位置。见图8.13~图8.19所示。

6. 安全视距三角形

城市道路的交叉路口是两条或两条以上道路相交之处。这是交通的咽喉，种植设计需先调查其地形、环境特点，并了解"安全视距"及有关标识、标志等符号。安全视距是行车司机发觉对方来车、立即刹车而恰好能停车的视距距离。为了保证行车安全，道路交叉口转弯处必须空出一定距离，使司机在这段距离内能看到对面或侧方开来的车辆，并有充分的刹车和停车时间，而不致发生交通事故。根据两条相交道路的两个最短视距，可在交叉口平面图上绘出一个三角形，称为"视距三角形"。道路交叉口的视距三角形范围内，行道树绿带应采取通透的方式进行配植。在此视距三角形内不能有遮挡司机视线的地面物，例如不能设计建筑物、构筑物、广告牌，也不能设计行道树。这里的花灌木或丛生花草种植也不得超过0.7m高度，以免影响驾驶人员的视线。安全视距一般采用30~35m为宜，见图8.20所示。

7. 行道树与建筑朝向和道路走向的关系

行道树绿装景观设计还应考虑行道树与建筑朝向以及道路的走向等问题。东西走向的道路，全天日照条件比较均匀，对行道树生长影响较小，因此行道树可在两侧交错种植；南北走向的道路，由于道路两边的建筑出现明显的阴面、阳面，因此在树种选择上要注意喜阳、耐阴等植物的合理配置。处在建筑北侧的行道树，也就是道路南侧的行道树，由于日照少，应选择耐阴的行道树，绿带可窄些；处在建筑南侧，也就是处在道路的北侧的行道树，由于日照条件好，应选择喜阳的行道树，绿带也可宽些。

在较窄的街道上，行道树可在街道两侧交错排列。如在东西向的街道上，可在道路的北侧，也就是在建筑的南边种植行道树。如两边人行道很窄，靠近建筑的基础栽植要服从于建筑立面，甚至可在建筑墙面上进行垂直绿化。另外，道路旁的建筑物和地下设施对行道树影响较大，要求保持适当的距离，或者在一侧种植。

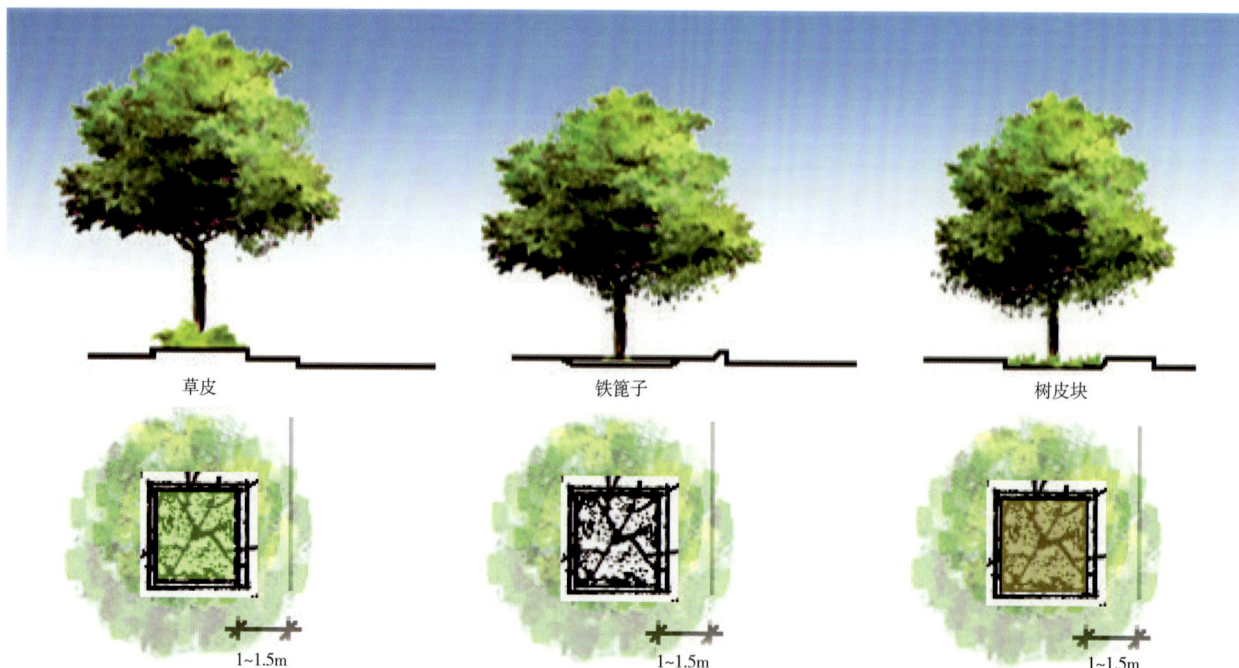

草皮　　　　　　铁篦子　　　　　　树皮块

1~1.5m　　　　　1~1.5m　　　　　1~1.5m

图8.13 在人流量较小的路旁，用花草或树皮块铺装树池，以美化街景；在人流量较大的路旁，为了保证行道树正常生长，在树池的上面还应增设池算子，以防止行人践踏和行道树根部通气。例如透孔金属铁篦子、透孔水泥篦子、木质篦子等可根据道路的功能需要进行设计，或在池中铺以卵石或块状树皮等

图8.14 在南方雨水多的城市树池边可高出地面10cm的边牙，或作方形花坛式树池

图8.15 在北方雨水少，人流量较少的路旁，为了方便人们步行，设置与地面相平的覆盖池面的树皮碎片树池，既避免池中土壤被行人踩踏，又富含有机质作为树木的营养

图8.16 为了方便人们在人行道上步行，又避免池中土壤被行人踩踏，可设置与地面相平的覆盖池面的木质算子和鹅卵石树池算子

图8.17 为了方便人们在人行道上步行，又避免池中土壤被行人踩踏，设置与地面相平的覆盖池面的金属池算子

图8.18 人流量较大的路旁，采用透孔水泥和卵石铺装树池，既保证行道树根部通气正常生长，又方便行人通行

图8.19 人流量较大的路旁，采用硬塑料网格铺装树池，既保证行道树根部通气正常生长，又方便行人通行

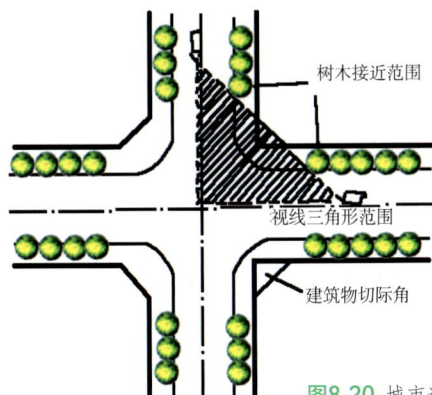

图8.20 城市道路交叉路口安全视距三角形

形式多变的路侧景观带设计

路侧绿装景观是道路景观带的重要组成部分之一，在城市中由于各种道路所处的环境不同，还会形成各种形式的路侧景观。路侧绿装与沿路的用地性质或建筑物关系密切，有的建筑要求衬托；有的建筑需要防护；也有些建筑需要在路侧绿带中留有出入口。这里的绿装景观设计还要兼顾沿街的建筑景观和街景的需要，保持道路整体的景观效果连续、完整和统一。

路侧绿装景观设计的形式有：与建筑红线重合式、建筑红线后退式、见缝插针式、与公园绿地结合式等。

1. 两红线重合式

由于建筑红线与道路红线重合，就没有路侧绿地空间，路侧绿带景观设计就要与行道树绿带景观、建筑景观相互穿插，协调配置。见图8.21所示。

2. 建筑红线后退式

建筑红线后退就会留出一些绿化空间，此空间可以与行道树绿带相结合布置路侧景观绿带。其设计既要照顾到建筑造型和建筑的出入口景观相互配合，还要和道路的行道树绿带景观相互协调，共同创造一个路侧绿带景观。见图8.22所示。

3. 见缝插针式

在道路旁一些被忽略或是被遗忘的角落，比如在城市道路转角处，或者立交桥下面地，甚至是废物垃圾的堆放之处等。可用见缝插针的形式，因地制宜，利用现

状地形，宜种树则种树、宜种草花则种草花，巧妙布置低矮花灌木，点缀花坛、景石，不仅使道路绿色充盈，充满生机，也净化空气，达到良好的视觉效果和环保效果，形成一道道精致玲珑的城市风景线。见图8.23~图8.26。

4. 与公园等单位绿地结合式

道路红线外侧与公园绿地景观密切配合，或与毗邻江、河、湖水体岸线地形等自然景观相结合进行设计，可创建滨水绿带一体的景观效果。

当路侧绿带总宽度在8m以上时，内部可铺设游步道，设立亭、廊、坐凳等休息设施。为了保持路侧绿化带的绿化景观效果，其绿地面积不得小于用地的70%，创建一个开放式小公园绿地，路侧绿带景观设计要兼顾街景与沿街建筑和城市环境景观的需要，要在整体上保持绿带景观的连续、完整和统一，方便行人进入游览休息。见图8.27、图8.28所示。

图8.21 道路红线与建筑红线重合式，采用了绿色树球和绿竹等植物材料布置，既照顾建筑的室外景观，又要注意到建筑的室内采光，还与行道树绿带景观相配合，创造了协调一致的道路景观。本设计利用路旁建筑环境现状，进行了巧妙设计，也体现路旁见缝插针的绿化景观效果

图8.22 建筑红线后退绿装设计，它留出的绿化空间与人行道绿带形成一体，布置路侧绿带。其设计既照顾到建筑造型景观和建筑的出入口景观相互配合，和道路的行道树绿带景观相互协调，共同创造一个路侧绿带景观组合乔木和花灌木，还在这里布置小道、花坛共同形成一个较宽的路侧绿带景观

图8.23 在城市道路的路边空地，利用现状地形，见缝插针种植常绿灌木，点缀花坛，使道路绿色充盈

图8.24 在城市道路的交叉空地，利用现状地形、水池，见缝插针种植常绿灌木、球树、巧妙点缀花坛或景石，使道路绿色充盈，生机悠然

图8.25 在城市道路的两旁利用现状地形，见缝插针种植花草，巧妙点缀花坛，使人行道绿化丰富多彩

图8.26 在城市道路转角处，用见缝插针的形式，因地制宜，利用现状地形，巧妙布置低矮花灌木，点缀花坛、景石，使道路绿色充盈，充满生机，也能净化空气，达到良好的视觉效果和环保效果

图8.27 道路红线外侧与公园绿地相连，由于路侧绿带景观与行道树景观带和路侧的公园绿地景观密切配合，所以景观更加丰富多彩

图8.28 道路红线外侧与其它单位绿地相连，使得路侧绿带景观与单位绿地景观密切配合，可以产生更加丰富多彩的路侧景观

避免车流眩光的分车绿带景观设计

分车绿带景观是在上下车行道之间，可以用于绿化的分隔带，也就是用绿色植物绿化了的道路分车带，也叫隔离绿带。分车绿带又有中间分车带和两侧分车带之分。两块板道路断面上只有一条分车绿带，称为中间分车绿带；三块板道路断面上有两条分车绿带，叫两侧分车带。分车绿带景观可以有效消除夜间行车的眩光问题；也大大降低相对车辆碰撞的概率；再者也为城市景观增色。

1. 分车绿带对树种的要求

分车绿带的树木景观配置形式要求总体简洁、树形整齐、排列有序、有利于组织交通、行车安全、人车分流等。并可调节驾驶人员掌握路况，又容易辨别穿行道路的行人，对于突发事情可以采取有效措施，又可减少驾驶员视觉疲劳、增加道路的美感、改善道路生态环境。分车绿带中树木的种植设计不宜过乱、过杂，不宜变化过多。如果树木种植繁乱、变化过多，容易干扰驾驶员视线，尤其在雨天、雾天影响更大。分车绿带上种植的花灌木的高度，以不超过汽车驾驶人员的行驶视平线为宜。

车行道上需要开阔的、通透的视野，分车绿带上的树木应选高度为70cm左右的灌木或草坪。如街道两旁的建筑立面特别美观，分车绿带上的绿化景观应留有透景线，大乔木株距应以树冠直径的5倍为宜。如果街道两旁的建筑物、构筑物不太美观时，或行车道需要创造封闭感，可在较宽的分车绿带上种植2m以上高度的常绿树墙，以便起到遮蔽和防护作用。分车绿带上的乔木树干中心至机动车道路缘石外侧距离，应不宜小于0.75m，以利树木的生长。被人行横道或道路出入口断开的分车绿带，其端部应采取通透式配置低矮的花灌木。

2. 中间分车绿带景观设计

中间分车绿带景观又称中央分隔带，或中间分车带，其主要目的是用来分隔、组织交通，遮挡遮断来自对面汽车车灯的眩光；中间分车绿带也是分隔上行、下行车辆的绿带。在中间分车绿带上合理配置灌木、灌木球、绿篱等枝叶茂密的常绿植物，能有效地阻挡对面车辆夜间行车的眩光，改善行车视野环境。由于主干路交通污染较重，宜采用复层混植式进行配植，所以主干路上的中间分车绿带宽度不宜小于2.5m。为了阻挡相对行驶车辆的眩光，在中间分车绿带上种植常绿灌木高度应在0.6~1.5m之间，其树冠应常年枝叶茂密，而株距也不得大于冠幅的5倍。

在较宽的干道上，两边的建筑景观一般化，而且分车绿带较宽的情况下使用复层的植物结构。为了保持在分车绿带上具有四季常青的效果和景观的变化，可进行多品种、多层次植物的配植。在乔木之间再搭配一些常绿灌木，以及具有花色变化的灌木、花草地被等，不仅增强了景观效果、又丰富了层次结构，改善了生态环境，使之具有节奏和韵律的美感。

城市的主、次干道交通流量大，噪声、废气和尘埃污染严重，不利于身心健康，行人穿越不安全，故不宜在主、次干道的中间布置开放式绿化景观，以避免行人进入休闲赏景。见图8.29~图8.33所示。

3. 两侧分车绿带景观设计

位于机动车道与非机动车道之间或同方向机动车道之间的绿带称为两侧分车绿带景观，或两侧分车带，也就是分隔快、慢车道的绿带，或称快慢车分车带，或称主辅分车带。在道路绿带景观中，两侧分车绿带所起的隔离防护和美化作用突出。

（1）两侧分车绿带宽度

在两侧分车绿带上种植乔木，可以配合行道树，更好地为非机动车道遮阳。两侧分车绿带距交通污染源最近，其绿化所起的过滤、减尘、减弱噪声的效果最佳。两侧分车绿带对非机动车还有庇护作用。因此，两侧分车绿带的宽度在3m以上时，可种植乔木，并可以将乔木、灌木、地被植物复层混植，借以扩大绿量。

目前我国大城市使用的快、慢车分车绿带的形式较多，一般宽度为1.5~8m。当分车绿带宽度在3m以下时，可种植草坪及低矮的灌木；当宽度在6m以上者，可进行乔木、灌木、地被等复层混植，以增强绿化生态效果、丰富植物景观层次。

当两侧分车绿带的宽度≥1.5m的，应以种植乔木为主，并使乔木、灌木、地被植物相结合；分车绿带宽度小于1.5m时，应以种植灌木为主，并与地被植物相结合。但是两侧乔木树冠不宜在机动车道上方闭合搭接。

（2）两侧分车绿带的树木配置

根据分车绿带路段的功能不同，可采用乔木草坪式、复层配植式、草坪花坛式、端头部位通透式、停靠站点式等多种形式。

图8.29 在较宽的干道上，两边的建筑景观一般化，而且分车绿带较宽的情况下，使用复层的植物结构。为了保持在分车绿带上具有四季常青的效果和景观的变化，进行多品种、多层次植物的配植。在乔木之间再搭配一些常绿灌木，以及具有花色变化的灌木、花草地被等，不仅增强了景观效果、又丰富了层次结构，改善了生态环境，使之具有节奏和韵律的美感

图8.30 在较宽的干道上，而且分车绿带较宽的情况下，设计了具有花色变化的灌木、花草图案以及地被等，不仅增强了景观效果，也改善了生态环境

图8.31 在较宽的干道上，为了保持在分车绿带上具有四季常青的效果和景观的变化，进行多品种、多层次植物的配植，搭配一些常绿灌木，以及具有花色变化的灌木、花草地被等，不仅增强了景观效果，而且丰富了层次结构

图8.32 在较宽的干道上，而且分车绿带较宽的情况下，使用复层的植物结构为了保持在分车绿带上具有四季常青的效果和景观的变化，进行多品种、多层次植物的配植不仅增强了景观效果，而且丰富了层次结构，改善了生态环境，使之具有节奏和韵律的美感

图8.33 较宽的中间分车绿带乔木和地被景观

1）乔木草坪式

在宽阔的干道上，两侧建筑形象壮观，分车绿带较窄的情况下使用乔木草坪式较适宜。在分车绿带中以大乔木种植为主，再配以草坪及草花，形成简洁通透的景观。高大的乔木成行种在分车带上，不仅具有遮阳的效果，而且还会使人感到气势雄伟壮观。

2）复层配植式

在宽阔的干道上，两侧建筑形象壮观，两侧分车绿带较宽的情况下，使用乔、灌木与花草复层配植较为适宜。在两侧分车绿带中虽然以大乔木种植为主，但是又配以花灌木及草花，形成丰富多彩的景观。不仅具有遮阳的效果，而且还有会使行人感到生动活泼的景致。

3) 草坪、地被花坛式

在一般的道路上，为了强调某一路段的氛围、或处在特殊的地段、或是分车绿带中的土层浅又瘠薄，在这种情况下可采用草坪、地被花坛式。这种形式见效快效果显著，但是投入高。

4) 端头部位通透式

由于分车绿带靠近机动车道，其绿化景观应形成良好的行车视野，以保证驾驶员、行人的安全，交通的顺畅。所以在分车绿带的端头部位以低矮小灌木或草坪通透式种植为主，留有足够的行车视距。当有人从人行横道穿过时，在车辆行使方向到人行横道间要留够大于停车视距的安全距离。为了使横向穿越道路的行人或驾车人员容易看到过往车辆，以保证行人、车辆安全，此段分车绿带的植物种植高度一般要低于0.7m。在人行横穿过路的分车带上，只能用方砖或水泥铺装，而不能种植植物。

5）公共车停靠站绿荫式

城市中公共汽车的停靠站往往设在两侧分车绿带上，考虑公共交通开辟的港湾式停靠站也应有较宽的分车带。一般公交车及无轨电车需要30m左右长度的停靠站比较安全。在靠近停车的一边需要留有1~2m宽的铺装地面，其旁可种植高大的落叶乔木，形成绿荫效果，

以利夏季遮阳。

在同一条路段上，会有多条绿带，各绿带的植物配植要相互配合，使道路绿化富有层次变化，能较好地发挥道路绿化景观的隔离防护和美化的作用。见图8.34~图8.41所示。

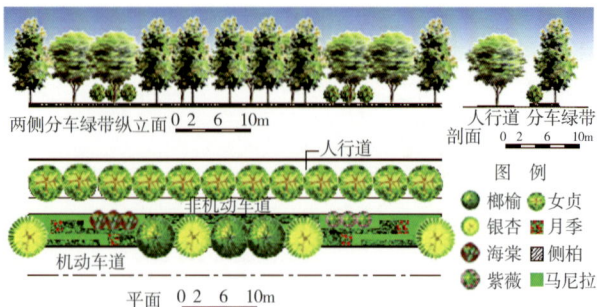

图8.35 两侧分车绿带设计图

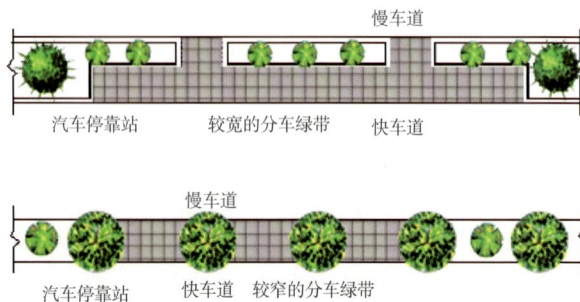

图8.36 两侧分车绿带与公共汽车停靠站位关系示意图

图8.37 两侧分车绿带上的落叶乔木和常绿树球的配置景观，不仅具有四季常青、夏季遮阳、冬季日光浴的效果，而且还会使人感到气势雄伟壮观

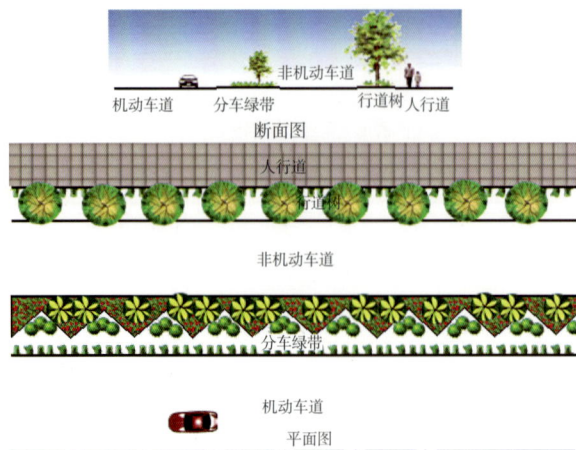

图8.34 两侧分车绿带设计示意图

图8.38 草坪、地被花坛式两侧分车绿带景观，显得开朗、柔和、朴素、大气

图8.39 花坛式两侧分车绿带端头部位的景观，与斑马线相结合，其绿化景观形成了良好的行车视野，有利于驾驶员、行人的安全，交通的顺畅

图8.40 两侧分车绿带的乔木景观与公共汽车停靠站港湾的建筑小品相结合的组合景观，不仅有利于保证乘客上下车的安全，而且还方便路人挡风、避雨和夏季遮阳

图8.41 两侧分车绿带的乔木与花灌木相结合的组合，其绿化景观形成了一年四季良好的景观效果

引导行车的交通绿岛景观设计

交通绿岛景观，是绿化了的交通岛用地上的景观。交通岛绿化景观具有组织交通、引导行车方向、维护交通安全的作用。通过在交通岛周边的绿化配置，可以强化交通岛外缘的线形，有利于诱导驾驶员的行车视线，特别在雪天、雾天、雨天可弥补交通标志的不足。交通绿岛绿化景观的设计包括中心岛绿化景观、导向岛绿化景观、立体交叉绿岛的景观设计。

1. 中心岛绿化景观

城市道路的中心岛俗称转盘，它是设置在交叉路口中心，起到引导车行作用的岛。它是为便于进行交通管理，而设于路面上的一种岛状设施，一般用混凝土或砖石围砌，高出路面10cm以上，其中种植绿色植物。中心岛绿化景观就是位于交叉路口上的可绿化的中心岛用地上的景观。主要功能是为了组织环形交通，使进入交叉路口的车辆，一定要围绕中心绿岛作逆时针单向行驶。交通绿岛景观一般设计为圆形或椭圆形，其直径的大小必须保证车辆能按一定速度以交织方式行驶，由于受到环道上交通能力的限制，中心岛多设在车辆流量大的主干道上，或是在具有大量非机动车交通、行人众多的交叉路口。目前我国大中城市所采用的圆形中心岛，其直径一般为40~60m，一般城镇的中心岛直径也不能小于20m。

中心岛绿化景观要保持各路口之间的行车视线通透，方便绕行车辆的驾驶人员快速识别路口的作用。不宜布置行人休息用的小游园或吸引游人的地面装饰物。常以嵌花草皮、花坛为主，或以低矮的常绿灌木地被组成简单的图案花坛，一般忌用常绿小乔木或大灌木，以免影响视线。在一些大型的交通绿岛上，也可组团种植高大主景乔木，以不影响行车视线为原则。沿交通岛内侧道路绕行的车辆，在其行车视距范围内，驾驶员视线会穿过交通岛边缘，增强导向作用，所以在行车视距范围内，应用通透式进行植物的配置设计。

中心岛虽然也能构成绿岛，但比较简单，与大型的交通广场或街心游园不同，它的设计必须采用封闭的形式，一般交通岛绿化不设计成开放的形式，也就是道路行人是不允许进入交通绿岛境内赏景、休闲的。中心岛外侧汇集了多处交通路口，有些放射状道路的交叉口可能汇集5个以上。为了便于绕行车辆的驾驶员准确快速识别各路口，中心岛上不宜过密种植乔木，一般布置成装饰绿化，保持行车视线通透。见图8.42~图8.44所示。

2. 导向岛绿化景观

导向岛绿化景观是设在交叉路口上可绿化的导向岛上的绿化景观，也就是分隔行车方向的绿岛。它的功能是用来指引行车方向，约束车道，使车辆减速转弯，保证行车的安全。其绿化布置常以草坪、地被植物、花坛为主。通常在导向岛上点缀湖石或选用锥形冠幅的常绿小树配植在指向主要干道的端头，以示强调主要车道；也可选用球形冠幅树种，加以强调次要道路，以示区别。其边缘应采用通透式栽植，依据道路交通相关数据确定，当车辆从不同方向经过导向岛后，会发生顺行交织，在这种情况下，导向岛绿化应选用地被植物栽植，以便不遮挡驾驶员视线，见图8.45~图8.48所示。

图8.42 交通绿岛上的树球花坛式的中心岛绿化景观，它既形成了美丽的装饰绿化景观，又保持行车视线通透

图8.43 城市交通绿岛上的单干乔木、草坪景观，它既形成了美丽的装饰绿化景观，又保持行车视线通透

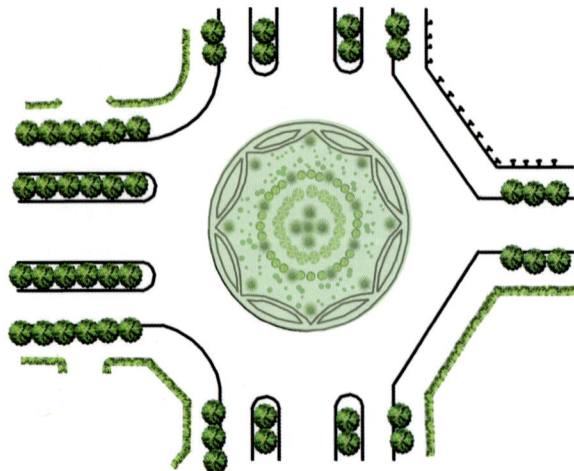

图8.44 中心岛绿化景观平面设计示意图

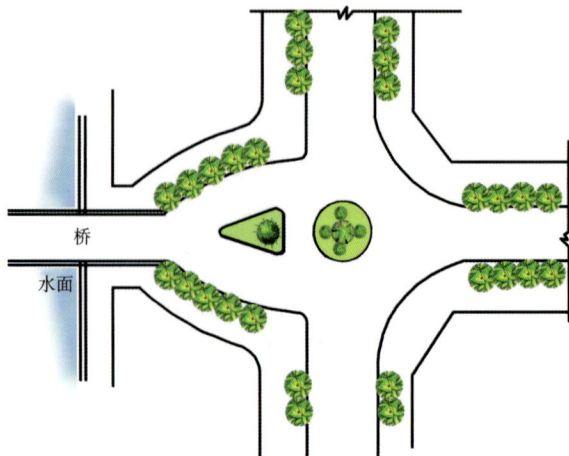

图8.45 导向岛绿化景观平面设计示意图

图8.46 该导向岛上以常绿地被植物、花卉为主，并在岛上点缀了常绿球树，其边缘采用通透式的草坪，以便不遮挡驾驶员视线

图8.47 该导向岛上以草坪、常绿地被植物、花卉为主，并在岛上点缀了湖石和选用常绿小灌木配植，其边缘采用通透式的草坪，以便不遮挡驾驶员视线

图8.48 导向岛上的模纹花坛景观

3. 立体交叉绿岛的景观

立体交叉绿岛有简单的立体交叉绿岛和复杂的立体交叉绿岛。

简单的是分立式立体交叉绿岛，由纵横两条道路在交叉点上相互交叉，但是它们相互不通。这种立体交叉绿岛的绿化一般不能形成专门的绿化景观地段，只是行道树绿化带景观的延续。

复杂的立体交叉绿岛又称互通式立体交叉绿岛，它是由两个不同平面的车流，通过匝道连通，也就是由主、次干道和匝道组成的立体交叉绿岛。匝道供车辆左、右转弯，把车流导向主、次干道上。为了保证车辆安全和保持规定的转弯半径，匝道和主次干道之间，往往形成几块面积较大的空地，此空地为立体交叉绿岛，也就是城市干道与匝道围合的绿化景观用地。立体交叉绿化包括绿岛、立交桥的外围绿化两部分。立体交叉绿岛常有一定的坡度，绿化要解决绿岛的水土流失，需种植草坪等地被植物。绿岛上自然式配置树丛、孤植树，在开敞的绿化空间中，更能显示出树形自然形态，与道路绿化带形成不同的景观，形成爽朗开阔的效果。它是立体交叉中面积比较大的绿化地段，一般应种植开阔的草坪，草坪上点缀具较高观赏价值的常绿树和花灌木，也可以种植一些宿根花卉，构成一幅舒朗而壮观的图景。切忌种植过高的绿篱和大量的乔木，以免阴暗郁闭。如果绿岛面积较大，在不影响交通安全的前提下，可按街心花园的形式进行布置，设置园路、亭、水池、雕塑、花坛、座椅等。这里的绿化应布置开阔的草地，点缀花、灌木及宿根花卉，一般不宜种植高大的乔木，以免产生阴暗郁闭感。由于绿岛的位置不同，其地面标高也不同，为了减小坡度可设置挡土墙，还可以点缀雕塑、喷泉等小品和灌溉设施。由于汽车行驶到立体交叉的匝道与主、次干道交汇处时，会产生顺行交叉。绿岛处在不同高度的主、次干道之间，往往有较大的坡度，绿岛坡降一般以不超过5%为宜，陡坡位置须另作防护措施。此外，绿岛内还需装设喷灌设施，以便及时浇水、洗尘和降温。

立体交叉绿岛的绿化覆盖率较高，它包括桥体、桥面、桥底绿化。特别是桥面绿化既要注重景观的连续性，又要选择易于养护管理的植物。在立交桥栏杆上、道路中间的隔离栏杆上，悬挂吊篮、花槽等进行绿化，可以充分展示花卉立体装饰的效果，丰富的植物景观既可改变钢筋混凝土立交桥的外貌，也为城市增添自然的神韵。这里的绿化多以盆栽形式为主，植物种类主要为各色的箣杜鹃、软枝黄蝉、云南素馨、迎春花、各色的马缨丹等。桥体绿化，多采用垂直绿化的形式。常选用藤本攀缘植物例如薜荔、爬墙虎、单叶青藤、大花老鸭嘴等。

桥下绿化，多选用耐阴和半耐阴小灌木、小乔木如八角金盘、海桐、大叶黄杨等。复层搭配杜鹃、文殊兰、花叶鹅掌柴、棕竹类、圆叶蒲葵、鸭脚木、红叶朱蕉、龙血树等。基本达到阴生植物的绿化覆盖，增强了道路系统中"绿色通道"的内部连通性和连续性，保障城市园林植物的多样性建设。桥墩选用垂直绿化的形式进行配置。立交桥交通岛植物配置层次合理，植物种类

丰富，色彩鲜艳。

立交桥旁绿化的林冠线的营造，柔化立交桥体过多的硬质景观，尤其是在对引桥的处理上，打破立体交叉处的生硬线条。在"乔、灌、草"搭配基础上，增添大型灌木、小乔木作为中层过渡，进一步丰富桥体的植物层次，丰富城市的空间立体绿化景观，见图8.49、图8.50所示。

- L: 用乔木作指示栽植
- S: 用小乔木作诱导视线种植
- C: 用灌木植物群做缓冲栽植
- N: 禁止植树区域

图8.49 立体交叉绿岛绿化设计平面示意图

图8.50 立体交叉绿岛景观

道路绿装与其它设施相互协调

行道树的成活与生长，一方面受当地自然因素包括温度、光照、空气、土壤、水分等影响；另一方面更受路旁建筑物、路面铺筑物、架空线、地下埋藏管线、交通设施、人流、车辆、污染物等因素的限制。设计者和建设者要充分了解各种环境因素及其影响，采取有效措施保证道路绿化树木与架空线路的间距，行道树与地下管线及地下构筑物的距离，才能保证绿装与市政设施协调并存。

1. 道路绿化树木与架空线路的间距

分车绿带和行道树绿带为改善道路环境质量和美化街景起着重要作用，但因绿带宽度有限，乔木的种植位置基本固定。因此不宜在行道树绿带上方设置架空线，以免影响绿化效果。若必须在此绿带上方设置架空线，一定要提高架设线的高度，保证植物生长的净空距离。架空线架设的高度根据其电压而定，使其架设高度减去距树木的规定距离后，还保持9m以上的高度，作为树木向上生长的空间。道路上的乔木分枝下的高度受行车净空高度的制约，一般乔木的分枝以下高度要保证4.5m空间高度。为了能保证树木的正常生长与树形的美观，树冠向上生长空间也不应小于4.5m，所以对乔木的上方限高不得低于9m。详见表8.2。

表8.2　道路绿化树木与架空线路的距离

架空线名称	树木枝条至与架空线电线的水平距离（m）	树冠与架空电力线的垂直距离（m）
1kV以下电力线	1.0	1.0
1~20kV电力线	3.0	3.0
35~110kV电力线	4.0	4.0
154~220kV电力线	5.0	5.0
电信明线	2.0	2.0
电信架空线	0.5	0.5

2. 道路绿化树木与地下管线及地下构筑物的距离

树木与地下管线外缘最小水平距离的规定是根据《城市工程管线综合规划规范》的规定制定的，其中排水盲沟与乔木的距离规定是根据现行业标准《城市道路设计规范》（CJJ 37-90）的规定制定的。在道路规划时应统一考虑各种敷设管线与绿化树木的位置关系，通过留出合理的用地或采用管道共沟的方式，可以解决管线与绿化树木的矛盾，因此，新建道路或改建后达到规划红线宽度的道路，其绿化树木与地下管线的最小水平距离应符合本条的规定。道路上已有现状管线或改建的道路未能达到规划红线宽度，其用地紧张，绿化树木与敷设的管线之间很难达到第6.2.1条的规定。新建道路或改建后达到规划红线宽度的道路，其行道树绿带下方不应敷设管线，以免影响种植行道树。现实情况多是靠近或在管线上方种植。为了既考虑现实情况，又要协调矛盾，本规定的距离是采用以树木根颈中心至管线外缘最小距离，也就是以树木根颈为中心的半径距离。详见表8.3。

表8.3　道路绿化树木与地下管线及地下构筑物的距离

名　称	至乔木中心(m)	至灌木中心(m)
给水管、闸井	1.5	1.0
污水管、雨水管、探井	1.5	1.0
电力电缆、探井	1.0	1.0
电信电缆（直埋）	1.0	1.0
电信电缆（管道）	1.5	1.0
热力管道	1.5	1.5
弱点电缆沟、电力电讯杆	2.0	
路灯电杆	2.0	
消防龙头	1.5	2.0
煤气管、探井	1.5	1.5
乙炔氧气管	2.0	2.0
压缩空气管	2.0	1.0
石油管	1.5	1.0
天然瓦斯管	1.2	1.2
排水盲沟	1.0	0.5
人防地下室外缘	1.5	1.0
地下公路外缘	1.5	1.0
地下铁路外缘	1.5	1.0
地下涵洞	3.0	不限

3. 道路绿化树木与其它设施关系

道路绿化的树木与道路环境中其它设施最小水平距离和覆土厚度主要参照现行业规范《城市道路绿化规划与设计规范》（CJJ 75-97）；《公园设计规范》（CJJ 48-92）。其中电力、电信杆柱到乔木中心最小距离1.5m的规定是根据《城市工程管线综合规划规范》（GB 50289-98），详见表8.4~表8.7。

表8.4　树木与建筑、构筑物水平间距

名　称	至乔木中心最小间距（m）	至灌木中心（m）
有窗建筑物外墙	3.0	1.5
无窗建筑物外墙	2.0	1.5
道路侧面外缘、挡土墙脚、陡坡	1.0	0.5
人行道	0.75	0.5
高2m以下围墙	1.0	0.75
高2m以上围墙	2.0	1.0
天桥、栈桥的柱及架线塔电线杆中心	2.0	不限
冷却池外缘	40.0	不限
冷却塔	高1.5倍	不限
体育用场地	3.0	3.0
排水明沟外缘	1.0	0.5
邮筒、路牌、车站标志	1.2	1.2
警亭	3.0	2.0
测量水准点	2.0	2.0
人防地下室出入口	2.0	2.0
架空管道	1.0	
一般铁路中心线	3.0	4.0

表8.5　道路绿化树木与地下管线及地下构筑物的距离

名　称	至乔木中心(m)	至灌木中心(m)
给水管、闸井	1.5	1.0
污水管、雨水管、探井	1.5	1.0
电力电缆、探井	1.0	1.0
电信电缆（直埋）	1.0	1.0
电信电缆（管道）	1.5	1.0
热力管道	1.5	1.5
弱点电缆沟、电力电讯杆	2.0	
路灯电杆	2.0	
消防龙头	1.5	2.0
煤气管、探井	1.5	1.5
乙炔氧气管	2.0	2.0
压缩空气管	2.0	1.0
石油管	1.5	1.0
天然瓦斯管	1.2	1.2
排水盲沟	1.0	0.5
人防地下室外缘	1.5	1.0
地下公路外缘	1.5	1.0
地下铁路外缘	1.5	1.0
地下涵洞	3.0	不限

表8.6　道路绿化树木与地下管线及最小覆土深度

管线名称		最小覆土深度（m）	附注
电力电缆	10kV以下	0.7	
	20~35kV	1.0	
电信	铠装电缆管道	混凝土管，石棉水泥管0.7	
热管道	直接埋在土中在地道中敷设	1.0 0.8（自地面到地道顶）	敷设在不受荷载的空地下时，自地面到地道顶，最小覆土深度可采用0.5m，在特殊情况下（如地下水位很高或其它管线相交情况很复杂时），可采用不小于0.3m的覆土深度
煤气管	干煤气 湿煤气	0.9 应埋在冰冻线下但不小于1.0	
给水管			1.不连续供水的给水管（枝状管网）应设在冰冻线之下 2.连续供水的管道，如经热工计算，在保证不致冻结的情况下，可埋设覆线
雨水管		应埋在冰冻线以下，但不小于0.7	1.在寒冷地区有防止土壤冻胀对管道破坏的措施时，可埋设在冰冻线以下，并应以外部荷载验算 2.在土壤冰冻线很浅地区如管子不受外部荷载损坏时，可小于0.7m
热力管	管径≤30cm 管径≥40cm	冰冻线以上0.3 （不小于0.7） 冰冻线以上0.5	当有保温措施时，或在冰冻线很浅的地区或者排温水管道，如保证管子不受外部荷载损坏时，可小于0.7m

表8.7 一般较大型的各类车辆高度

度量	无轨电车	公共汽车	载重汽车
高度（m）	3.15	2.94	2.56
宽度（m）	2.15	2.50	2.65
离地高度（m）	0.36	0.20	0.3

以上资料摘自《城市道路绿化规划与设计规范》（CJJ 75-97）；《城市道路设计规范》（CJJ 37-90）；《公园设计规范》（CJJ 48-92）；《城市工程管线综合规划规范》（GB 50289-98）

美丽道路绿装的保证

道路的绿装景观要快速形成和持续健康的发展，就必须拥有较高的绿量，选好树种和地被植物。

1. 绿量

城市道路绿化用地是城市道路用地中的重要组成部分。城市道路绿地率是道路红线范围内的各种绿带宽度之和占道路总宽度的百分比。在城市规划的不同阶段，确定不同级别城市道路红线位置时，根据道路的红线宽度和性质确定相应的绿地率，可保证道路的绿化用地，也可减少绿化与市政公用设施的矛盾，提高道路绿化水平。在规划道路红线宽度时，应同时确定道路绿地率。它是衡量道路绿化风貌与景观的标准之一。如城市中的园林景观路绿地率不得小于40%；红线宽度大于50m的道路绿地率不得小于30%；红线宽度在40~50m的道路绿地率不得小于25%；红线宽度小于40m的道路绿地率不得小于20%。国外一些大城市绿化景观较好的道路，其绿地率为30%~40%。因此，根据实地情况，尽可能提高道路绿地率，使城市的绿化风貌与景观特色更好体现。主干路车流量大，交通污染严重，需要用绿化加以防护，因此需要较多的绿化；其次是主干路路幅较宽，有可能安排较多的绿化用地。小于40m宽度的道路，其性质、断面形式多样，绿地率的下限是20%，可以满足交通用地的需要与保证道路有基本的绿化用地。《城市道路设计规范》中规定道路绿地率为15%~30%。

2. 选好树种

城市道路环境受到许多因素影响，不同地段的环境条件可能差异较大，城市道路绿化树种选择要适应本地气候条件，道路、广场的土壤环境条件，因地制宜选择耐瘠薄土壤，抗性强的乡土树种，或长期以来已经适应本地生长的外来树种，才能配合功能的需要，创造艺术效果，体现地方特色。

选择深根性、分枝点高、冠大荫浓、生长健壮、适应城市道路环境条件的树种。由于根系向较深的土层伸展，吸收水分和营养才能枝繁叶茂，抵御暴风袭击；而浅根性树种的根系，会破坏路面铺装。

选择落花落果少，或无飞毛的树木，或落果对行人不会造成危害的树种。如果树种经常落果或飞毛絮，容易污染行人的衣物，尤其污染空气。

选择寿命长的树种，寿命长短影响到城市的绿化景观效果和管理工作。寿命短的树种一般30~40年就要出现发芽晚、落叶早和枯梢等衰老现象，而不得不砍伐更新。所以要延长树木的更新周期，就必须选择寿命长的树种。

北方寒冷的城市的行道树绿带应选择发芽早、落叶晚、耐旱、耐寒的落叶乔木，以保证树木的正常生长发育，减少管理上财力、人力和物力的投入。落叶乔木在冬季可以减少对阳光的遮挡，提高地面温度，可使地面冰雪尽快融化，在夏季又有绿荫的效果。

花灌木应选择花繁叶茂、花期长、生长健壮和便于管理的树种。绿篱植物和观叶灌木应选用萌芽力强、枝繁叶密、耐修剪的树种。因为道路绿化树木每年都要修剪侧枝。所以树种需有很强的萌芽能力，修剪以后很快萌发出新枝。

地被植物应选择茎叶茂密、生长势强、病虫害少和容易管养的木本或草本观叶、观花地被植物。而草坪地被植物应选择萌蘖力强、覆盖率高、耐修剪和绿色期长的种类。病虫害多的树种不仅造成管理上投资大，费工多，而且落下的枝、叶，虫子排出的粪便，虫体和喷洒的各种灭虫剂等，都会污染环境，影响卫生。

常用行道树树种有：雪松、火炬松、油松、南洋杉、香樟、乐昌含笑、女贞、椰子、大王椰子、假槟榔、榕树、桉树、木波罗、扁桃、桃花心木、仁面、秋枫、盆架子、杜英、海南红豆、羊蹄甲、广玉兰、银桦、合欢、柳杉、银杏、白玉兰、国槐、悬铃木、栾树、榉树、榔榆、水杉、池杉、白蜡、木棉、凤凰木、鹅掌楸、枫香、白桦、薄壳山核桃、无患子、泡桐、七叶树、樱花、金钱松、重阳木、黄连木、三角枫、五角枫、梧桐等。

由于地区不同，树种特性不同，选用树种也应不同，我国北方常用国槐、乌桕、榔榆、榉树、银杏、梧桐、鹅掌楸、栾树、楸树等落叶大乔木，有利行人夏季遮阳，冬季日光浴。在我国南方多选用常绿大乔木，如香樟、女贞、冬青、银桦、椰子、大王椰子、假槟榔、榕树等。

PART 9

LIGHTING LANDSCAPE DESIGN OF URBAN ROAD

城市道路夜景照明景观设计

城市道路夜景照明景观设计首先要注意节能环保，严格按照照明标准设计道路照明，不得随意提高照明标准，合理选用夜景照明的方式或方法，采用照明节能的新技术，充分利用太阳能和天然光，运用光伏发电技术等，为夜景照明提供电能，是节约常规用电的重要措施。由太阳能供电的路灯和绿地装饰照明具有很好的潜效。加强夜景照明管理，合理控制夜景照明系统，对减少能源浪费，节约用电均具有重要作用。本讲着重叙述城市道路夜景照明原则，城市道路夜景照明的分类，城市道路夜景照明的布置方式，光源、灯具及其附属装置选择。

城市道路夜景照明设计总原则

1. 总体规划的原则

城市夜景照明是一项系统工程，须对其功能和艺术性的总体进行考虑或筹划。从宏观上确定其布局、艺术风格、照明主题及照明的色调等，组合成一个完整的照明体系，作为城市夜景建设的依据。通过总体规划以求城市夜景照明获得较好的总体效果，特色鲜明，并使城市夜景照明步入健康有序的发展轨道。

2. 满足功能的原则

满足功能性照明的需要，保障市民交通、活动的安全和方便。坚持以功能性照明为主，装饰性照明为辅。机动车道路上设置照明是为机动车驾驶人员创造良好的视觉环境，以求达到保障交通安全、提高交通运输效率、降低犯罪活动和美化城市夜景的效果。在人行道以及非机动车道照明是为行人提供舒适和安全的视觉环境，保证行人能够看清楚道路的形式、路面的状况、有无障碍物，及时地进行识别判断，方便人们的交流，有效防止犯罪活动等。

3. 装饰美化的原则

城市道路是城市市政建设的重要组成部分，而城市道路照明既是城市功能性照明的主体，又是城市夜间景观照明的点、线、面三大夜景元素中的线性元素，其作用好比城市夜景的骨架。见图9.1所示。

4. 重点突出的原则

抓住重点，画龙点睛，把要塑造的形象或细节突现出来，形成引人入胜的视觉中心，从而在观赏者的心目中产生留连忘返的深刻印象。

5. 绿色照明的原则

坚持以人为本，注重人的安全活动、生理和心理健康发展需要为准。节约能源，保护环境，改善提高人们工作、学习、生活的条件和质量，创造一个高效、舒适、安全、经济、有益的环境，倡导低碳生活，促进节能减排，是对节能环保实施的有效推动，并且有效促进城市建设的可持续发展。

图**9.1** 立交桥线性勾勒的装饰性照明与路灯的功能性照明相互协调、相得益彰，营造出安全、舒适、宜人的道路行车环境

城市道路夜景照明的分类

城市道路照明包括对道路(车行道及人行道)、立交、桥梁及人行天桥等场所的照明。根据照明主要目的不同分为功能性照明和装饰性照明两大类。

1. 功能性照明

功能性照明为道路使用主体提供主要照明，并满足道路照明规范上的相关照明标准值，针对不同类别的道路采用不同的照度标准值。例如：主干路及次干路的照明主要以功能性照明为主，照度值、均匀度及眩光限制要求较高；支路及人行道的照明以功能性照明为主，装饰性照明为辅，另外针对具有某种意义的道路、生活区、景区、商业街的道路及道路边的自行车道和人行道等，对灯具造型要求具有较高的观赏性，与环境景观相协调。

2. 装饰性照明

装饰性照明通常与功能性照明相结合，增强了夜景观赏性，提高了城市夜景品位，展现城市魅力。道路立交和桥梁是城市道路复杂的象征，是城市经济与技术力量的体现，它们的照明通常以功能性与装饰性相结合，同时也是多层次空间与立体照明的结合；人行天桥的照明在满足行人照明的基础上利用照明技术对天桥的造型进行夜间渲染，既丰富了城市的夜色空间，又避免了驾驶员对夜间单一的道路灯色形成的视觉疲劳。见图9.2、图9.3所示。

图9.2 对地铁高架桥的桥柱及桥底面进行装饰性照明景观

图9.3 商业街道功能性与装饰性相结合的路灯

道路照明标准值

1. 机动车交通道路照明标准值

见表9.1。

表9.1 机动车交通道路照明标准值

级别	道路类型	路面亮度			路面照度		眩光限制阈值增量TI（％）最大初始值	环境比SR最小值
		平均亮度L_{av}（cd/m²）	总均匀度U_o最小值	纵向均匀度U_L最值	平均照度E_{av}（lx）维持值	均匀度U_E最小值		
Ⅰ	快速路、主干路（含迎宾路、通向政府机关和大型公共建筑的主要道路，位于市中心或商业中心的道路）	1.5/2.0	0.4	0.7	20/30	0.4	10	0.5
Ⅱ	次干路	0.75/1.0	0.4	0.5	10/15	0.35	10	0.5
Ⅲ	支路	0.5/0.75	0.4	—	8/10	0.3	15	—

注： ①表中所列的平均照度仅适用于沥青路面若系水泥混凝土路面，其平均照度值可相应降低约30%。
②计算路面的维持平均亮度或维持平均照度时应根据光源种类、灯具防护等级和擦拭周期确定维护系数。
③表中各项数值仅适用于干燥路面。
④表中对每一级道路的平均亮度和平均照度给出了两档标准值，"/"的左侧为低档值，右侧为高档值。

2. 交会区照明标准值

见表9.2。

表9.2 交会区照明标准值

交会区类型	路面平均照度E_{av}（lx），维持值	照度均匀度U_E	眩光限制
主干路与主干路交会	30/50		
主干路与次干路交会			
主干路与支路交会		0.4	在驾驶员观看灯具的方位角上，灯具在80°和90°高度角方向上的光强分别不得超过30cd/1000lm和10cd/1000lm
次干路与次干路交会	20/30		
次干路与支路交会			
支路与支路交会	15/20		

注：①灯具的高度角是在现场安装使用姿态下度量。
　　②表中对每一类道路交会区的路面平均照度给出了两档标准值，"/"的左侧为低档照度值，右侧为高档照度值。

3. 人行道路照明标准值

见表9.3。

表9.3 人行道路照明标准值

夜间行人流量	区域	路面平均照度E_{av}（lx），维持值	路面最小照度E_{min}（lx），维持值	最小垂直照度E_{vmin}（lx），维持值
流量大的道路	商业区	20	7.5	4
	居住区	10	3	2
流量中的道路	商业区	15	5	3
	居住区	7.5	1.5	1.5
流量小的道路	商业区	10	3	2
	居住区	5	1	1

注：最小垂直照度为道路中心线上距路面1.5m高度处，垂直于路轴的平面的两个方向上的最小照度。

城市道路夜景照明景观设计

城市道路照明设计包括对功能性照明及装饰性照明的设计，以功能性照明为主，装饰性照明为辅，相辅相成，形成城市道路的一条亮丽的风景线，对城市形象的提升起到促进作用。

1. 功能性照明景观的设计

（1）常规道路照明景观设计

常规道路照明灯具的布置可分为单侧布置、双侧交错布置、双侧对称布置、中心对称布置和横向悬索布置5种基本方式，见图9.4~图9.7。

采用常规照明方式时，应根据道路横断面形式、宽度及照明要求如下：①灯具的悬挑长度不宜超过安装高度的1/4，灯具的仰角不宜超过15°。②灯具的布置方式、安装高度和间距可按表9.4经计算后确定。

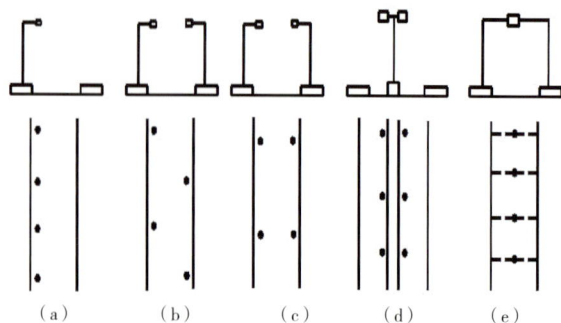

图9.4 常规道路照明灯具布置的基本方式
（a）单侧布置；（b）双侧交错布置；（c）双侧对称布置；
（d）中心对称布置；（e）横向悬索布置

图9.5 单侧路灯布置实景（在道路较窄时）

图9.6 双侧路灯布置实景（较宽道路）

图9.7 道路中央布置双挑路灯实景

表9.4 灯具的配光类型、布灯方式与灯具的安装高度、间距的关系

配光类型	截光型		半截光型		非截光型	
布置方式	安装高度H（m）	间距S（m）	安装高度H（m）	间距S（m）	安装高度H（m）	间距（m）
单侧布置	H≥Weff	S≤3H	H≥1.2Weff	S≤3.5H	H≥1.4Weff	S≤4H
双侧交错布置	H≥0.7Weff	S≤3H	H≥0.8Weff	S≤3.5H	H≥0.9Weff	S≤4H
双侧对称布置	H≥0.5Weff	S≤3H	H≥0.6Weff	S≤3.5H	H≥0.7Weff	S≤4H

注：Weff为路面有效宽度（m）。

（2）高杆照明景观设计

采用高杆照明方式时，灯具及其配置方式，灯杆安装位置、高度、间距以及灯具最大光强的投射方向，应符合下列要求：①可按不同条件选择平面对称、径向对称和非对称3种灯具配置方式。布置在宽阔道路及大面积场地周边的高杆灯，宜采用平面对称配置方式；布置在场地内部或车道布局紧凑的立体交叉的高杆灯，宜采用径向对称配置方式；布置在多层大型立体交叉或车道布局分散的立体交叉的高杆灯，宜采用非对称配置方式。无论采取何种灯具配置方式，其灯杆间距与灯杆高度之比均应根据灯具的光度参数通过计算确定。②灯杆不得

图9.8 在道路转弯处由于弯度过大，需布置高杆灯进行照明

设在危险地点或维护时严重妨碍交通的地方。③灯具的最大光强瞄准方向和垂线夹角不宜超过65°。④设置的高杆灯应在满足照明功能要求的前提下做到与环境协调。见图9.8所示。

（3）特殊场所路段的照明景观设计

平面交叉路口的照明：应按照交会区的要求来确定照明标准，并且应保证交叉路口外5m范围内的平均照度不小于交叉路口平均照度的1/2。此处的照明可采用与相连道路不同色表的光源、不同外形的灯具、不同的安装高度或不同的灯具布置方式，以便使路口得到突出。平面交叉路口包括十字交叉路口、T形交叉路口、环形交叉路口等类型，不同类型的平面交叉路口在进行照明设计时应该分别考虑不同的要求。十字交叉路口的灯具可根据道路的具体情况，分别采用单侧布置、交错布置或对称布置等方式。大型交叉路口可另行安装附加灯杆和灯具，并应限制眩光。当有较大的交通岛时，可在岛上设灯，也可采用高杆照明；T形交叉路口应在道路的尽端设置灯具，这一灯具的作用是提示驾驶员道路尽端的存在和位置；环形交叉路口的照明应充分显现环岛、交通岛

图9.9 采用高低灯形式对车道与人行道进行的造型统一的照明景观设计

图9.10 在居住区内车道与人行道都较窄的情况下，采用路灯的形式进行统一照明景观设计

和路缘石，当采用常规照明方式时，宜将灯具设在环形道路的外侧。通向每条道路的出入口的照明都应按照道路交会区的要求来进行设计。当环岛的直径较大时，可在环岛上设置高杆灯，并应按车行道亮度高于环岛亮度的原则选配灯具和确定灯杆位置。

曲线路段上的照明：是道路上的常见形式，其照明有独特的要求，设计时应该采取针对性的考虑：半径在1000m及以上的曲线路段，其照明可按照直线路段处理；半径在1000m以下的曲线路段，灯具应沿曲线外侧布置，并应减小灯具的间距，宜为直线路段灯具间距的50%～70%，半径越小间距也应越小。悬挑的长度也应相应缩短。在反向曲线路段上，宜固定在一侧设置灯具，产生视线障碍时可在曲线外侧增设附加灯具；当曲线路段的路面较宽需采取双侧布置灯具时，宜采用对称布置；转弯处的灯具不得安装在直线路段灯具的延长线上；急转弯处安装的灯具应为车辆、路缘石、护栏以及邻近区域提供充足的照明。

坡形路面上的照明：安装的灯具在平行于路轴方向上的配光对称面垂直于路面。在凸形竖曲线坡道范围内，应缩小灯具的安装间距，并采用截光型灯具。

简单的立体交叉上的照明：是由上跨道路和下穿道路组成，采用常规照明时应使下穿道路上设置的灯具在下穿道路上产生的亮度（或照度）和上跨道路两侧的灯具在下穿道路上产生的亮度（或照度）能有效地衔接，该区域的平均亮度（或照度）及均匀度应符合道路照明标准规定值。下穿道路上的灯具不应在上跨道路上产生眩光。下穿道路上安装的灯具应为上跨道路的支撑结构提供垂直照度；而一些大型上跨道路与下穿道路还可采用高杆照明方式。

普通立交道路上的照明：在进行设计时应该考虑的要求：照明设施或照明效果应该为驾驶员提供良好的诱导性；应提供无干扰眩光的环境照明；交叉口、出入口、并线区等区域的照明应按照道路交会区的要求来进行设计。曲线路段、坡道等交通复杂路段的照明应适当加强。

桥梁的照明设计应该考虑如下的要求：中小型桥梁的照明可以与连接道路的照明一致。当桥面的宽度小于与其连接的路面宽度时，桥梁的栏杆、缘石应有足够的垂直照度，在桥梁的入口处应设灯；大型桥梁和具有艺术、历史价值的中小型桥梁的照明应进行专门设计，应满足功能要求，并应与桥梁的风格相协调；桥梁照明应限制眩光，必要时应采用安装挡光板或格栅的灯具；有多条机动车道的桥梁不宜将灯具直接安装在栏杆上。

（4）人行道路照明景观设计

人行道路照明主要考虑城市机动车交通道路两侧的人行道和居住区内的道路，对于前者，协调好机动车道和人行道两者的照明要求在满足机动车道照明要求的前

图9.11 在较宽的人行道上采用功能性与装饰性相结合的照明景观设计

提下，尽量使人行道的照明也能满足标准的要求。见图9.9、图9.10所示。

居住区道路照明设施及其照明效果与环境密切相关，做好居住区的道路照明，既有利于人们的出行便利，又能营造一个良好宜人的环境氛围。居住区的照明设施应该兼顾其日间和夜间的外观外貌，包括灯杆外形、高度、色彩、与建筑的距离等。设置照明时，一定要避免过量的光线进入路边建筑居室，应有针对性地选择灯具的安装位置和高度、灯具的配光、灯具的照射角度等，必要时，可以在灯具上安装挡光板以控制射向居室的光线。

居住区内的道路分为两类，一为区域内道路，另一类为连接区域内道路与区域外的城市交通道路的集散路，两类道路的交通量不同，使用者构成情况不同，因此，对它们的照明要求也不同。集散路会有大量的机动车通行，同时又有很多非机动车和行人，所以，在进行照明设计时，需要兼顾不同使用者的需要，兼顾功能性和装饰性，灯具最好排列在道路的两侧，如果道路比较宽，应该考虑采取在一根灯杆上设置两个灯具的方式，两个灯具分别照明机动车道和人行道，并且人行道上的平均水平照度不应低于与其相邻的机动车道上平均水平照度的1/2。区域内道路上主要的使用者是行人和非机动车，有些道路甚至完全禁止机动车通行，因此，区域内道路的照明主要考虑行人以及非机动车的要求。见图9.11所示。

2. 装饰性照明景观设计

装饰性照明亮度应与路面及环境亮度协调，避免装饰性照明干扰功能照明。不应采用多种光色或多种灯光图式频繁变换的动态照明，应防止装饰性照明的光色、图案、阴影、闪烁干扰机动车驾驶员的视觉。

（1）立交桥装饰性照明设计

立交桥照明设计宜结合其桥型特点，从勾画轮廓、体现侧面层次、突出立体照明空间等方面入手，从而形成大气、恢弘、亮丽的气势，成为道路照明的视觉焦点。立交桥照明设计通常有以下几种布置方式：侧立面布置灯具方式，在桥体护栏外两侧安装灯具，将桥体侧立面打亮。通常使用的灯具有小型宽光束角的泛光灯、三防灯、LED洗墙灯。

小型宽光束角的泛光灯，间隔1~1.5m安装，可形成明暗有致的灯光效果，缺点是整体效果较差，外观影响较大，功耗较大，成本较高。

三防灯内装三基色荧光灯，灯具紧密安装，可将桥体侧立面整体打亮，缺点是光源寿命较短，故障率高，维护困难，现已较少采用。

LED洗墙灯，采用LED光源，功率较小，色彩丰富，可动态控制，灯具紧密安装，可将桥体侧立面整体打亮，缺点是成本较高。勾画轮廓布置灯具方式，是在桥体护栏外两侧安装灯具，灯具向外照射，形成一条光带的布置方式。见图9.12、图9.13所示。

对桥柱布置灯具方式，是在立交桥柱上方或地面布置灯具，将桥柱打亮的布置方式。由于桥柱的照射对过往车辆影响较大，因此必须注意眩光的控制。在绿化带内的桥柱，如果绿化带较宽并有低矮灌木遮挡的可采用地面安装方式，由下向上照射，可将桥柱及桥底面照亮；其它情况则可将灯具安装在桥柱上方向下照射或上、下都照射方式。向下照射的灯具功率不能太大，最好加遮光板控制眩光并水平向下照射。以上照明布置方式各有优缺点，可根据立交桥的位置、重要程度等因素单独布置，或相互结合布置，以实现不同的照明效果。在立交桥照明设计中需注意：应为驾驶员提供良好的视觉诱导性；应提供无干扰眩光的环境照明；应简洁自然，与周边环境和桥区绿地的照明相协调。见图9.14所示。

（2）一般桥梁装饰性照明景观设计

具有灯光装饰的桥梁我们通常称作夜间的彩虹，景观效果明显，提升了城市形象和品质。在桥梁照明设计中宜结合桥体造型及功能，利用光线的强弱变化、上下灯具的色彩搭配，把处在夜色中的桥体勾勒出来，形成一个不同于白天的整体效果，也可以通过对灯色的变化及灯光的动态控制，让桥梁的色彩更丰富、更具生动性。但必须注意避免夜景照明干扰桥梁的功能照明；根据主要视点的位置、方向，选择合适的亮度或照度；根据桥梁的类型，选择合适的夜景照明方式，展现和塑造桥梁的特色；跨河桥梁的照明，

应注意与其在水中所形成的倒影相配合，应避免倒影产生的眩光；选择灯具及安装位置时，应考虑涨水时对灯具造成的影响；应控制投光照明的方向以及被照面亮度以避免造成眩光及光污染；桥梁夜景照明产生的光色、闪烁、动态、阴影等效果不应干扰车辆和船舶行驶的交通信号和驾驶作业；通行重载机动车的桥梁照明装置应有防震措施。见图9.15、图9.16所示。

（3）人行天桥装饰性照明设计

人行天桥由于体型较小，因此不能像立交桥那样形成大气、明亮的灯光环境，在照明设计中以突出细节、丰富灯色、造型别致为主。人行天桥的装饰性照明应注意不能对下面通行车辆造成干扰，在设计中灯色的变化及灯光的动态演变均为缓慢变化。在灯具造型上宜单独设计，以体现每座天桥不同的风格；同时以天桥的造型为依托，勾画轮廓，在夜色中体现其绚丽的另一面。在人行天桥照明设计中需注意以下几点：①应避免照明给行人和机动车驾驶员造成眩光；②应讲究艺术性与创造性，避免千篇一律的照明效果；③应注意灯具的安装对天桥造型及外观的影响；④应注意安全与防护。见图9.17所示。

图9.12 在高架桥体的外侧，采用泛光灯照射的设计方式，形成连续的点状光源桥体轮廓景观

图9.13 采用灯带的方式，对立交桥轮廓进行线性景观设计

图9.14 对桥柱采用泛光照明，由下向上照射，桥身侧面进行装饰性照明景观设计

图9.15 对立交桥的桥柱采用灯箱、桥底加投射灯，桥栏杆外侧采用线性灯带进行设计，形成的装饰性照明景观

图9.16 对大跨度的道路桥梁主体结构采用装饰性照明，勾勒出桥梁外观造型景观，如同晚间的彩虹，形成当地的地标

图9.17 天桥内部服务行人的功能性照明景观与桥体外侧的点、线状装饰性照明景观，共同勾画出天桥夜间的轮廓景观

（4）绿化树木的装饰性照明景观设计

树木的装饰照明景观，应选择适宜的照射方式和灯具安装位置；避免长时间的光照和灯具的安装对树木生长产生影响；不应对古树和珍稀名木进行近距离照明。应考虑常绿树木和落叶树木的叶形及特征、颜色及季节变化等因素的影响，确定照度水平和选择光源的色表。应避免在人的观赏角度上产生眩光和对环境产生光污染。

3. 光源选择

选用的照明光源及其电器附件应符合国家现行相关标准的有关规定。选择光源时，在满足所期望达到的照明效果等要求条件下，应根据光源、灯具及镇流器等的性能和价格，在进行综合技术经济分析比较后确定。

（1）功能性照明光源选择

快速路、主干路、次干路和支路应采用高压钠灯。居住区机动车和行人混合交通道路宜采用高压钠灯、小功率金属卤化物灯或LED灯。 市中心、商业中心等对颜色识别要求较高的机动车交通道路可采用金属卤化物灯。商业区步行街、居住区人行道路、机动车交通道路两侧人行道可采用小功率金属卤化物灯、紧凑型荧光灯或LED灯。 道路照明不应采用自镇流高压汞灯和白炽灯。见图9.18所示。

（2）装饰性照明光源选择

泛光照明宜采用金属卤化物灯、高压钠灯或色彩丰富的LED灯。内透光照明宜采用三基色直管荧光灯、LED灯。轮廓照明宜采用色彩丰富、控制方便的LED灯。 商业步行街、广告等对颜色识别要求较高的场所宜采用金属卤化物灯、三基色直管荧光灯、LED灯或其它高显色

性光源。绿地中的草坪灯宜采用紧凑型荧光灯、LED灯或小功率的金属卤化物灯。自发光的广告、标识宜采用LED灯、场致发光膜（EL）等低耗能光源。通常不宜采用高压汞灯，不应采用自镇流荧光高压汞灯和普通照明白炽灯。

4. 灯具及其附属装置选择

（1）机动车道照明灯具选择

快速路、主干路必须采用截光型或半截光型灯具；次干路应采用半截光型灯具；支路宜采用半截光型灯具。见图9.19~图9.22所示。

（2）非机动车道照明灯具选择

商业区步行街、人行道路、人行地道、人行天桥以及有必要单独设灯的非机动车道宜采用功能性和装饰性相结合的灯具。当采用装饰性灯具时，其上射光通比不应大于25%，且机械强度应符合现行国家标准《灯具一般安全要求与实验》GB 7000.1-2007 的规定。见图9.23~图9.25所示。

（3）高杆照明灯具选择

采用高杆照明时，应根据场所的特点，选择具有合适功率和光分布的泛光灯或截光型灯具。

（4）其它要求

采用密闭式道路照明灯具时，光源腔的防护等级不应低于IP54。环境污染严重、维护困难的道路和场所，光源腔的防护等级不应低于 IP65。灯具电器腔的防护等级不应低于 IP43；埋地灯具外壳防护等级不应低于IP67。 空气中酸碱等腐蚀性气体含量高的地区或场所宜采用耐腐蚀性能好的灯具。通行机动车的大型桥梁等易发生强烈振动的场所，采用的灯具应符合现行国家标准

图9.18 采用高压钠灯的路灯照明

图9.19 机动车道与非机动车道照明 灯具选择同一材质与样式

图9.20 双挑形式路灯实景

图9.22 具地域特色的路灯实景

图9.21 单挑形式路灯实景

图9.23 商业区人行道采用功能性和装饰性相结合的灯具实景

图9.24 具现代感的装饰性人行道照明灯具实景

图9.25 古典式人行道照明灯具实景

《灯具一般安全要求与实验》GB 7000.1-2007 所规定的防振要求。高强度气体放电灯宜配用节能型电感镇流器，功率较小的光源可配用电子镇流器。高强度气体放电灯的触发器、镇流器与光源的安装距离应符合产品的要求。在满足眩光限制和配光要求条件下，应选用效率高的灯具。常规道路照明灯具效率不应低于70%，其中泛光灯灯具效率不应低于65%。灯具及安装固定件应具有防止脱落或倾倒的安全防护措施；对人员可触及的照明设备，当表面温度高于70℃时，应采取隔离保护措施。直接安装在可燃烧材料表面的灯具，应采用标有△F标志的灯具。

5. 节能环保的道路照明

城市道路夜景照明景观设计应以科学发展观为指导，实现绿色照明，节约能源，并可减少大量大气污染物的排放，对于保护环境，实现人类社会可持续发展具有重大意义。在保障照明质量的前提下，可提高城市的品位，提升人们的生活质量。

（1）城市道路照明节能的要求

树立构建节约型城市、人与自然和谐型城市的观念。严格按照国家有关部门对城市照明提出的要求，让城市"光亮工程"华而不奢。对各类景观照明、广告牌和霓虹灯加以控制和科学管理。注意减少大功率强光源，严格限制光污染的产生，引导城市照明向"高效、节能、环保、健康"的方向发展。严格按照明标准设计道路照明，不得随意提高照明标准。

（2）合理选用夜景照明的方法

充分利用太阳能和天然光。用光伏发电技术为夜景照明提供电能是节约常规用电的重要措施。由太阳能供电的路灯、庭院灯和绿地装饰照明灯的节能与环保潜效显著。

加强夜景照明管理。引入智能化控制，使公共照明可根据不同区域、不同路段、不同时段进行自动调整。合理控制夜景照明系统，对减少能源浪费，节约用电均具有重要作用。节能环保灯具的选用。见图9.26~图9.28所示。

图9.26 布置于道路中央的具风力、太阳能发电的LED风光互补路灯灯具实景

图9.27 具独特造型的LED风光互补路灯灯具实景

图9.28 太阳能路灯灯具实景

PART 10

LANDSCAPE DESIGN OF ROAD AND BRIDGE

道路桥梁景观设计

道路桥梁景观是道路景观的主要组成部分,过街天桥就设置在城市交通繁忙的街道或街道交叉口的主要设施;高架路在城市道路景观构成诸元素中扮演着廊道的角色,它在功能上具有双重性,一方面它可以将景观分割开,另一方面它又可以将不同景观有机连接起来;立交桥作为城市道路交通沟通和连接的重要设施,已成为城市的重要特色景观。

过街天桥环境景观设计

1. 天桥平面形式

天桥平面形式分为两种：非定向型和定向型。

非定向型人行立交：适合用于各个方向过街人流量相对均匀的街道交叉口，形式有环状、"X"状、"H"状等。如图10.1~图10.4。

定向型人行立交：适合用于过街点、异形交叉口和不同方向过街人流量相差较大的交叉口，布置比较灵活，根据人流量设置。如图10.5~图10.7。

2. 过街天桥景观设计

① 尽可能结合设置地点四周的建筑物设置，尤其是位于城市商业中心的天桥，应与附近商场、办公楼及银行等的出入口相结合，并同时注重功能和造型艺术。

② 竖向高度上必须分别满足车行、人行交通的净空限界要求。

③ 天桥在选材、造型、色彩、景观绿化等方面应与沿道路建筑的协调。

④ 外部装饰的处理：天桥栏杆位置较高，宜采用视野良好的空格状或使用透视性高的丙烯玻璃挡板，景观视野开阔，且易与周边的建筑相互协调。

⑤ 不考虑自行车骑行，但有时应考虑设置无障碍通道，方便轮椅、童车的推行。

⑥ 常采用梯道方式解决垂直交通，尽可能方便机械代步装置的通行。梯道占用部分人行道时，不得影响人行道的正常使用。

⑦ 周围行道树可设计成大树，路边不影响交通的地方设计美观而富有特色的雕塑等景观小品，可大大提高景观质量。

另外，如果在栏杆或栋梁侧面悬挂标语等宣传横幅，即使设计优秀的过街天桥，也会产生不协调感，要尽量避免这类做法。要尽量减少桥墩的数量，为了不使它过分碍眼，可以设置在绿化带内。如图10.8~图10.17。

图10.1 环状天桥，地处上海浦东金融中心，交通量大，环形立交方便与附近的国金中心、正大广场以及东方明珠连接，人车分流，安全便捷的同时，环形天桥又与新完成的"东方浮庭"相连接，成为观赏浦江东西城市美丽街景的空中观景平台

图10.2 "X"状天桥，上海复兴东路河南中路路口立交，为国内首座"X"形钢结构吊索人行天桥，中间椭圆形桥面通过钢索悬挂于X形钢架上，拱形结构设计美观大气，桥下车道上没有任何支撑物，为驾车者和行人提供了较宽阔的视野

图10.3 "H"状天桥，常用于两条道路交通方式与流量差异较大的交叉口。如本图天桥所处的延安路为交通性干道，机动车流量大，河南中路为生活性道路，交通除车流外，还有大量自行车及行人流，H形天桥可以较好协调两种不同交通流

图10.4 长方形天桥，上海延安东路华山路天桥，属于环形天桥的变形，变形多由于交叉道路宽度相差较大

图10.5 "I"形天桥，主要解决道路上车流量大、道路过宽造成的行人过街不便的问题，此种天桥造型不宜过于厚重，否则容易给地面行人产生压抑感

图10.6 "L"形天桥，主要解决由于车流量大造成的行人过街不便的问题，多位于大型交叉路口或商业广场，天桥通道可与商业活动空间灵活连接，创造变化多样的趣味空间

图10.7 "H+Y"形天桥，形状较复杂，用于少数特殊地段。本处为成都市红照壁街、上南大街、金盾路三条交通主干道交会路口的人行天桥，实际上是两座天桥合二为一，分别跨越了两个路口，方便市民骑车、步行过街

图10.8 陆家嘴"东方浮庭"景观天桥，为半圆形二层钢结构建筑。在陆家嘴由大高楼、大马路拼凑的松散环境里，步行是乏味的，甚至是危险的。东方浮庭可大大提升景观效果，使松散的空间变得紧凑起来，从而提供人流聚散空间，成为观赏金茂大厦、环球大厦、东方明珠等高层建筑的最佳观景台

图10.9 陆家嘴景观天桥，天桥结合天气预报服务，同时还随时更新股市、楼市等信息，具有明显的数字化城市景观的特色

图10.10 上海延安西路凯旋路天桥，天桥结合地铁站入口设置，形成立体的交通交换枢纽，此处要着重考虑各种人群，特别是交通障碍者的交通需求，桥下空间的处理比较重要，处理不当会形成城市负空间

图10.11 陆家嘴景观天桥，栏杆为透视性高的丙烯玻璃挡板，景观视野开阔，便于观景且易与周边的建筑在风格上相互协调

图10.12 上海肇家浜路瑞金二路天桥，圆弧形的流线给僵硬的城市景观带来灵动，同时较为纤细的淡灰色立柱与周围建筑颜色相协调，大大降低了桥下空间的压抑感

图10.13 深圳某天桥，栏杆为透视性高的玻璃挡板，景观视野开阔，与周边的建筑在风格上十分协调

图10.14 深圳某天桥，加上了钢架玻璃顶，既保证了采光，又给过街行人带来了方便，设计体现了人性化

图10.15 深圳某天桥，波浪起伏的流线给生硬的城市景观带来灵动，有如一条巨龙在盘旋飞舞，又如一首凝固的音乐

图10.16 国外某天桥，天桥外围做成一个垂直的方框形，立面上纤细的淡灰色立柱与周围建筑颜色十分协调，整个天桥因而显得生动而轻灵

图10.17 国外某天桥，天桥栏杆和围护结构的装饰十分具有民族风味，又与行道树棕榈相映衬，富有浓烈的异域风情和热带景观特征

高架路景观设计

1. 高架路对环境的影响

高架路在现代大城市和城际交通中起到重要的作用，它在道路景观构成诸元素中扮演着廊道的角色。廊道在功能上具有双重性，一方面它可以将景观分割开来；另一方面它又可以将不同景观有机连接起来。如图10.18、图10.19。

（1）阻断

高架路经常会阻挡城市景观，同时这种阻断也体现在功能上。在大家拍摄的各种城市照片中，常常会有高架的背影，而其它的景观就有被遮挡的情况。

因此，美国、韩国等一些发达国家的城市在拆除高架路。就我国而言，由于人口众多的现状，大城市、特大城市使用高架路的情况仍然不可避免，因而如何使高架尽可能减少对城市景观的阻断是一个亟需解决的重要课题。

（2）大气污染

高架路上行驶的大量车流会排放相应数量的尾气，而且由于车辆的碾压，路面也会产生一定量的灰尘，这些固体、气体的杂质在空气中混合、传播后就会对高架的下面、周边甚至很远的地方产生污染和影响。如图10.20。

图10.18 上海浦东某高架立交，是上海中环线与杨高南路的立体交叉口在建筑密度和高度相对较低的地段，庞大的立交高架环路形成了十分壮观的工程景观效果，但同时，过于宽阔的高架路造成了廊道两边的极度不便，也造成了生物流的分割效应

图10.19 由于高架及其附加设施的宽度和体量一般较大，而且又具有严格的连续性，因此在城市基质中十分明显，对于物种迁移和城市景观有不可忽视的分割作用
注：图片来源谷歌截图。

图10.20 高架交通量大，大气污染较严重，植物生长情况较差，需要特殊养护。在温度、气候条件相对较差的北方，特别是西北，更要注意植物的养护

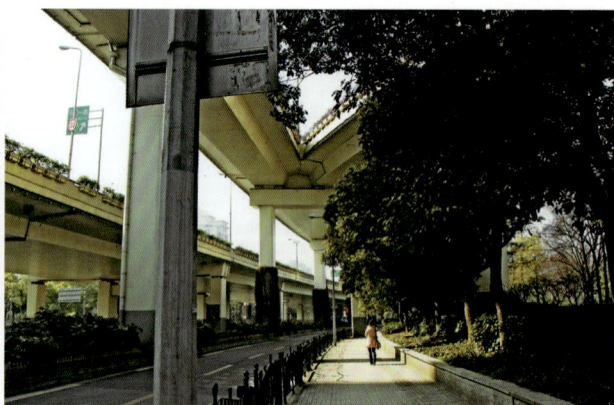

图10.21 高架路对于下面植物生长的光照影响很大，有的地方甚至常年见不到日光，而夜间汽车车灯的灯光又会对植物的生活规律产生影响，严重时造成植物死亡

（3）声污染

高架路上高速行驶的汽车行驶中会产生较大的噪音，还有汽车鸣笛也会对居住在附近的居民产生声音干扰。

（4）光照影响

由于高架路对阳光的遮挡，高架下面的植物常常因为光照和有效积温不足而影响其正常生长。在实际中的表现就是高架下植物的翻种率高，成活率不高等问题。如图10.21、图10.22。

2. 高架路景观设计

高架路景观设计根据进程可分为两个阶段：规划阶段和工程设计阶段。

图10.22 上海南北高架中央隔离带绿化，灌木采用了耐阴性好的花灌木，如八角金盘和亮叶女贞等

（1）高架路规划阶段的景观设计

规划阶段重点要注意两方面，一方面是高架路与环境的配合，另一方面是高架路自身结构和景观的问题。

高架道路的规划选线：高架路选线要密切结合好城市交通体系规划、城市总体规划和城市设计。在城市各区域内通过时，可利用原有道路在上面架高架，也可利用城市水道或在居民区边缘的次要道路上通过等。路线方案选定时，对于城市不同区域要充分调查现状土地利用情况和规划土地利用性质及要求，使规划路线与地区景观能充分融合。如果要在有自然景观、文物保护、古建筑等附近通过，必须要与保护区留有一定的距离，避免高架路对环境的破坏。在水道边通过时，要尽量与水道边际线的走向配合。

在通过住宅区域时，必须在高架两侧与居住区中间留有一定宽度的绿化带。同时，高架线路要尽可能选在城市需要改造的区域，这样有利于在将来改造时创造一个美好的景观环境。如图10.23。

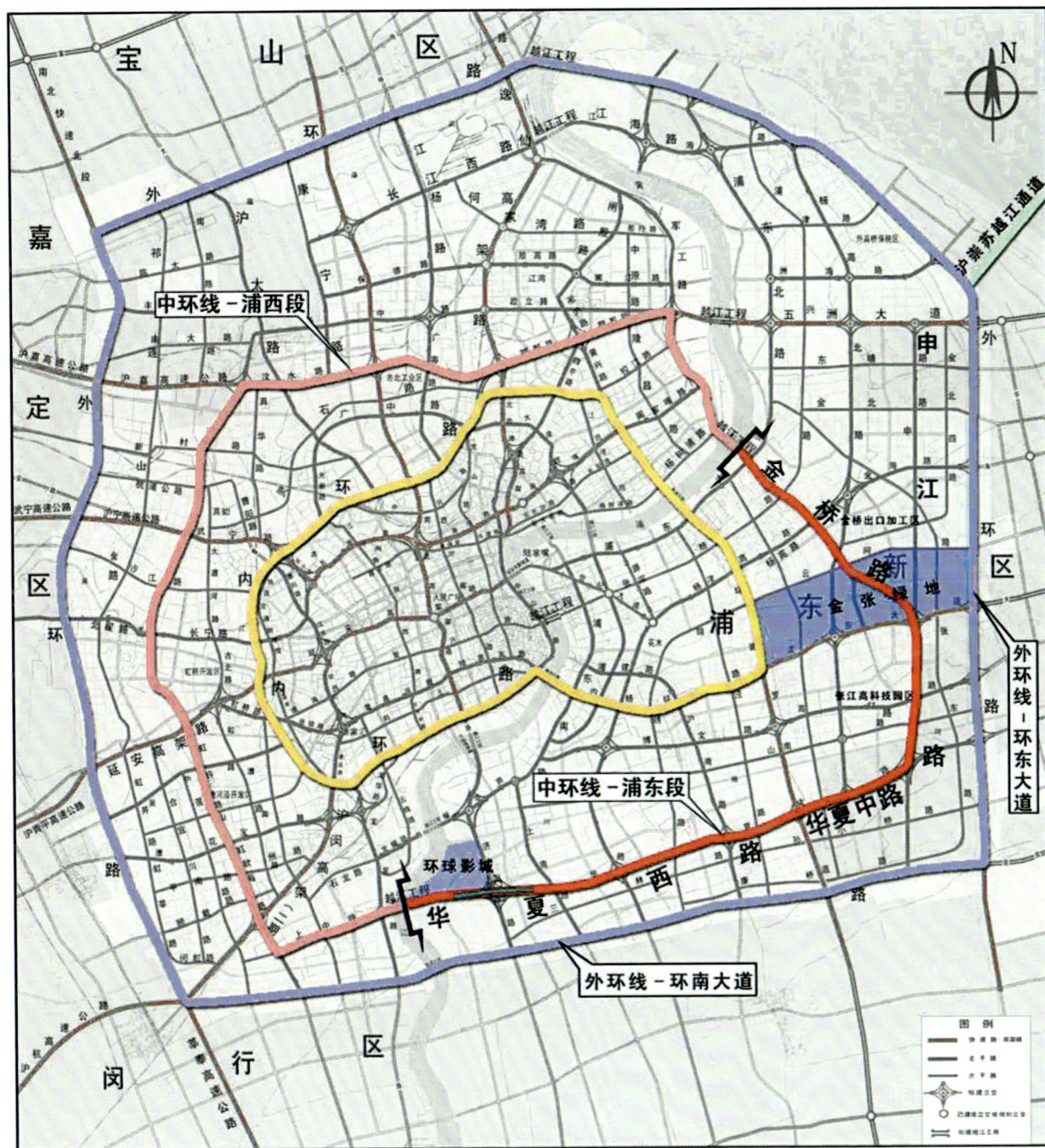

图10.23 上海高架道路中环线规划图。中环是在居民区边缘的次要道路上通过，尽量减少对城市居民的影响，同时又有利于分散主要交通干道的交通压力。

（资料来源：2006年上海市环境科学研究院中环线浦东段(上中路越江隧道-申江路)工程环境影响评价公告。）

高架路构造选形：高架路构造形式的选择主要考虑交通流量要求以及与周围景观的协调配合。

高架路地上部分断面构造主要有三种形式，即上下车道一体构造；上下车道分离构造；上下车道二层构造。

一是当地面道路很宽时，可在其上部直接架高架。两侧及高架下部有机动车道与人行道，因地面路幅较宽，对两侧用路者的重压感、威胁感可以减轻。如上海市延安路高架和中山西路高架路就是选择这种方式。

二是侧道形式，由于侧向净空小，比第一种形式的重压感有所增加。

三是单独形式，选择这种形式往往是因为高架两侧有较为密集的建筑，横向空间不够。本形式桥下可作休息及儿童游戏场所。如图10.24。

（2）工程设计阶段的景观设计

高架路的附属构造物有防音墙、紧急停车带、安全梯、收费所、照明设施、电力线等。这些附属设施的景观化处理都应和高架路整体相协调，并与周围环境一致。

高架路上、下部要有各自的基本色调，下部构造一般比上部要浅。但是上、下部色彩既要有一定对比，又要能够融合。如图10.25。

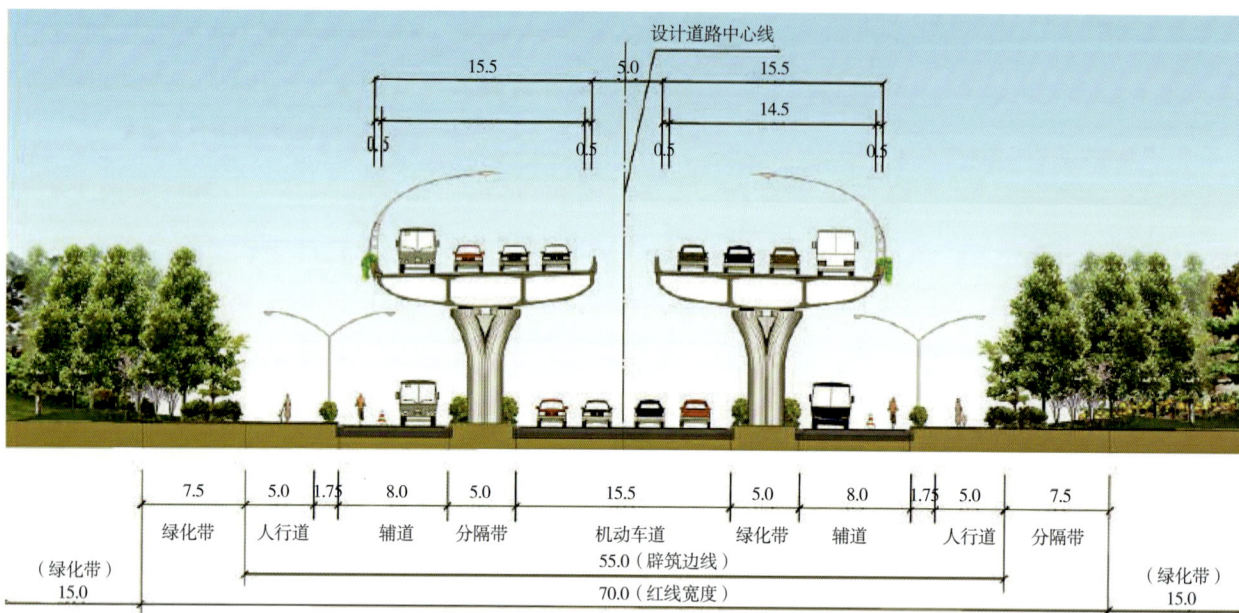

图10.24 上海高架道路中环线规划立面，采用上下车道分离构造（单位：m）
资料来源：2006年上海市环境科学研究院中环线浦东段(上中路越江隧道–申江路)工程环境影响评价公告。

图10.25 上海延安路高架，高架路上下部颜色基本一致，上部淡黄色显得明快，中部白色显得清爽，下部略浅，基部深灰色显得结实厚重，使整体获得了很好的稳定感

图10.26 上海南北高架延伸段边坡，用土工格室等方法种植草坪。保证了土壤稳定，又不至于过于生硬

图10.27 上海延安高架道路绿化景观，多用乔灌木种植，如瓜子黄杨、金叶女贞、红花檵木等综合考虑种植费与养护费，大大减少了使用草坪以降低工程综合造价及后期管护费用

图10.28 上海内环高架植物景观之一，为配合高架的空间尺度，树种选择以体形较大的雪松和香樟为主

图10.29 上海内环高架植物景观之二，由于地处漕溪路内环匝道口，人流和视线较为集中，植物选择了观赏价值较高的棕榈，并配以成片种植的花灌木

图10.30 上海漕溪北路高架垂直绿化，植物选用地锦

图10.31 上海内环高架桥桥面绿化景观，所用植物应选择浅根、耐贫瘠、耐旱、耐寒的强阳性的藤本、攀援和垂吊植物，如云南黄馨等

3. 高架路景观植物造景

通过对高架道路进行植物造景，有助于汽车安全、快速行驶，同时满足景观视觉需要。边坡植物造景既要景观美化，还应与工程防护相结合，起到固坡、防止水土流失的作用。

对于较矮些的土质边坡，可栽植低矮的花灌木，种植草坪或栽植匍匐类植物。较高的土质边坡可用三维网、土工格室等方法种植草坪等。挖方边坡一般是在坡角处或第一级平台砌种植池，栽植攀缘植物、花灌木及攀援植物。较高的石质坡碎边坡则要用厚层客土喷播的方法进行边坡防护种植。如图10.26。

路侧林带植物造景，植物选择以乔木为主，常绿、落叶间植，观叶、观花植物间植，季相分明，做到一路一景。采用前低后高的植物配置方式。用地较充足，条件许可的地方，最好采用乔木多行栽植，形成真正的绿色长廊。

（1）中央分隔带植物造景

植物造景形式以整形栽植为宜。选择抗废气性强、发芽强壮、耐修剪、生长慢的植物。

可采用不同种、品种的植物相间栽植，既可起到生物阻断、防止病虫害蔓延的作用，又可丰富高架路景观，达到"景随路移"的效果。中央分隔带较窄时常用灌木球或小灌木间植，裸露地面覆盖低矮草坪地被。如上海常用植物有樱花、红叶李、瓜子黄杨、大叶黄杨、亮叶女贞、夹竹桃等。如图10.27。

（2）互通立交区植物造景

互通立交区植物造景应采用成片栽植的形式，形成较大的色块和线条，达到良好的图案视觉效果。植物造景与附近的环境、景观、植被相协调。为了反映立交枢纽所在地的地域特色，采用本土特色树种（如市花、市树等）。立交区的树种要明显而有特色，一般选用高大树种，辅以乔灌木。上海立交区植物造景的常用树种有雪松、棕榈、白玉兰、香樟、夹竹桃等。如图10.28、图10.29。

（3）立体绿化等

在立交桥的墙体上运用了攀缘植物进行立体绿化。如在漕溪北路处的高架桥桥柱上栽植地锦。如图10.30。

由于生长环境所限，立体绿化所用植物应选择浅根、耐贫瘠、耐旱、耐寒的强阳性或强阴性的藤本、攀缘和垂吊植物。上海常见的主要有地锦、爬山虎、云南黄馨、迎春、凌霄、紫藤、常春藤、扶芳藤、藤本月季、牵牛花等。如图10.30、图10.31。

立交桥景观设计

立交桥作为城市道路交通沟通和连接的重要设施，已成为城市的重要特色景观。

1. 立交桥的组成与分类

立交桥组成有：跨线桥（或下穿式隧道）、匝道、加速道、减速道、集散道等。

按结构形式可分为：下穿式（隧道式）和上跨式（跨路桥式）。

按有无匝道连接相交可分为：互通式和分离式。

2. 立交桥景观设计

①立交桥景观要与周围景观相结合。立交桥要构成好的景观，其体量、尺度、风格等都必须与周围建筑群相协调。

②立交桥要有良好的顺畅度与连续性。立交桥的平、纵线形是所有相交道路线形的有机组成部分，立交桥的各组成部分线形一定要和两端的道路线形配合一致，使其贯通顺畅。

③立交桥的桥体及附属构造物既要有一定的基本色调，和环境有一定的对比，同时又要协调统一。立交桥附属构造物如栏杆、灯柱等造型要简洁明快，要与桥梁主体结构风格一致。如图10.32。

④植物景观设计：以草坪为主体基础，给人以视线开敞、气势宏大的视觉效果。中心绿地注重构图的整体性，采用较大面积的乔灌木和低矮花卉、地被植物构成寓意深远的图案。图案应美观大方，简洁有序。小块绿地可采用疏林草地的配置形式，尽量采用乡土树种以及一些生长适应性强、有地方特色的乔灌木植物。在匝道、变道外侧，应连续种植乔灌木，以诱导行车方向，弯道内侧要留有足够的安全视距，以保证行车安全。

⑤在大型互通立交区最好进行标志性景观设计，起到画龙点睛的作用，同时形成城市的标志性景观。如图10.33。

图10.32 上海内环高架，栏杆、灯柱造型简单，与桥梁主体结构风格一致

图10.33 上海南北高架互通区绿化景观，互通立交内绿化以大片常绿、半常绿草坪为基调，以简洁明快的图案和少量植物造景为点缀，采用云南黄馨、红叶小檗、瓜子黄杨等植物

PART 11

LANDSCAPE DESIGN OF
RAIL TRANSIT

轨道交通景观设计

　　轨道交通是大城市，尤其是特大城市公共交通运输的主力，承担着城市客流运送的主要任务。它的突出优点是可以减少能源消耗，减轻污染，提高土地利用率。我国交通技术政策明确规定：我国城市交通发展目标是"建立综合公共交通系统"，"大城市的客运交通以轨道交通为主"，因此城市轨道交通已成为城市交通系统发展的关键。与此同时，轨道交通沿线的景观作为一种新生的城市景观，也逐渐演变成城市文化的一种载体和宣传的媒介。

轨道交通概述

1. 轨道交通发展概况

轨道交通是在欧洲工业革命之后首先出现的，在不同的国家轨道交通的应用与发展各有不同。到目前为止，据不完全统计已经有100多个城市建设有轨道交通，其中伦敦、巴黎、柏林、纽约、东京、莫斯科等城市的轨道交通系统发展较为完善。

轨道交通的发展经历了有轨马车、有轨电车、地铁、轻轨、磁悬浮等不同阶段。

伦敦是地铁的诞生地。1863年1月10日，世界上第一条地铁在伦敦建成通车，列车用蒸汽机车牵引，线路从帕丁顿（Paddington）到法灵顿（Farrington），总长约6.4km。1890年12月8日伦敦又首次用盾构法施工，建成用电气机车牵引5.2km的另一条线路，轨道交通建设取得了里程碑式的进展。从此，城市交通进入轨道交通时代，"Metro"成了世界上绝大多数国家城市轨道交通的标志和代号。

与亚洲其它国家相比，日本轨道交通起步较早，20世纪末就已经拥有大量轨道交通，其线路总长27121km，城市交通和城间交通约占10000km，全日本拥有地铁线路超过500km，有轨电车264.1km。

法国巴黎是目前世界上地铁网络最为密集的城市之一，也是著名建筑大师勒·柯布西耶规划的真正地铁时代城市"光明城"。至2001年，主要在巴黎市区的地铁已经形成了总长211km由14条线路交织的网络；5条地区地铁快线（RER）通过若干换乘枢纽与地铁网接驳，贯穿巴黎市区并延伸到远郊。

我国的城市轨道交通，经历了40多年的发展历程，现正处于大发展的黄金时期。

北京至2011年年底，随着5条新线路的开通，运营总里程将达到330km。广州开通运营轨道交通也已达236km。截至2014年8月，南通已成为我国第37个获得轨道交通建设批复的城市。至2020年轨交线路规划总里程将达6100km，所需车辆将超过3万辆。"十二五"期间，轨道交通建设将超过7000亿元。北京、上海、广州、深圳将建成网络化系统，优化枢纽；其它的300万人以上的城市也要建设形成轨道交通的基本骨架。上海申通地铁集团有限公司组织编制的上海新的轨道交通体系规划中，规划在2010—2020年期间共有13项建设项目，包括5条延伸线和8条新建线，线路总长合计约310km，车站189座。规划期结束的2020年上海城市轨道交通网络总规模将达到约877km。具体分布如图11.1。

图11.1 上海轨道交通2020年规划图
发布单位：上海市环境科学研究院，发布日期：2009年4月2日。

2. 现代城市轨道交通的分类

现代城市轨道交通按照构筑物的形态或者轨道相对于地面的位置不同一般可以分为：地铁、轻轨、市郊铁路、有轨电车、磁悬浮列车及其它交通系统。

城市轨道交通的发展提高了城市机动性，从而改善了轨道沿线地区的可达性。现代城市轨道交通的最大优势是拥有独自的行车轨道，不与常规交通挤占、争夺车道。因此，轨道交通相对其它交通方式更为准点和快速。

（1）地铁

我国《工程建设标准强制型条文》中对地铁的定义为："城市中修建的，在全封闭线路上，采用专用轨道、专用信号、独立经营的大运量城市轨道交通系统，单向高峰小时客运能力一般在30000人次以上，线路通常设在地下的隧道内，有时也延伸到地面或者架设在高架桥上。"纽约、旧金山以及我国香港地区也称其为"大运量轨道交通系统"或"快速交通系统"。

（2）轻轨交通

轻轨指的是运量或者车辆轴重稍小于地铁的轻型快速轨道交通。在我国《城市轨道交通工程项目建设标准》（试行本）中把每小时单向客流量为0.6万~3.0万人次的轨道交通定义为中运量轨道交通，即轻轨。轻轨交通的原来定义是指采用轻型轨道的城市交通系统，最初轻轨是使用轻型钢轨，而如今的轻轨多已采用与地铁相同质量的钢轨。所以，目前国内外都以客运量或车辆轴重（每根轮轴传给轨道的压力）的大小来区分地铁和轻轨。

（3）市郊铁路

市郊铁路，起源于第二次世界大战前城市间的铁路运输，主要为通勤者服务，故也称通勤铁路。市郊铁路是沟通城市与远郊区的快速交通方式，与城间铁路类似。由于市郊铁路服务于人口密度相对稀疏的郊区，站间距离比市区大许多，使得列车运行速度提高很多。

（4）有轨电车

新型有轨电车是介于公共汽车和地铁之间的一种中低运量的轨道交通系统。不同于原有的有轨电车，现代有轨电车除了保留全地面、不封闭、无信号等原有有轨电车的特点外，还对轨道结构按国际通用标准进行改造。它适用于中小城市单向运量为15000人/h的线路，具有投资量相对较小和运营经济的优点。

（5）磁（悬）浮列车

磁（悬）浮列车是利用电磁力克服重力，使列车在轨道上悬浮，并利用线性电机推动其前进的轨道交通形式。

轨道交通的形式还有很多，如单轨铁路，又称独轨铁路。

轨道交通景观设计原则

1. 低碳发展原则

轨道交通作为相对较大运量的交通方式，符合全球低碳发展的理念，有利于减少能耗和减轻污染，从而有利于区域乃至全球生态系统的可持续发展。

2. 以人为本的原则

新城规划的理论研究表明，城市人口的聚集性将是沿地铁等轨道交通站点向城外圈层递减，因此轨道附近将是城市人口主要集中之处。在设计时要充分考虑不同的人群拥有不同的价值观，反映不同的观念，从微观到宏观充分满足不同使用群体的需求。

3. 继承和保护历史文化的原则

那些具有历史意义的场所、建筑形式、空间尺度、色彩、符号以及生活方式与隐藏在市民心中的地区文化价值观相吻合，从而容易引起市民的心理认同和共鸣。因此，轨道交通沿线景观的设计要尊重历史，继承和保护历史文化遗产。在大量的调查、研究和分析工作的基础之上，对城市的历史变迁、文化传统、居民心理、市民行为及价值取向等做出分析，在城市规划和设计时将其融入现代城市文化和城市风貌。

4. 协调统一原则

城市轨道交通沿线景观设计要从城市整体性出发。不同阶段的设计者应充分结合周边场地环境，按照协调统一的原则设计地铁站点。设计同时又要顾及同一地铁线路不同站点之间、同一地铁站点不同出入口之间的彼此呼应和连接。在空间尺度、周围建筑物的体量及色调上对当地文化和历史的理解与表达上求得协调统一。而在细部处理上，在主体建筑的设计和地面铺装、绿化造景等形式上要进行变化，使其适应于各自不同的环境。

5. 个性化原则

每个城市都有各自不同的历史背景、不同的地形和气候，城市居民各有自己不同的观念、不同的生活习惯，所以轨道车站的形象设计应该充分体现各个城市的独特个性。

轨道交通景观设计

1. 出入口主体建筑景观设计

轨道交通出入口，也就是轨道车站地上部分主体建筑，主要由人行通道出入口及风亭构成。它具有独特的可标识性，既要满足城市景观的美学需要，更是一种展现城市风貌的重要舞台。

出入口是地下轨道交通空间的重要节点，也是地下轨道交通空间与地上街道、广场环境的过渡。出入口的景观设计要符合使用者的审美心理和行为习惯等，即必须跟周围的场地环境、人文景观协调统一。

根据不同的气候条件及周围环境条件，轨道交通地面出入口的建筑形式可分为如下几种。

（1）敞口式

此种出入口高度较低，采光好，对光线遮挡比较少，通透感比较强，对城市景观和周围建筑的影响较小，但是敞口式出入口的自动扶梯及楼梯等构筑物都暴露在室外，因此雨天楼梯容易湿滑，给行人带来了一定的安全隐患；技术上提高了出入口下端排水的要求，而且自动扶梯被雨水打湿容易锈蚀和损坏，会增加维护成本。如图11.2、图11.3。

（2）带盖式

出入口的设计正好可以有效地解决敞口式出入口存在的一系列问题，但带盖式出入口的主体建筑会对出入口的采光和周围景观产生一定的影响。带盖式出入口多采用钢架与玻璃结合的造型。玻璃的通透性有利于解决采光的问题，而且钢架和玻璃的组合可以塑造出各种需要的造型形式。如图11.4、图11.5所示。

（3）建筑结合式

指地铁站点出入口与周边较大型的建筑物相结合，将地铁站设施设置在其室内空间。如图11.6。

2. 风亭景观设计

风亭可分为独立式和结合式两种。地铁、轻轨的地下车站按环境控制的要求，单端或两端设1到2个活塞风井、1个进风井和1个排风排烟井。一般情况下，每个活塞风井的净面积不应小于16m²。风亭要求设在空气洁净的地方，风亭的口部距建筑物距离均不宜小于5m，风亭百页底部距街道室外地面高度应大于2m。如图11.7、图11.8。

3. 出入口广场

地铁、轻轨站点等出入口交通集散广场的景观设计一般比较简洁。集散广场是解决进站前所有车辆人流的聚散引导的场所。

广场的大小与同边建筑高度应该是均衡的，广场的长度与宽度要有适当的比例。由于人们在广场中所处的位置不同，对环境的感受也有差异，所以长宽比例的法则也是相对的。如图11.9。

4. 植物景观设计

在轨道交通景观中，植物景观可以使原本单调的集散广场、相对独立的主体建筑变成硬质景观和软质景观相结合的复合型景观，并对遭到一定破坏的自然景观进行修复和美化。如图11.10。

轨道交通站点的植物造景要充分考虑当地气候条件、使用节点的性质和功能，以及所处的环境和建筑特点等方面的要求，把植物作为环境整体的一部分来考虑、设计，突出地方特色。

植物种植形式可以分为整形式种植、自然式种植、混合式种植和群落种植等。

（1）整形式种植

包括轴线对称种植、直线种植和花样种植。如图11.11。

（2）自然式种植

种植形式比较自由活泼，根据地形与环境模拟自然景色。其基本形式有随意种植、寄生种植、群植、零散种植等。

（3）混合式种植

介于整形式种植和自然式种植的中间形式，兼具二者的特色。混合式种植包括圆弧形种植、百叶形种植、"之"字形种植以及阿米巴形、折线形等形式。如图11.12。

图11.2 上海地铁四号线西藏南路站，采光好，对光线遮挡比较少，但雨天楼梯湿滑。如图所示，该站正在加盖施工中

图11.3 上海地铁一号线徐家汇站，采光好，对视线和空间影响较小，但雨天湿滑，大家多采用自动扶梯上下

图11.4 上海地铁二号线世纪大道站出口，利用钢架和玻璃的组合塑造出弧形骨架效果，既达到了遮风挡雨的作用，又成为独特的视觉景观

图11.5 上海地铁二号线陆家嘴站出口，利用钢架和玻璃的组合塑造出的盒形地铁入口，解决了遮挡风雨的问题，同时也与周边大量的高技派建筑相协调

图11.6 上海徐家汇港汇广场，地铁入口结合港汇恒隆广场设置，方便商场人流出入

图11.7 上海市人民广场风亭景观，采用独立式设置，风亭地面为抬高了的树阵广场

图11.8 上海地铁二号线静安寺站的风井设计为带音乐喷泉的水池，既美化了环境，同时也使得风井与周围公园、古寺的环境氛围融为

图11.9 上海地铁二号线静安寺站5号出入口，为欧式风格下沉式广场，广场的大小与建筑高度十分协调。景观以花岗岩岩石板硬质景观为主，软质景观

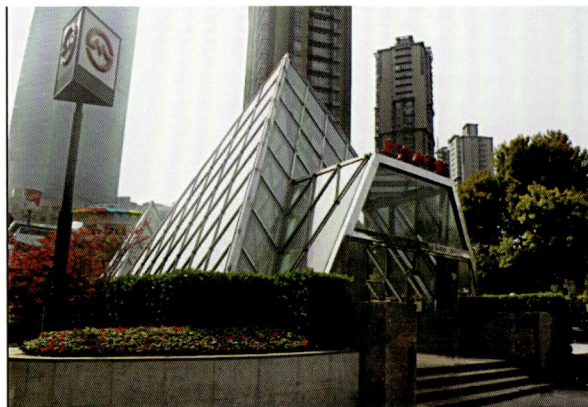

图11.10 上海地铁二号线中山公园站4号出入口，由3个玻璃金字塔组成，配置红枫、小叶女贞以及时令草花和草坪，构成一定的种植层次和色相

图11.11 上海地铁一号线人民广场1号出入口侧面，配置球状红花檵木和修剪整齐的珊瑚树、冬青

图11.12 上海地铁一号线人民广场1号出入口正面，周边植物绿化为小乔木红枫、修剪成球状的灌木红花檵木和修剪整齐的珊瑚树、冬青，结合鲜艳时令草花

图11.13 上海人民广场地铁入口的无障碍通道，使坐轮椅的人与一般人流分开，使用安全方便

图11.14 上海地铁二号线中山公园站4号出入口前方的抽象形式喷水池

图11.15 上海地铁二号线中山公园站4号出入口，地铁标志单独竖立，比较清楚醒目

（4）群落式种植

运用生态学原理进行种植，将一群绿化植物组成生物共同体，参照附近自然生态系统的植物群落进行植物种植。

5.配套设施及小品景观设计

（1）无障碍设施

地铁出入口一方面要求人流能够在高峰时期快速移动，并最大限度地减少不必要的停留时间。同时另一方面，也要为盲人、行动不便者及婴儿车等能在地铁车站相对快速移动提供方便，并尽可能减少与正常人群的相互干扰。如图11.13。

（2）护路设施（护柱、路障、隔离墩）

护柱可以防止车辆进出步行区域，隔离墩可以减少人们认为步行活动受到限制的心理感觉。护路设施可以采用新颖、适用的形式，如坐凳形状的石头，可以兼作凳子用，使其多功能化和景观化。

（3）街道公共设施

街道公共设施是人性化设计和实际应用融为一体的一类重要景观。地铁站出入口常用的街道设施有消防栓、电话亭、地面公交候车亭、交通信号标志牌和告示牌等。如图11.14、图11.15。

（4）公共厕所

公共厕所的配置一般隐蔽在植物或其它景观中，将主体尽量淡化，通过设置指向标志达成它的识别性。

（5）灯光广告

地铁出入口的广告位备受商家的青睐，而灯光广告以其绚丽多彩的直观视觉效果出现在地铁站出入口处。

PART 12

LANDSCAPE DESIGN OF SQUARE & PEDESTRIAN STREET

广场、步行街景观设计

　　城市广场和步行街已成为现代人们集散公共活动的重要空间场地。城市广场起源于古代氏族或部落人们的庆典与祭祀活动，是人们进行供奉、祭祀以及宗教仪式等活动的面积较大的空旷场地。随着人类社会的演进，人类社会进入了高度文明的现代城市时期，城市广场的定义与功能也发生了深刻的变化。

　　步行商业街景观是街道路面、街道设施和周围环境的组合体，包括铺地、标志性景观、建筑立面、橱窗、广告店招、游乐设施、街道小品、街道照明、植物配置和特殊的街头艺术表演等景观要素。步行商业街景观设计就是将所有的景观要素有机和谐地组织在一起。

城市广场的类型与特点

1. 城市广场的内涵

建设部组织编写的《城市规划原理》一书中指出："广场是由于城市功能上的要求而设置的,是供人们活动的空间。城市广场通常是城市居民社会活动的中心,广场上可组织集会、供交通集散、组织居民游览休息、组织商业贸易的交流等。"日本芦原义信在《街道的美学》中则认为:广场是强调城市中由各类建筑围成的城市空间。一个名副其实的广场,在空间构成上应具备4个条件——广场的边界线清晰;具有良好的封闭空间的"阴角";铺装直到广场边界,容易构成图形;周围的建筑具有某种统一和协调,宽和高有良好的比例。美国克莱尔·库柏·马库斯、卡罗琳·佛朗西斯编著的《人性场所——城市开放空间设计原则》一书中指出:"广场是一个主要为硬质铺装的、汽车不得进入的户外公共空间。其主要功能是漫步、闲坐、用餐或观察周围世界。"

总之,广场是以城市历史文化为背景和内容,以城市道路为纽带,由建筑、道路、植物、水体、地形等围合而成,经过艺术加工的功能多样的城市开敞空间。如图12.1所示,是常见的市民广场景观。

2. 城市广场的类型

城市广场大致可以分为以下几种类型。

市政广场 常位于市中心位置,布置在城市主轴线上,结合政府公共建筑设置。如北京天安门广场、莫斯科红场等。由于市政广场多设在市中心区,四周经常布置有政府及其它行政管理、办公建筑,如图书馆、文化宫、博物馆、展览馆等公共建筑。如图12.2天安门广场。

纪念广场 为纪念某个历史性事件或人物而专门设置的广场。广场中心或侧面常以纪念雕塑、纪念碑、纪念物、纪念馆或纪念性建筑物作为标志物。主体标志物一般位于构图中心,如南京雨花台烈士陵园广场、上海英雄纪念塔广场、上海外滩陈毅广场等。如图12.3、图12.4。

图12.1 武汉市武昌区洪山广场为综合性市政广场,包含了较为齐全的各种景观要素,按照不同活动人群划分了若干功能空间

图12.2 天安门广场夜景,广场设在市中心区,布置在北京市主轴线上,四周布置政府及其它行政管理办公建筑

图12.3 上海英雄纪念塔广场,纪念上海在反帝运动、抗日战争和解放战争中为新中国牺牲的英雄志士,雕塑位于构图中心,以超大的巨人尺度突出纪念碑的纪念效果

图12.4 陈毅广场,纪念新中国首任上海市长陈毅。雕像让位于远处的上海市标志——东方明珠,因而陈毅雕像不是位于构图中心,这是个特例

图12.5 上海世纪大道陆家嘴交通广场，位于多条道路交叉口，主要功能是疏导多条道路交汇所产生的不同流向的车流与人流交通

图12.6 上海南站北广场，属于交通集散性广场，主要解决人流的交通集散

图12.7 某城市车站下沉车行交通功能性广场，起到疏导多条道路交汇所产生的不同流向的车流交通

图12.8 日本东京某休闲广场，提供坐憩场所，环境轻松优雅

图12.9 上海新天地休闲广场，为游人提供坐憩、休闲的场所，位于上海特色的石库门民居建筑之中

　　交通广场　为组织城市车行交通和人流的功能性广场。交通广场分两类：一类是交通集散广场，主要解决人流、车流的交通集散。如影剧院、体育场、展览馆前的广场以及交通枢纽站站前广场等。另一类是道路交叉的扩大，疏导多条道路交汇所产生的不同流向的车流与人流交通。如南京新街口交通广场、上海世纪大道陆家嘴交通广场、上海火车站站前广场等。如图12.5~图12.7。

　　休闲广场　市民进行各种休闲活动的广场空间。一般多设置在居住区、居住小区或商业性街坊内。通常面积较小，主要供居民休息、健身锻炼及儿童游戏活动使用。如图12.8、图12.9。

文化广场　以文化内涵为特色的大型活动场地，为市民提供文化娱乐的公共活动空间。文化广场要有明确的主题，形成特色。如图12.10中上海音乐厅文化广场。

宗教广场　结合宗教建筑、建筑群设置的举行各种宗教庆典、集会、游行的广场。宗教广场设计应当表现出宗教文化氛围和宗教建筑美，通常有明显的轴线关系。一般布置在寺庙及祠堂前，广场上设有供宗教、礼仪、祭祀、布道用的平台，景物也往往对称分布，广场上的小品以与宗教相关的饰物为主。如意大利锡耶纳大教堂广场，罗马圣彼得大教堂广场，德国雷根斯堡大教堂广场，拉萨的布达拉宫前广场等。如图12.11。

图12.10　上海音乐厅文化广场，提供文化活动场地，主要由表演台和广场构成

图12.11　布达拉宫前广场，结合布达拉宫设置，整体环境表现出强烈的宗教文化氛围和宗教建筑美，有明显的轴线关系

图12.12 日本东京某商业广场，位于商业中心，为步行商业广场形式

图12.13 上海陆家嘴国金中心商业广场，位于上海陆家嘴商业中心，为下沉式商业广场

图12.14 上海南京东路世纪广场，结合商业步行街设置，为附近商家举行商业表演、展示、促销等活动的场所

图12.15 上海金桥国际商业广场局部夜景，为内院式步行商业街形式

图12.16 某医药中心广场

商业广场 位于商业中心或商业街，没有固定模式。多采用人车分流手段，以步行商业广场和步行商业街的形式为多，也有各种集市露天广场形式。如日本东京某商业广场、上海陆家嘴国金中心商业广场、上海南京路世纪广场、上海金桥国际商业广场等。

除此之外，城市广场还可以按照场地形态分为规则型、不规则型及混合型等；按照立面层次、形态分为平面型、空中立体型、地面下沉型；按照广场主要景观要素可分为建筑广场、雕塑广场、水景广场、绿化广场等。如图12.12~图12.16。

3. 城市广场的特点

现代城市广场一般具有以下共性。

性质上的公共性 广场与街道是城市最主要的两种公共空间。广场上设置了各种象征性元素，是城市文化展示的舞台和向群众展示公平正义的场所。广场作为城市重大活动的公共地点，一直是铭记政治与社会变革的一块浮雕。如图12.17。

功能上的综合性 广场具有良好的功能综合性和相应的景观综合性。城市广场及其展示的文化氛围是城市文明建设的一个缩影。现代城市广场是一个城市的会客厅，可以集中体现城市的风貌特色、文化内涵和景观特色，可大大增强城市本身的内聚力和对外吸引力。

空间场所上的多样性 城市广场空间构成的物质要素和精神要素是衡量广场空间的两个指标。物质要素决定了城市广场空间的形态、空间的划分、高差的变化、空间的构成方式及特点等等。精神要素是一种内涵的隐性要素，但能够被市民真实地感知到，并以其特有的方式影响着广场空间和空间中的各种活动。如图12.18。

文化休闲性 文化休闲广场是城市的宴会厅，集中展示一个城市的品味、特色、灵性、活力；对于市民来说，文化休闲广场又是文化交流、休闲等活动的场所。如图12.19。

图12.17 上海市人民广场，结合上海市政府大楼设置，水池中心底面为上海市地图，是上海政治中心的象征

图12.18 上海浦东区政府广场，广场空间的构成和分区包含了物质要素和精神要素两个方面

图12.19 上海文化广场景观，展示出上海作为国际化大都市的高品位、特色、灵性和活力

城市广场景观设计

1. 城市广场设计的原则

（1）系统性原则

城市广场设计要遵循系统性原则，结合广场性质，运用适当的处理手法，将周围建筑环境融入广场环境之中。

与建筑环境完美结合的典范是卢浮宫广场中心的玻璃金字塔。在解决与传统建筑的协调与统一问题上，建筑师没有采取仿造传统的办法，而是在广场上设计了显眼但并不突兀的玻璃质地的金字塔。这样既解决了功能上的采光问题，又美艳绝伦。玻璃金字塔有如一颗体量巨大的钻石镶嵌在广场上，不但没有破坏卢浮宫原有的建筑艺术形式，而且增添了卢浮宫广场的整体性和魅力。如图12.20。

（2）完整性原则

广场空间应该和城市的其它空间构成完整的体系，以利于居民户外活动空间的均好性、历史景观的保护等。

（3）尺度适配原则

广场的比例和尺度要与城市广场的性质、规模相协调一致。就广场宽度而言，一般介于周围建筑1倍高度与2倍高度之间比较合适；同时，广场内部的踏步、石阶、栏杆、人行道等内容，也要符合人与交通工具的相应尺度，方便使用。

（4）生态性原则

生态性原则就是要遵循自然生态系统的客观规律。城市广场建设中应尽量避免单调机械的植物配置模式，采用大片栽植、多层次、多树种搭配更能体现植物景观的群体效果和有利于生态景观的多样性和稳定性。

（5）人性化原则

城市广场的设计首先要充分考虑人的需求，最大限度地体现以人为本的本质使用功能。城市广场的设计应充分体现对"人"的关怀，通过合理的设施和交通配置，实现广场的"可达性"和"可留性"。

（6）步行为主的原则

以组织参观、游览、交往及休息为广场主要活动内容，结合广场性质不设或少设车流，形成随意、轻松的内部交通组织，尽可能使人们的行动不受机动交通的干扰，从而在广场空间随意的游走中可以拥有欣赏广场景观及交往的机会。

图12.20 法国巴黎卢浮宫广场

（7）文化性原则

城市广场等具有一定历史的城市环境，浓缩了地区的历史、文化和社会特征，积淀了居民的情感和记忆。广场设计中要注重文化性原则，具体而言包括两点：一是要继承和传播传统文化，挖掘地方特色；二是引入和拓展现代健康文化，创造新的城市文化。

（8）特色性原则

城市广场的特色包括两个方面：社会特色和自然特色。

首先，城市广场设计应突出地方社会特色，即人文特性和历史特性。广场设计应延续城市本身的历史文脉，适应地方风情和民俗文化。避免千城一面、似曾相识之感，从而增强广场的凝聚力和旅游吸引力。

其次，广场设计还应突出地方自然特色，即适应当地的地形、地貌和气温、气候等。例如在北方城市，广场比较强调日照，而南方城市的广场则更强调遮阳。一些专家倡导的南方建设"大树广场"便是一个生动的例子。如图12.21、图12.22。

2. 城市广场空间设计

广场空间的布局要与广场性质、广场上的建筑和设施规模相协调，应有主从、大小的变化，有开合、节奏的组合。同时还要考虑动、静空间组织，把单一空间变为多样性空间。充分利用近景、中景、远景等不同层次的景观，把一览无余的广场景色转变为层层引导、开合多变的广场景色，形成连续的景观。

广场空间不同的围合方式会给人们不同的空间体验。四个角都构成阴角空间的广场可大大提高广场内部空间的封闭性，而四个角形成缺口的广场则会削弱其空间的封闭性。实际设计中，可开合并用，开中有合、合中有开，使广场上既有较开阔、适于集会等活动的区域，也有较幽静、适于休息谈心的场所。

（1）四面和三面围合的广场

四面和三面围合的广场围合感强，能使人产生安全感，是最传统的、最多见的广场布局形式。采用这种布局形式时，广场周围的建筑在风格、色彩上要统一，同时又有主次、高低变化，从而形成丰富的天际曲线。如图12.23~图12.26。

图12.21 上海滩广场，设于上海奉贤海湾海滨，突出上海海滨的地域特色，也反映了该地濒临海洋的地理位置

图12.22 武昌首义广场，武汉素有火炉之称，广场及周边种植有大树，夏季有很好的遮阳效果

图12.23 凤凰古城广场，由于历史原因形成，为四面围合广场，有完整的空间围合感，是古城人举办节庆活动和集会的主要场所

图12.24 杭州某小区广场，采用三面围合，有较好的空间容积感，内向性强

图12.25 乌鲁木齐大巴扎商业广场，为两面围合广场，空间有良好的延伸感

图12.26 新疆维吾尔自治区博物馆门前广场，为一面围合广场，目标突出，视野开阔，为集散功能广场

图12.27 上海音乐厅广场的行列式种植，用于长条地带，常作为隔离、遮挡之用，规则式种植易于创造气势恢宏、整齐肃穆的氛围

图12.28 上海音乐厅广场集团式种植，比行列式略显自然

（2）两面围合和一面围合的广场

两面围合和一面围合的广场可以结合周边建筑设置，同时借助于环境以及远处的景观要素，有效地扩大城市广场的空间延伸感和枢纽作用。如图12.25~图12.27。

3. 城市广场植物景观设计

城市广场植物景观种植多以规则式为主，但也不能过于单调，缺少变化。主要有以下4种基本形式。

（1）行列式种植

行列式种植属于整形式种植方式，多用于长条形地带，常作为隔离、遮挡或作背景之用。如图12.27所示。

（2）集团式种植

集团式种植也是一种整形式，为避免成排种植的单调感，常用几种树组成一个树丛，有规律地排列在一定地段上。如图12.28。

(3) 自然式种植

植物种植不受统一的株行距限制，而是模仿自然界植物生长的无序性布置。自然式种植可以因地制宜地进行植物配植，手法灵活机动，并可以较为容易地解决植株与地下管线的矛盾。如图12.29、图12.30。

(4) 花坛式种植

花坛式种植是用各种景观植物，尤其是花灌木、地被等组成各种图案，是最适合于广场环境的种植形式之一。花坛占地总面积通常以不超过广场面积的1/3为宜，色彩、图案华丽一些的可以相对小些，简单的体量需要大一点。如图12.31。

图12.29 南京中山门外广场，因地制宜地进行植物配植，灵活机动，既突出了主景又展示了绿色的植物空间

图12.30 上海人民广场自然式种植，模仿自然界花木生长的无序性布置，巧妙地解决了植株与地下设施的矛盾

图12.31 拉萨牦牛广场的花坛式种植，华丽而简洁

步行商业街景观设计

1. 步行商业街的发展

(1) 国外步行商业街的发展概况

步行商业街的产生始于1927年。当时的德国埃森市由于商业街空间狭小、交通混乱等城市病，政府在林贝克大街（Limbecker Street）采取了封闭汽车交通的措施，禁止机动车通行。1930年，林贝克大街建成为林荫大街，商业发展获得巨大成功，成为了现代步行街的雏形和学习的先驱。

在德国埃森市林贝克步行商业街建成之后的20世纪50年代到60年代，欧、美的一些国家也相继设计建造了一批步行商业街区，其中不乏有创造性和有特色的设计。20世纪50年代起，美国也开始建设步行商业街。弗雷斯诺市首先建成步行商业街，以后步行街的形式就被美国许多城市竞相效仿。

20世纪60年代以后，由于私人小汽车呈井喷式增长，欧、美诸国城市都面临严重的城市问题：交通混乱、空气污染、环境质量下降；特色丧失等等。为了诊治这些城市病，社会学家及城市规划师们从早期的步行街的发展中找到药方，步行商业街成为复兴城市衰败区的良策，各国相继开始了建设步行商业街的热潮。

（2）我国步行商业街的发展概况

我国步行商业街的发展历史悠久，可以上溯到传统的庙会集市，但是典型的步行商业街建设则是始于20世纪初的北京东安市场。从20世纪80年代初开始，我国一些城市的中心区和居住区、点中心，也出现过步行商业街的类同体。近年来，国家对杂乱的商业环境进行了强有力的整改和规范，加之受国外城市规划、城市设计等设计思潮的影响，导致了传统步行商业街的建设热潮，出现了不少恢复、改建和新建的步行商业街。

典型案例有：哈尔滨中央大街步行街，于1996年8月开始改造、建设，工程于1997年6月1日竣工，建设成为完全步行商业街。1998年，北京王府井步行商业街开始整治改造，建成后日均客流量达30万人次以上，当时国庆期间甚至达到80万人次，商店营业额大幅增长，步行街环境获得普遍好评。1999年，上海南京东路步行商业街进行改造，重塑和强化了"中华第一街"的形象，成为集旅游、购物、休闲于一体的综合功能商业街，促进了上海中央商务区的完善。

苏州观前街，从1999年3月动工，于1999年10月建成。建设后成为具有浓郁地方特色的购物、餐饮、休闲和旅游中心，融商业、文化、宗教于一体，人流如织，长盛不衰。80年代初，南京市人民政府也开始恢复夫子庙地区的传统风貌，建成了集文化、旅游和商业为一体的步行商业区。

（3）上海、南京、苏州步行商业街的发展经验小结

上海、南京、苏州新建和改建了一定数量的步行商业街，在促进城市经济繁荣的同时，也为城市居民改善购物环境，提高生活质量。如表12.1。建设详情如图12.32~图12.35。

表12.1　上海、南京、苏州主要步行商业街一览表

城市	商业步行街名称	建设年代	设计定位
上海	南京东路商业步行街	1998	集餐饮、购物、休闲、旅游为一体的上海标志性地段，保持中华商业第一街的美誉
	城隍庙商业街	1993	成为上海唯一集园林、寺庙、商城为一体，融购物、旅游、餐饮、娱乐为一体的旅游购物中心，是上海著名的商业步行街之一
	新天地步行街	1998	以上海独特的石库门建筑旧区为基础，改造成具有国际水平的餐饮、商业、娱乐、文化的休闲步行街
	吴江路步行街	2001	集地铁交通、购物休闲、旅游观光和广场文化为一体，备受上海人瞩目的一条特色休闲街
南京	新街口步行街	2003	规模领先、功能完备、舒适便捷、环境宜人、开放扩张、内涵丰富的现代性、民众性、文化型、国际型、示范型的中华经典商圈
	夫子庙步行街（区）	1986	既体现古都的环境特色和传统文化特征，形成自身相对完整的传统公共活动中心，又使之成为现代城市的一个有机组成部分，逐步形成具有多功能和浓郁传统气息的文化、娱乐、商业及游览中心
	湖南路狮子桥美食一条街	2000	著名美食步行街
	"1912"步行街	2003	浓缩了南京的城市人文精华和历史发展风采，并能引领时尚的城市客厅
苏州	观前街步行街	1999	具有浓郁地方特色的融商业、文化、宗教、旅游为一体的城市中心区
	石路步行街	2003	集游、购、娱、吃、住、行于一体的高品位的商贸旅游经济带的黄金地段。充分发挥其城市副中心聚集和辐射功能，最终形成 "哑铃状" 城市贸易布局
	南浩街步行街	1998	以平民消费为主，以吴地特色为主
	新区商业街	2001	一条充满着日式风格的集餐饮、休闲于一体的商业街

上海、南京、苏州步行商业街建设取得了许多成功的经验，为今后我国城市步行商业街的建设提供了可资借鉴的依据。总结三座城市各个步行商业街的建设，其成功之处如下。

从设计发展来看，三座城市的步行街设计多数都在保持传统风貌的前提条件下进行，设计中挖掘和延续了步行街地方文化特征。例如，南京新街口步行商业街的建筑也具有一定历史，如中央商场在民国时就已存在。苏州观前街沿街建筑风格多样，玄妙观三清殿更是南宋时期的建筑，主要建筑风格是以典型的江南水乡为主，具有浓郁的苏州地方特色。这些历史性建筑或街区的保护使得步行商业街具有了丰富内涵和强劲生命力，是设计上的成功之处。如图12.36~图12.38。

图12.32 上海南京路步行街街景

图12.33 上海新天地街景

图12.34 苏州观前街街景

图12.35 苏州石路步行街景观

图12.36 上海南京东路步行街沿街历史建筑众多，由于历史的原因形成了一定的随机性、原创性和丰富性，集中体现了所谓的海派文化的精华

图12.37 南京新街口商业街，规模领先、功能完备、舒适便捷、环境宜人、开放扩张、内涵丰富的现代性、民众性、文化型、国际型、示范型的中华经典

图12.38 南京湖南路步行街，小吃文化丰富，舒适便捷、环境宜人

图12.39 南京东路步行街，利用植物分隔出相对独立的休闲空间，比用栏杆或铁丝围栏亲切、自然得多

从设计思想方面来看，步行商业街设计在符合相应自然条件的同时，还要挖掘一些地域本身所具有的历史文化，考虑所处城市的文脉关系，创造出以人为本的优美、舒适、健康的商业步行环境。

在设计特点方面，设计师首先对形成步行商业街的特色界面进行设计，在材质、色彩、尺度等方面综合考虑，然后对围合步行商业街的建筑立面以及两侧店铺广告等第二立面做重点设计，形成风格鲜明、视觉效果良好和可识别性强的步行商业街空间。

2. 步行商业街景观设计

（1）步行商业街景观设计的目标

步行商业街景观设计的目标是为人们提供步行、休息、聚会、社交的场所，增进人际间的交流和地域认同感。促进城市、社区经济繁荣，并使建筑环境更富有人情味。减少空气、视觉和嗅觉的污染，减轻汽车对环境所产生的压力，减少交通事故等。

（2）步行商业街植物景观的功能

实用功能，步行商业街的植物造景具有遮阳、降温、降噪、滞尘、增湿、净化空气等作用。合理运用植物，还可以有效地分割空间。比如，可用绿篱或花灌木形成障碍性屏障，使行人无法逾越限定的范围，这样要比简单地用铁丝围栏或栏杆亲切、自然得多，也使人易于接受；设置下沉式花园以改变地坪高度，使人不易跨越；也可用植物设计成象征性图形符号，再结合文字补充，进行心理暗示和引导。如图12.39。

审美功能　步行商业街植物造景融合了自然美、社会美和艺术美，满足了人们的审美需要。对于一些有碍观瞻的景观，可以利用植物加以遮掩；如果步行街上有喷泉、雕塑和凉棚等，也可用植物材料加以烘托或点缀，使之更加富有自然气息。而将植物造景和餐饮相结合，并对植物进行别出心裁的造型设计，则可成为步行街景观的又一特有格调。如图12.40、图12.41。

调控功能　绿色植物景观可以使人的中枢神经系统放轻松，起到心理镇静作用，并对人的全身起调节作用。有研究表明，经常处在优美、安静的绿色环境中，能使人皮肤温度降低1~2℃，脉搏1min减少4~8次，呼吸慢而均匀，血流减缓，心脏负担减轻。此外，花的颜色和花香对人的身心健康也是有影响的。如浅蓝色的鲜花对发高烧的病人具镇静作用，绿色的花叶能吸收阳光中紫外线，减少对眼睛的刺激，红色的鲜花能增加病人的食欲，茉莉花的芬香能使人消除疲劳等。

经济功能　舒适的步行商业街植物造景，将使步行商业街更具吸引力，聚集更多人气，增加客流量，提高其商业营业额，从而使步行商业街更具价值。由此，将吸引更多的开发商、地产商、餐饮、娱乐、服务行业、品牌专卖店，以及金融机构等的入驻，进而促进城市的商业繁荣和经济兴旺。如图12.42、图12.43。

（3）步行商业街景观设计要点

具有时代特征　与现代、繁华、信息化的街面建筑相适应的商业街环境亦应体现高技术、明确情感色彩的商业场所精神，与经济和时代相互交融为一体。在景观设计中，花坛、座凳、树池等小品采用的造型、色彩、材料都要与两侧建筑相协调，体现出强烈的时代气息。

传统文化的保护与延续　许多步行商业街都规划在历史传统街道中。那些久负盛名的老店，古色古香的古代传统建筑，犹如一卷历史长卷，会使步行商业街增色生辉。在这些地段设计步行商业街时，尤其要注意保护原有风貌。如：南京夫子庙步行街、狮子桥步行街、天津古文化街等都属于这种性质。因为具有文化的历史街区既是历史的载体，又具有文化特性，所以需要重点保护其原有真实性。对一些历史文化建筑、名木古树、大树都要进行充分而全面的保护。

完善的环境设施　环境设施的完善配置，可为现代商业步行街创造良好的步行环境。在绿化空间可巧妙

图12.40 南京东路步行街雕塑，富有浓烈的生活气息，常常吸引人来与之合影

图12.41 新天地商业街物境与人文相结合的景观，融合了艺术美和社会美

图12.42 成都宽窄巷子亲切自然的商业街景观设计，吸引了大量游客

图12.43 上海新天地亲近自然的商业街景观设计，良好的休闲环境让新天地游客如织

图12.44 苏州商业步行街的植物选择，以乔木为主，灌木和草花为辅，并注意不同色叶树种的搭配，丰富植物种类和景观色彩变化

图12.45 南京商业步行街，环境设施的完善配置，可为现代商业步行街创造良好的步行环境，在绿化空间可巧妙地布置电话亭、垃圾箱、路灯、花坛、休息座椅、标志牌、自动贩卖机、公共厕所等，既满足功能要求又美化了环境

地布置电话亭、垃圾箱、路灯、花坛、休息座椅、标志牌、自动贩卖机、公共厕所等，既满足功能要求，也不影响景观效果。

步行商业街的"见缝插绿" 为了提高步行商业街及周边的绿地面积和绿色三维量，在景观设计中应采取"见缝插绿"的做法，以增加步行商业街的绿地率和绿化覆盖率，改善生态环境。

进行垂直绿化，在环境用地条件允许的地方，可用爬山虎、紫藤、金银花、地锦、藤本月季等藤本植物，沿墙面、石壁攀爬。

阳台、窗台绿化，在步行街建筑的外伸阳台和窗台上种植藤本、花卉或摆设盆景，好像绿色垂帘和花瓶一样装饰了门窗，使和谐、优美的大自然景观渗入室内，增添了内外环境的生气和美感。

在步行街的商业建筑屋顶上，应尽可能建造屋顶花园，以优美的园林植物景观和精巧的亭廊、花架、假山、喷泉、水池等园林构筑物和雕塑小品，构成美丽的空中花园。并可与咖啡厅、儿童游憩园相结合，从而提高步行商业街的经营面积和文化品位。

雕塑设计 商业步行街道及广场中设置画龙点睛式的主题式雕塑，可大大提高步行街的文化品位和特色。

景观植物的选择 城市商业步行街的植物选择应以高大乔木为主，灌木和草花为辅；乡土树种为主，并适当配以外来优良树种。注意不同色叶树种的搭配，丰富植物种类和景观色彩变化。

在树种选择时，应按照适地适树原则，并根据当地气候、自然条件和地方文脉，选择易栽种、成活率高、叶阔、绿量大、树冠大的树种。见图12.44~图12.48所示。

图12.46 南京狮子桥步行街，既具有历史街区的载体，又具有文化特性，为人们提供步行、休息、聚会、社交的场所，增进人际间的交流和地域认同感

图12.47 宁波步行街道的花台树池、桌凳、雕塑设置多样，艺术主题突出，经济和时代相互交融为一体，大大提高了步行街的文化品位和特色

图12.48 深圳步行街根据当地气候、自然条件和地方文脉，选择易栽种、成活率高、占地空间小的单干树种

PART 13

LANDSCAPE DESIGN OF URBAN BUS
STATION AND PARKING LOT

城市公交车站及停车场景观设计

城市公交站、停车场的美丽景观形象作为一种视觉符
号，向人们展现着城市的魅力、品位和风姿。城市公交车站
作为城市公共交通中的一种枢纽，是城市客运交通系统中的
关键节点，功能是保证居民出行顺利并实现中转换乘，以提
高整个交通系统的综合运输效率。

城市公交车站的分类

1. 公交车站的形式分类

（1）开放式车站

开放式车站是配合公交车专用通道的设站区域，给乘客提供必要的候车空间，没有任何进出车站的管制措施，属于车站的初级形态。

（2）封闭式车站

封闭式车站为缩减公交车在车站的停留时间，采用各种相关措施，如：实行车站进出管制，站点设置收费设施，节省车上收费的时间；候车站台高度要与车辆地板齐平，方便乘客上下车，节省上下车时间；配合车辆停靠车站定位，引导乘客在相对应车门的位置候车，提高上下车效率，并提供乘客实时的信息服务等。

2. 公交车停靠站的停靠位置分类

公交车的停靠位置主要有以下3种，见图13.1所示。

（1）近端车站

在公交车进入交叉路口之前的相邻区域内设置停靠车站为近端车站，路缘式停车以近端停车为主。

（2）远端车站

在公交车通过交叉路口后的相邻区域内设置停靠站为远端车站。这种停靠方式适合左转巴士路线为主和多条道路交汇一处的交叉路口。

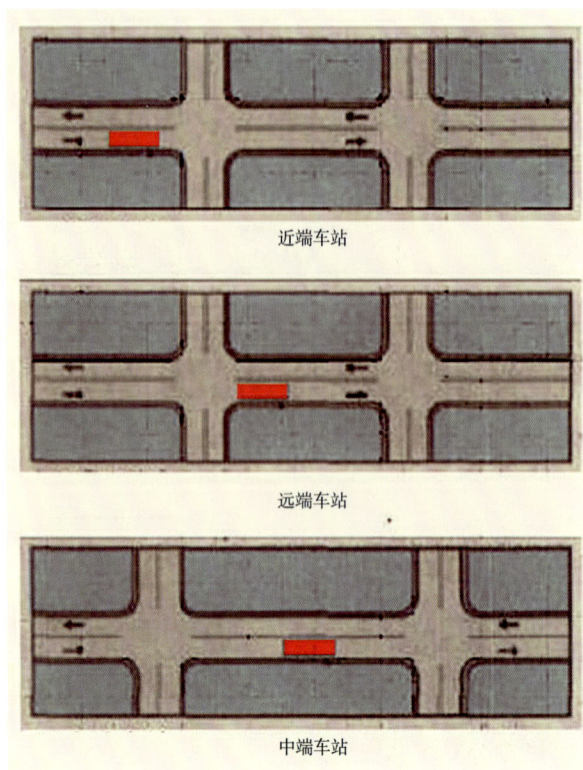

图13.1 公交车停靠位置的三种设置

（3）中端车站

在两个道路交叉口之间的中央位置设置的停靠车站。中端车站的优点是不受信号灯的影响，干扰较少，缺点是会给乘车者增加寻站步行距离。

城市公交车站停靠方式及设置

1. 城市公交车站的停靠方式

（1）港湾式停靠

港湾式停靠站是指在公交车停靠站处将道路拓宽，将公交车停靠位置设置在正常行驶的机动车道之外。公交车驶入停车港湾区需有一定距离的减速区，其长宽比不得小于5∶1，相应地，公交车驶出停车港湾区也需有一定距离的加速区，其车道长宽比不得小于3∶1。

（2）路缘式停靠

利用车道外缘停靠公交车，以便乘客上下车。这类车站的设置便于公交车即停即走。由于它占用公共交通线路，会对公共交通造成一定的影响。在单一巴士专用道（无超车道）上的情况下，每辆巴士都需待前面的巴士驶离后才可驶出，每增加一个停车位需保持1.5m的净距。如果是有超车道的巴士车站，每个停车位的车辆都可以单独驶入驶出，2个停车位之间需有长宽比不得小于5∶1的间距。

2.公交车站的设置

（1）主要客流集散点

在巴士快速交通线路沿途所经过的主要客流集散点上设置停靠站，这样便于更有效率的疏散客流，减少客流的拥堵。

（2）有利于停靠和通行

停靠站需要占用一定的交通空间，因此在选择停靠位置时，一定要先考察是否具备设置停车站点条件，否则会给交通增加压力。

（3）距离交叉路口的距离

在道路交叉口附近设置停靠车站时，一般要远离交叉口50m以上，在交通流量大的主干道上宜设在交叉口100m以外。

（4）叉位设站

在路段上设置停靠站时，上行、下行对称的站点应该在道路平面上错开设置，即叉位设站。其错开距离应不小于50m。在主干道快车道宽度在22m以上时，也可以不错开，但如果路旁绿带较宽，则应该采用港湾式停靠。

（5）车站间距

合理选择车站间距，一般为800~1000m，市中心区的站距应取下限值，城市边缘地区和郊区的站距应取上限值。较小城市的中心车站间距也可设为500~700m。车站间距设置较长可以提高巴士的平均运输速度，减少乘客因停车造成的不适，但会增大乘客从出行起点(终点)到达车站的步行距离，带来换乘出行的不便。

城市公交车站景观设计

1.城市公交车站景观设计

（1）城市公交车站的布局

公交车站这一富有活力的城市节点，是人们在城市空间中定向、识别甚至找到归属感的重要场所。所以公交车站形象的设计要从细节上体现生活化和人情味，而不应是不切实际地哗众取宠和奢华繁琐。车站空间设计常采取"候车廊、休闲区、观赏区、指示区"等模块设计相互组合，体现人与环境的和谐关系。

（2）城市公交站的视觉识别与信息化景观设计

全球城市的同一化使得城市景观识别性差而缺乏亲和力。为缓解这一矛盾，城市公交车站形象识别应赋予城市个性的特征，使之区别于其它城市。

城市公交站的视觉识别系统设计应从理念、地理条件、人文精神、行为意识、视觉、听觉等方面综合考虑以建立该城市独特的识别系统，打造城市的特色景观。见图13.2。

（3）城市公交车站的地方文化特色景观设计

公交车站作应该起到展示城市文化、彰显城市个性的重要作用。例如苏州公交车站的设计，采用苏州原有的园林和建筑特色打造了一张特殊的城市名片，很具有地方文化特色。其公交车站的设计采用亭、台、轩、榭的建筑符号组合布局，灵活运用花墙和廊

子，使其结构上显得层次丰富、景致幽深，体现了苏州园林充满自然之趣的艺术美。如图13.3。

（4）城市公交车站的地域特色景观设计

全球化的冲击对本土的地域性特征是一个重大挑战。不同的地域决定公交候车亭的建造上有不同的需求：北方气候干燥而寒冷，因而候车亭建筑材料应多采用具有温暖质感的塑料等非金属材料，色彩上采用地域色彩，或鲜艳醒目的色彩，以改善冬季中漫长、单调的色彩；南方温热多雨，选择材料时重点要注意防潮防腐，所以在材料上可多运用塑料制品，还有不锈钢材料，色彩以亮色调为主。如福建厦门是我国东南一个美丽的小岛，城市风貌中没有北京的庄严肃穆，也没有大上海的繁华与风情。它根植于独特的地理位置，感受着海洋文化与闽南文化的双重熏陶，以优雅的滨海城市形象示人。在厦门公交车站设计中，以独特的造型隐喻渔船、海浪、帆船、桅杆、吊索。这些元素隐含在设计之中，表现出流动之美与力量之美。将厦门这种海岛印象物化为活生生的实体，成为了设计的主题，如图13.4。

（5）城市公交车站的人性化设计

城市公交车站是为城市普通居民的生活而设的，更应强调以人为本，满足人们的基本使用要求和对生活情趣的追求。

构思巧妙的公交车站，既能方便人们的功能使用，又能为城市营造一片休闲意境，让身处城市中的

图13.2 某城市公交车站的商业广告传递出的喜庆气息

图13.3 苏州市公交站台，具有强烈的园林色彩，体现了苏州的传统文化

图13.4 厦门快速公交站台，以独特的造型隐喻渔船、海浪、帆船等

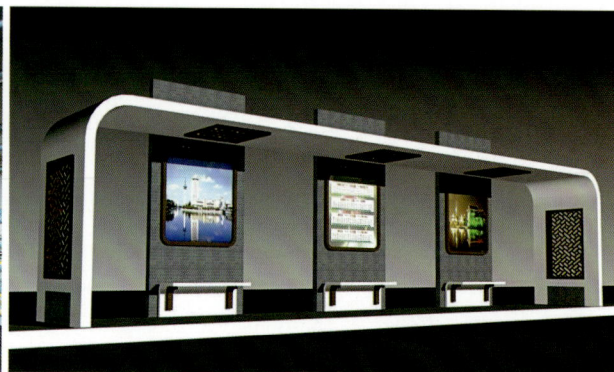

图13.5 厦门快速公交站台设计，充分考虑功能的综合性
资料来源：www.nipic.comshow41024834291k35ccfe02.html
设计者：毛亦军；时间：2011.7.10

人们身心愉悦。具体而言，公交车站的设计应着重从科技性、功能性两个方面表现人性化设计的原则。

符合人体工程学和行为科学。细节设计要符合不同人体尺寸，以满足不同功能需求。此外布置的位置、方式、数量也应考虑人们的行为心理需求。

功能综合化。公交车站不再仅仅是单一功能，而是日益追求其综合效能。相关设施应该兼具使用与观赏功能，使人、环境、自然更为和谐统一。如图13.5。

2. 公交车停靠站站牌景观设计

城市公交站牌承担着城市公共导向的功能，同时它又具有宣传城市文化，延续城市历史文脉，改善城市形象的功能。城市公交站牌可以多种形式全方位展示城市的历史文化，向外来人员宣传城市的历史。树立良好的城市形象，从面培养市民对城市的归属感和认同感。

（1）公交站牌标准及要素分析

我国在2008年发布了城市公共交通标志第3部分：公共汽电车牌和路牌GB/T 5845.3-2008。其中规定城市

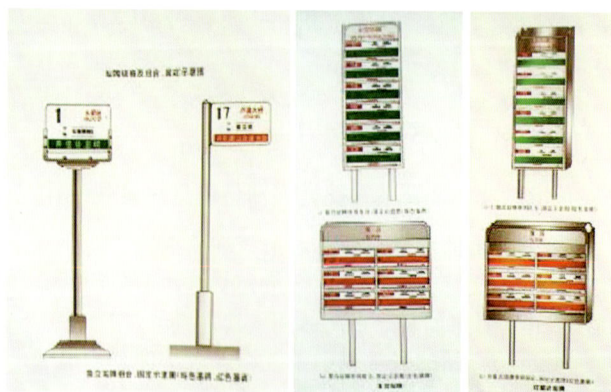

图13.6 国标对于公交站牌的要求
资料来源：GB/T 5845.3-2008。

公共交通站牌的标准如下。

城市公交站牌是由独立站牌、单元站牌、集合站牌、电子站牌、公交旅游站牌、临时站牌6个部分组成。与其相关的扩展信息是：站牌可包含运营企业标识、站牌附近简要地图等信息（具体内容略）。如图13.6，是标准中的站牌示意图。

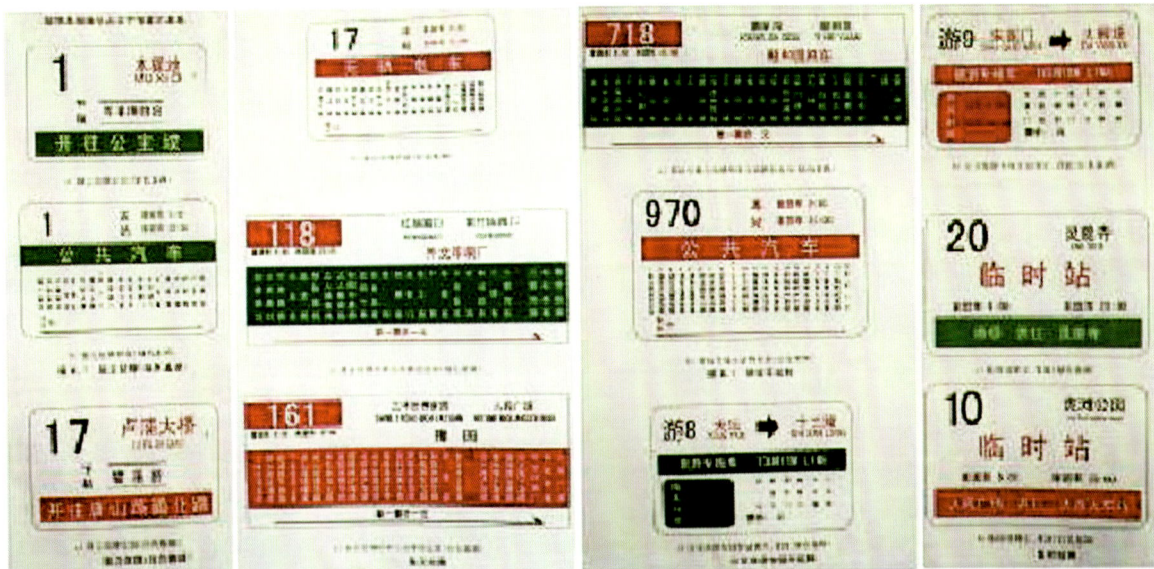

图**13.7** 国标关于站牌版面的规定
资料来源：GB/T 5845.3–2008。

根据国标规定，一套完整的公交站牌系统涉及色彩、图形、字体、版式、形状、材质，牌子的高度、工艺以及整个系统的分布等诸要素。

（2）对公交站牌系统的颜色的要求

颜色具有十分强大的情感传递力和视觉冲击力，在设计中成为首要考虑的元素。GB/T 5845.3–2008中规定："公交站牌牌面颜色总数不应超过4种；站牌牌面各种颜色的搭配不应影响色盲和色弱者对文字和图形的辨认。站牌的底板色为白色，集合站牌顶牌的底板色为白色或金属色正面；电子站牌的显示颜色宜为红色或橘黄色。"

（3）对公交站牌系统的版面文字的要求

文字的规范性确保了导向信息内容瞬间传达的准确性。GB/T 5845.3–2008中规定："各种站牌牌面中的汉字、数字、汉语拼音字母和英文字母，分别用仿宋和粗等线体；采用国家正式公布的简化字和中国地名汉语拼音拼写规则，字体应该端正清晰、排列整齐、均匀；站牌的最小文字尺寸不应该小于$10mm \times 10mm$；少数民族治地区宜采用汉字、汉语拼音和当地少数民族文字标注站名。"

（4）对公交站牌的版面图形的要求

图形符号的使用可以让人们直接地从图形表中迅速获取信息。GB/T 5845.3–2008中对公共交通站牌的版面图形和制作的标准进行了相应规定，如图13.7。同时还规定"公交旅游专线车站牌、临时站牌的正面和反面的文字、图形均应一致"。

（5）对公交站牌的材料的要求

公交站牌应该选择保存长久型的，最好采用耐久性好的材料，这样才能适应户外天气、光照的变化。与此同时，还应该注意人为因素的破坏，比如暴力行为、交通违章、公民素质不高等因素。GB/T 5845.3–2008中规定："独立站牌、集合站牌的顶牌和单元站牌应采用金属薄板；灯箱站牌骨架宜采用不锈钢型材，面板应采用安全环保的透光材料。"如图13.7。

（6）对公交站牌的显示方式和辨认距离的要求

GB/T 5845.3–2008中规定："灯箱站牌文字、图形和底纹应有较强的对比度并且灯箱照度不低于300lx；电子站牌宜采用LED点阵发光显示，并且显示的亮度不应该低于$40cd/m^2$。站牌版面的主要信息要求拥有正常或矫正1.0视力的人在白天辨认距离不应小于2m。"

3. 公交车站牌系统设计的原则

（1）地域文化特征与导向设计相结合

在城市公交站牌系统设计中加入历史文化元素，不仅能增强导向系统的识别性，同时还能很好地提升城市的整体形象，传播渲染城市的文化氛围。设计公交站牌系统时，要从城市的历史文脉入手，通过设计寻求城市精神文化上的沟通媒介，寻找不同时代之间的联系和延续性。在保证实用功能的前提下，装饰风格等元素都要尽可能与周围特定的文化环境相协调。如图13.8。

（2）强化视觉规范与导向系统

公共交通站牌提供一个站点的交通信息，除了必须标明站台所在的位置、站点名称外，还应当考虑标注相关的定位、定向信息。

运用色彩管理是公交站牌导向系统设计中界定不同线路、车次的好帮手。也就是说，车次的站牌颜色与车次车体颜色和标识颜色采用同一颜色，这样有利于公众远距离识别和辨认公交车次，从而方便乘车者在较远的视线范围判断即将到站的公交车次，进而为登车做准备。如图13.9。

图13.8 长沙公交站台，极具长沙传统文化特色

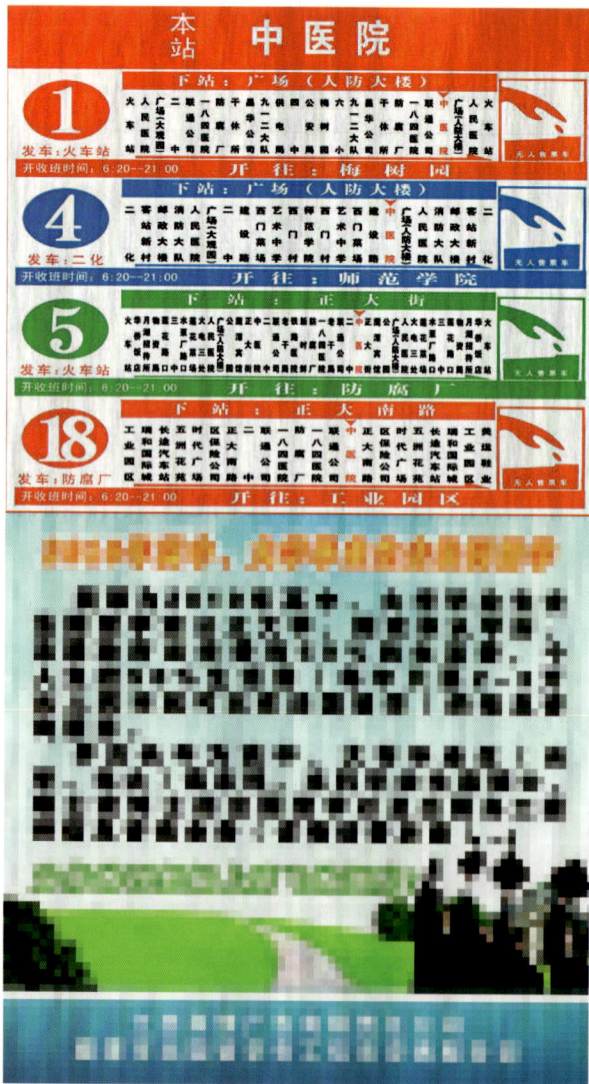

图13.9 江西鹰潭市某公交站牌，车次的站牌颜色与车次车体颜色和标识颜色采用同一颜色，方便识别

（3）科技材料与设计艺术相结合

当前我国城市设计的导向指示牌，平面图文大部分采用的是写真喷绘、钢化玻璃、木质、不锈钢、搪瓷、镀锡钢板等材料等表面材料，都是当前较好的材料。

公交站牌的材料应该首先符合强度和刚性的力学特性要求；其次要符合耐热、耐电、耐寒、耐光、耐磁等要求；最后还要符合防腐要求。同时，在实际运用中与其它种类的材料相比，选用的材料还应具有成本低、加工方便等优点。公交站牌的材料应该选择透明且抗外力强，安全环保的透光材料。如图13.10。

（4）人文关怀与导向设计相结合

"人性化"是设计无法摆脱的永恒主题。确定人的视觉范围，才能确保公交站牌设置的合理性。并通过运用视觉语言，设计规范而醒目的导向系统，从而为大众营造出一个简洁、易懂和美观的导向系统。人性的关怀还要更多地关注某些特殊与特定人群的特殊需要，比如对待一些弱势群体如老年人、残疾人，站牌设计应该体现更多的人文关怀和温情。

（5）新媒体技术与站牌设计相结合

计算机技术的发展使得"运动"的信息成为可能。比如车站、医院、机场、地铁、银行等地方都设有电子显示屏提供交通信息。单位信息被一个中心信息源所控制，这种可以随时变化的信息的优点是其承载的信息量更大，同时也是一种对听觉障碍者、弱势者及正常人都很有效果的科学技术。这样也保证了夜间公交站牌的可读性，解决了目前夜间公交站牌不易识别的困难。如图13.11。有了高科技的材料还要与相应的艺术设计匹配起来，这样在功能性提高的前提下，才能营造比较融洽的环境。

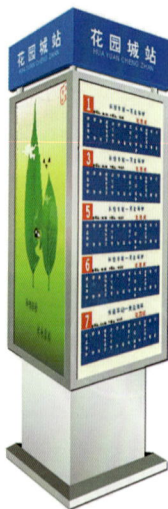

图13.10 江西鹰潭某公交站牌，采用了不锈钢、玻璃等材料，美观耐用

图13.11 上海浦东某智能公交站亭系统，集成移动电视、可视电话和站牌功能

停车场景观设计

1. 停车场景观概述

停车场是指集中停放车辆的场所。随着机动车拥有总量的不断增长，需要分出更大的面积给停车场、停车库。交通用地、绿化用地、建筑用地之间的矛盾日趋突出。兼具停车场和景观美化功能的生态停车场，凭借其生态效益、景观效益和社会效益成为现代停车场发展的大势所趋。

在美国，地面停车场和立体停车库基本是同步发展建设。从1980年起，美国很多城市的露天停车场的面积已经占到了市区总面积的30%~40%。城市中心区除了建设停车场地，建设重点是通过政策、法规、管理办法来严格控制停车供给量和车辆进入量。目前，美国的大多数城市已经开始致力于建设风景式停车库，追求交通、生态、景观等多方面功能的满足。

在德国，停车场的绿化规划已经纳入到城市整体规划中，停车场的绿地面积已经计入城市绿地面积，参与城市绿地率的计算。德国最主要的停车场地不是单独设置停车场或车库，而是路侧停车区域。为了充分利用空间，除了一些流量大、路面狭窄的交通要道，城市大部分道路两侧都可以停车；交通管理部门按交通流量情况，分时间和地段规划"限时"和"不限时"停车带，有白天收费停车区、夜晚免费停车区和全天免费停车区等停车带。

在日本，东京等几个主要城市的人口密度甚至高于我国的北京、上海、广州和深圳，其人均汽车拥有率比较高。此外，日本不但土地面积极其有限，而且城市居住人口也非常集中。因此，大城市不管是在城市规划之初，还是在后续的旧城改造，都把停车场地的规划建设放在第一位，车辆处于相对有序的管理状态。

我国直到20世纪80年代中期才开始关注城市中心停车问题，但是建设成果显著，至今已取得巨大成功。近年来，我国各特大城市、大城市的停车场(库)普遍向空中和地下发展，利用建筑物屋顶平台或底层设置停车场或修建多层车库、地下车库。多层车库按车辆进库就位的情况可分坡道式和机械化车库两类。坡道式停车场又分直坡道式、螺旋坡道式、错层式、斜坡楼板式等；机械化车库则采用电梯上下运送车辆。同时，国内各大、中、小城市根据国家生态和低碳发展建设的理念又产生了生态停车场，这是目前我国停车场建设的一大趋势。

2007年，北京市在阜成门内大街建成国内首个"绿色停车场"，开始在停车场地种植乔木以遮阳、改善环境。

2007年，杭州萧山建成潘水生态停车场，为当时国内最大的生态停车场。停车场占地约1.18hm²，设停车位100多个。该停车场地表铺设了生态植草砖，中间有树木间隔。整个停车场按块状划分，车位之间种植较大乔木相隔，夏季可为车辆遮阳，绿化覆盖率超过50%。

截至2008年年底，上海市建成的生态停车场总面积已近6hm²。如闵行热带风暴停车场、青浦OUTLETS停车场、上海展览中心停车场、闵行朗润园小区停车场等等，通过增加绿化隔离带、种植遮阳乔木、停车位地坪采用透气透水材料、增加棚架式绿色遮阳棚架等方式，取得了显著成效。2009年，上海将生态停车场的建设纳入上海市环保的三年行动计划，并在世博园区和其周围区域先行，选择新建或改造大型露天停车场作为示范，每年按计划、有指标推进。

2. 目前我国停车场的主要问题

虽然我国的停车场发展很快，已经大规模铺开建设，但是目前仍然只能算是起步阶段，还面临各种各样的问题有待解决。主要有以下几点。

（1）混乱停车，安全隐患多

据英国交通规划的相关研究表明，路侧停车将会使道路的通行能力下降约10%~20%，在完全城市化的地区，道路的通行能力甚至可能被降低20%~30%。由于路侧停车影响到行人、驾驶员的视线而导致的交通事故比重较高，约占交通事故总数的4%左右。而在我国，城市内混乱停车现象很严重，以北京、成都等最为突出，中西部地区不少中小城市的混乱停车现象也很严重。如图13.12。

图13.12 北京路边乱停车现象造成大量拥堵，安全隐患多

（2）仅考虑到停车要求、生态效益考虑不足

我国绝大多数城市的停车场大多是露天的，缺少环保节能功能。多采用混凝土或沥青作停车地坪，因此夏天时炙热难挡，长时间的日光暴晒下使车内温度可达50°以上。露天停车场的地面白天吸收了大量的热量，到了晚上再释放出来，更加加重了城市的"热岛效应"。如图13.13。

（3）景观杂乱，影响城市面貌

选点和布局不当的停车场地甚至会破坏城市景观。由此而引起的停车场地的分布不均，不合理的停车现象如非法停放、占路停放、侵占绿地和休憩用地等都会造成城市景观的混乱不堪。如图13.14。

图13.13 北京站毫无绿化的水泥停车场，无环保节能功能

图13.14 上海博物馆前广场沦为停车场，且管理混乱，影响了城市景观

图13.15 美国洛杉矶某停车场，选择了海滨空旷之地棕榈科树木高耸入天，体现了城市地方特色
资料来源：http://www.quanjing.com/imginfo/217541446.html。

图13.16 上海浦东机场停车场利用高架下空间，节约了土地

（4）汽车尾气聚集、环境污染严重

汽车尾气中含有多达150~200种不同的化合物，其中对人危害最大的有一氧化碳、氮氧化合物、铅的化合物、碳氧化合物及颗粒物。不可小觑的是，尾气颗粒物中还含有强致癌物苯并芘，对婴幼儿危害很大。

3. 机动车停车场设置

① 停车场(库)的设置应符合城市规划和交通管理的规定和要求，便于存放。

② 各种车辆的停车场（库）应分开设置，专用停车场（库）紧靠使用单位；公用停车场（库）宜均衡分布。客运车站、飞机场、体育场、游乐场等大型公共活动场所的停车场（库），应根据主体建筑物出入口的分布进行布置，以利于车辆、人员迅速疏散。

③ 停车场（库）出入口的位置应避开交通主干道和道路交叉口，出口和入口应分开，不得已合用时，其宽度最小应不小于7m。

④ 停车场（库）内的交通路线必须明确、合理，宜采用单向行驶路线，避免交叉。

4. 停车场景观设计

（1）少占地多占天

少占地多占天是指停车位绿化少占地多占天的布置，有助于提高绿化覆盖率，有利于改善停车场生态环境。这种设计尤其适用于土地面积紧张的城市中心场地，是见缝插针的设计思路。设计效果和选择的植物品种有关，甚至可能形成一个地方的特色。如图13.15为美国洛杉矶某停车场，棕榈科树木高耸入天，特色顿现。图13.16也体现了这一原则。

（2）功能优先

停车场的绿地分布要以不影响车辆正常停靠、通行为原则，包括车位旁的绿地，车位末端的绿地，两排停车位之间的绿地，回车广场、分隔带、行道树等的绿地，以及场地边缘的保护绿地等。停车场周边应尽量种植高大荫浓的乔木，宜有隔离防护绿带；在停车场内，结合停车间隔带种植高大庇荫乔木。停车场种植的庇荫乔木可选择该城市的行道树种。树木枝下高度必须满足停车位净高度的规定：小型汽车为2.5m；中型汽车为3.5m；载货汽车为4.5m，且不宜布置花卉。地面停车场内乔木等种植池内径应大于或等于1.5m×1.5m，种植池挡土墙高度应大于0.2m，并设置相应的保护措施。残疾人停车车位的一侧，应设宽度不小于1.2m的轮椅通道，使乘轮椅者可以从轮椅通道直接进入人行通道到达建筑入口。

（3）停车位设计

与道路垂直的停车位，有以下形式。每个车位两旁均设计绿地。如果每个车位两侧绿地都种植大乔木，则株距为4m，经过3~5年的生长效果最好，但乔木树冠互相交错，缺乏继续生长的空间。如果每个车位一边绿地种植大乔木，另一边绿地种植小乔木、灌木或地被，则乔木株距为7~7.5m，每辆车均可享受到乔木的遮阳，景观生态性能好，景观视觉效果也稳定。此种设计土地利用率相对较低，适合用地较充足的地方。

每2辆车旁设计绿地，每个绿地均种植高大乔木、灌木及地被；乔木株距为6.5m，每辆车均可享受到乔木的树荫，景观生态性能好，但土地利用率仍然较低。

每3辆车旁设计绿地，每个绿地均种植大乔木、灌木及地被根据需要而定；乔木株距为9m，3辆车中2辆车可享受到乔木的遮阳，另1辆车在早晚可享受到乔木的遮阳，而正午时分几乎难以享受到树荫，景观生态性能较好，土地利用率较前者略高。

每4辆车旁设计绿地，每个绿地均种植大乔木，灌木及地被根据需要定；则乔木株距为11.5m，4辆车中2辆车可享受到乔木的树荫，另2辆车或早或晚，也有少量树遮阳，景观生态性能中等，土地利用率较前者高。

连续4辆车以上设计车旁绿地，车旁绿地中种植的大乔木几乎无法为连排的车位服务，此时需要通过在两排车位之间及车位末端种植乔木来为车辆遮阳。如图13.17~图13.20。

图13.17 以绿地分割每个停车位，每辆车均有树荫，景观生态性能好

图13.18 车位末端种植乔木，连续4辆车以上设计车旁绿地

图13.19 每2辆车旁设计绿地，绿地上种植高大乔木和灌木及地被，每辆车均可享受到乔木的树荫

图13.20 每3辆车旁设计绿地，在绿地上种植大乔木和灌木地被，其中2辆车可享受到乔木的遮阳，另1辆车在早晚也可享受到乔木的遮阳效果

图13.21 上海南站停车场，用地紧张，在车位之间绿带中种植大乔木尤为必要

图13.22 与道路垂直或成角度斜向的停车位

图13.23 杭州瘦西湖万花园停车场，要满足车辆转弯时视距对树木高度的限制

（4）与道路平行的停车位

与道路平行的停车位，多数是道路边缘的临时停车位，在土地缺乏的居住小区也时有出现。这种停车方式最佳的绿化办法是配合街道行道树，在"大树下面乘凉"；车位宽度为2~2.2m、长度6~7.5m，在每个车位末端种植乔木，株距为7.5~9m，是比较理想的乔木株距，对人行道的行人通行也有利。

（5）两排车位之间的绿地设计

两排车位之间的绿地。考虑大乔木的树冠一般为4~6m，兼顾植物的种植与生长需要，绿带宽以1.5~2m为佳，这样树荫可覆盖车辆的前半部，占地也不大。

当用地紧张，无法在车位两侧布置绿地，遮阳问题无法满足需要，在两排车位之间的绿带中种植大乔木就显得十分必要。注意此时所植低矮草带尤显重要，因为绿带宽可达3~3.5m，对乔木生长极为有利。如图13.20。

在用地条件允许的情况下，绿带宽度也应控制在9m以内，这样可以种植2排乔木。由于占地较大，这样的布置往往相隔几排车位才出现一次。

如果是双排乔木，绿带乔木之间可兼做人行道，保证停车人安全。如图13.21。

（6）与道路垂直或成角度斜向的停车位

在土地面积允许的条件下，采用间隔3~4辆车设置车旁绿地，并在多排车位之间设置车后带状绿地。在用地紧张的条件下，建议结合停车场周围的保护绿地、道路、边界，设置车后带状绿地，种植乔灌木。如图13.22。

（7）与道路平行的停车位

在土地面积允许的条件下，建议沿停车位设置条状行道树绿地，种植乔灌木。在用地紧张条件下，建议尽量能布置行道树树池，利用行道树之间空地为车辆遮阳。

（8）回车岛、行道树、停车位末端的绿地设计

这些地方的种植必须考虑停车场车辆行驶要求，例如车辆转弯时视距对树木高度的限制，行道树株距与车速的关系等。如图13.23。

（9）立体绿化设计

立体绿化的停车场是为了增加立体绿化，提高绿化覆盖率。因地制宜采用荫棚、拉网、悬挑等各种形式，种植藤本、攀缘植物，减少阳光直射、美化顶面和背景，加大绿色三维量。攀缘植物要常绿、落叶搭配，保持不同季节绿量，植物品种不宜过多，以1~3种为宜。遮阳要保证棚下车辆高度要求。采用棚架式的停车位，要考虑柱距不能影响车辆进出，要尽量减少前排柱位，一般用于较宽敞的地方。采用车辆背后悬挑绿化时，车辆进出虽方便，但遮阳面较小，适用于较紧凑的地方，如图13.24。

（10）周围环境的绿化

周围环境的绿化，应尽可能立体化；用乔木、灌木、地被组成稳定的群落，即使在停车场用地极为紧张，内部绿地稀缺的情况下，四周绿化关系到对城市环境、生态、景观诸多问题的影响，也必须给予优先保证。如图13.25。

（11）利用野郊林地作为停车场

为减少对自然环境破坏，在郊野农村可利用山麓坡地建设林中停车场。如图13.26、图13.27。

图13.24 棚架式停车位，种植攀缘植物，减少阳光直射、美化顶面和背景

图13.25 上海复地停车场与周围景观融合的绿化景观

图13.26 澳大利亚郊野林地停车场
资料来源：http://www.nipic.com/show/1/73/e3813bbf922ad83b.html。

图13.27 天台山郊野林地停车场

PART 14

PLANTATION LANDSCAPE DESIGN OF DRIVEWAY AND EXPRESSWAY

公路及高速公路绿化景观设计

公路是联系城镇乡村及风景区、旅游胜地等的交通网。公路绿化景观包含公路沿线及互通式立交区、服务区等景观，也就是公路用地范围内的绿化景观；高速公路是具有中央分车绿带，多条双向单行车道，立体交叉，安全设施完备，专供车辆80~120km/h快速行驶的现代公路。高速公路的绿化景观是在车道出入口、中央隔离带、路肩、边坡和路旁安全地带进行绿化的景观，高速公路绿化也就是指高速公路用地范围内的绿化景观。

公路绿化景观设计

随着我国交通业的迅猛发展，公路线路里程与行车质量的提高，公路的使用频率越来越高，在公路上出行的人、车越来越多，出行人在享受安全舒适的乘车的同时，还希望能欣赏到赏心悦目的沿途景观。公路上行驶的汽车噪音、振动、尾气排放，夏天路面的吸热与辐射，也会对自然环境造成污染。一般公路是不穿越集镇的，通常不设计分车绿带，在公路用地范围内，其绿化带由路肩绿带、边坡绿带和防护林带所组成。普通公路绿化设计应注重考虑道路沿线的地形、地貌、环境气候、水文和立地条件、植被、周边环境等因素。

1. 公路绿化景观设计原则

（1）因路制宜

一般道路所处地理位置、环境条件特点不同，有的距居民区较远，有的穿越过农田、山林，不具有城市内复杂的地上、地下管网和建筑物的影响，人为的损伤也较少，便于绿化与管理。其设计要因路制宜，宜林地则植树造林，宜草地则种草，应因路制宜地采取规则式、自然式或两者相结合的形式进行设计。公路绿化景观与城市绿化景观有着密切的联系，因此它具有通向引导的作用。公路绿化景观设计不仅要结合道路的功能需要，还要因地制宜和山水景致、田园风光相结合，它对于建设生态环境、生态农业等方面都有重要的意义。

（2）乡土风情

公路绿化景观要根据当地的历史文化的资源、市场的需要、生态系统、生态农业和生态林业的特点，在树种选择和景观配置等方面创造地方特色，展示当地的历史文化的特色。公路绿化树种的配植须采用当地耐旱、耐瘠薄、抗病虫害能力强、易成活的当地乡土树木、花草种类，体现本土自然风格，才能体现乡土风情。公路绿化景观不仅要缓解因修建公路给沿线及周边带来的各种影响，还应尽可能地结合防护工程进行绿化设计，保护自然环境，提高沿线景观质量。

（3）立体绿化

普通公路绿化景观设计要实行树、花、草立体绿化，种、管、养相互结合，达到乔、灌、花、草相映衬，绿化、美化、净化相结合，既可丰富公路沿线景观，又便于养护管理，提高公路绿化景观效果。见图14.1所示。

图14.1 该公路利用了乡土树种，乔木、灌木、草花相结合，进行立体绿化，提高公路绿化景观效果

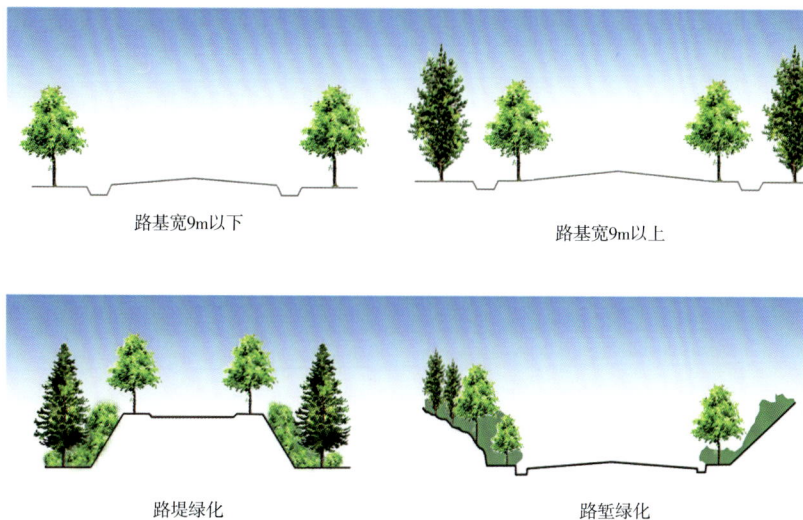

路基宽9m以下　　　　路基宽9m以上

路堤绿化　　　　路堑绿化

图14.2 公路绿化景观设计示意图

图14.3 路堑式的公路悬铃木绿化景观

图14.4 乡村公路路面宽度在9m以上，选了落叶树杨树和常绿树蜀桧，采用对称的手法进行绿化的景观

图14.5 水网地区乡村道路旁，采用水杉绿化的秋季景观

2. 公路绿化景观设计

公路的路段所处位置的条件不同、类型变化多样，例如通过山地的路段会形成路堑式路段；通过低凹地区便形成路堤式路段。路肩宽度往往也有不同，宽路肩可达3~5m；窄路肩1m左右。

公路绿化树种的选择，首先应适地适树，以乡土树种为主，注意乔灌木树种相结合，常绿树与落叶树相结合。其二，因公路的线很长，为了加强景色变化，防止病虫害蔓延，树种选择要多样，富于变化。一般间距2~3km之间更换一次树种，调换树种起始位置，要结合路段环境。其三，选择当地的既有观赏性，又有经济价值的树木。例如选用杨树、槐树、榆树、榉树、柳树、栾树、七叶树、香樟、核桃、乌桕、花楸等等。

由于公路路段所处位置的条件不同，路肩宽度往往也有不同。应根据公路等级、路面宽度，决定路肩的绿化带宽度及树木种植位置。

路面宽度在9m或9m以下时，不宜在路肩上种树木，要在道路的边沟之外，距外缘0.5m处植树。路面在9m以上时，可种在路肩上，或在距路边沟内缘0.5m处种植，以免树木生长的地下部分破坏路基。一般是采用对称设计的手法进行绿化景观设计，使两侧路肩绿化带和边沟绿带植物配置相互协调。

进行绿化设计时，结合普通公路特点，参照城市道路绿化手法，也要乔、灌、草结合，常绿植物与落叶植物结合，经济植物与观赏植物结合，速生树与慢生树相结合，卫生防护林与防风林等相结合，形成绿色林带景观，达到少占农田、三季有花、四季常青、经济效益、社会效益、生态效益和观赏效益俱佳的目的，见图14.2~图14.5所示。

157

公路边坡绿化与防护路段绿化应相互结合，公路建设在当今社会已经成为国家经济发展的一个强大推动力。而随着公路建设规模的不断扩大，对生态系统的影响也日益显现。公路修建会造成不同程度的裸露边坡，若不及时进行边坡绿化，轻则造成水土流失，重则出现山体滑坡以及塌方等恶劣地质灾害。特别是在山区，其特殊的地理类型使得开挖、填方等工程在公路修建过程中更为普遍，因此如何做好公路边坡的植被恢复，实现公路交通的可持续发展，已经成为一个刻不容缓的问题。

一般公路的边坡与防护路段景观绿化要少占耕地，与农田防护林、护渠林、护堤林、郊区的卫生防护林相结合。要求在2~3km长的地段或根据地形的变化适当变换树种，实行乔木灌木相结合。为了丰富公路景观的变化，防止病虫害的发生或蔓延，公路绿化应与其所通过的乡村、河流、湖泊、森林、果园、田园风光等相结合，保持其绿化的连续性和景观的通透性，有利于乘客的观光和欣赏。见图14.6~图14.8所示。

普通公路平交路口的形式有"十"字交叉和"T"字交叉等形式。交叉形成的弯道绿化，参照前述城市道路交叉口绿化设计，处理好安全视距问题。普通公路与乡村主要生产道路平交叉路口很多，车流量相对少，交叉弯道半径小，这里是不安全地带，在绿化景观设计时应给予高度重视，对每一个交叉口都应栽植低矮的不影响驾驶人员视线的标志性植物。另外，在桥梁、涵洞等构筑物旁5m以内不得种大树，以防影响桥涵的使用功能。见图14.9所示。

图14.6 路堑式路段的边坡与防护路段实行乔木灌木林相结合，形成了丰富的森林防护景观

图14.7 平原沙漠沿海地区公路的边坡与防护路段绿化，以柽柳为主，与农田防护林相结合的景观

图14.8 一般挖方公路的边坡防护路段绿化景观

图14.9 普通公路的平交叉路口，车流量相对少，交叉弯道半径小，在绿化景观设计时应栽植低矮的植物，不影响驾驶人员视线

图14.10 高速公路隧道的出入口路段两旁的绿化景观，采用了柏木作为骨干树种，形成了常绿特色标志，引起汽车驾驶人员注意，便于加速或减速及车辆的驶出或驶入

图14.11 平原地区高速公路收费站出入口景观，应用了常绿树林作为标志性景观，便于汽车驾驶人员注意，便于加速或减速及车辆的驶出或驶入

图14.12 某高速公路进入风景区出入口路段，因地制宜地应用了景观树木，并设置了象征性的出入口景观形成了特色标志，双向行驶，引起汽车驾驶人员注意，便于加速或减速及车辆的驶出或驶入

高速公路绿化景观设计

随着城市现代化和城市道路建设的突飞猛进，我国高速道路的绿化景观为了适应新的功能要求，不断地创新发展提高，出现了很多绿化带宽阔、层次丰富、林荫夹道、景观多样、行车通畅的现代化高速道路。但是在高速公路绿化景观的规划、出入口绿化景观设计、分车绿带的景观设计、路肩、边坡绿化景观设计、防护林带景观设计、互通式立交区绿化景观设计、服务区绿化景观设计等方面还需要关注。

1. 高速公路绿化景观规划

首先，高速公路的绿化景观规划设计要求因地制宜，因路制宜，经济稳定，功能高效，景观优美的指导原则。科学合理地规划，才能使公路人文景观与自然景观相互协调。

其次，高速公路的绿化景观规划设计的总面积应达到路域面积的30%~50%，也就是绿化规划面积要占路域面积30%以上才能达到基本要求。高速公路各个组成部分对绿化的要求则有所不同，因此要区别对待。在有条件的情况下，路两旁的绿化带植物配植宽度应在20m以上。采用乔、灌、复层混交的绿带景观最好。

再者，高速公路的树木配植要忌讳长距离笔直地栽植，以免驾驶员感到单调而易疲劳，在保证交通安全的前提下，线路的平面设计曲折流畅。当行车左转右拐时，前方可以时时出现优美的景观，以达到车移景异的效果。

还有，高速公路绿化景观是动态景观，要求绿化色彩花纹简洁明快、层次分明，与周围环境协调一致，使旅客具有"人在车中坐，车在画中行"的良好感觉。

2. 美丽高速公路绿化景观设计

（1）高速公路出入口绿化景观设计

高速公路出入口是汽车出入或收费的地方，特别是高速公路隧道的出入门路段路旁的树木，应配置不同的常绿树作为骨干树种，形成特色标志，引起汽车驾驶人员注意，便于加速或减速及车辆的驶出或驶入。见图14.10~图14.12所示。

（2）分车绿带景观设计

高速公路分车绿带是指上下行车行道之间的绿化带。它的主要功能是隔离上下行车辆分道行驶，减轻车辆高速行驶时造成的眩晕和夜间车辆行驶时产生的眩光。分车绿带景观主要目的是按不同的行驶方向分隔车道，防止车灯眩光干扰，减轻对方车辆接近时司机心理上的危险感，或因行车而引起的精神疲劳，保证车辆高速行驶时的安全。另外，还有引导视线和改善景观的作

用。在设计手法上突出简洁、大方，多采用大色块，避免繁杂。

分车绿带景观设计一般以常绿灌木的规则式整体设计为主，有时配合落叶花灌木的自由式设计，地表一般用矮草覆盖。在增强交通功能并维持持久稳定方面，选择时应重点考虑耐尾气污染、生长健壮、慢生、耐修剪的灌木。它可使路容美观，还可诱导路线方向，防止对面来车眩光照射，对行车安全起到综合的效果。见图14.13~图14.17所示。

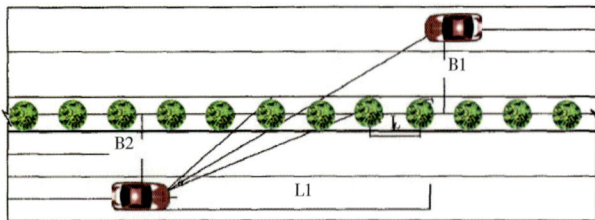

图14.13 分车绿带景观是按不同的行驶方向分隔车道，防止车灯眩光干扰的示意图，它减轻对方车辆接近时司机心理上的危险感，或因行车而引起的精神疲劳，保证车辆高速行驶时的安全；另外，还有引导视线和改善景观的作用

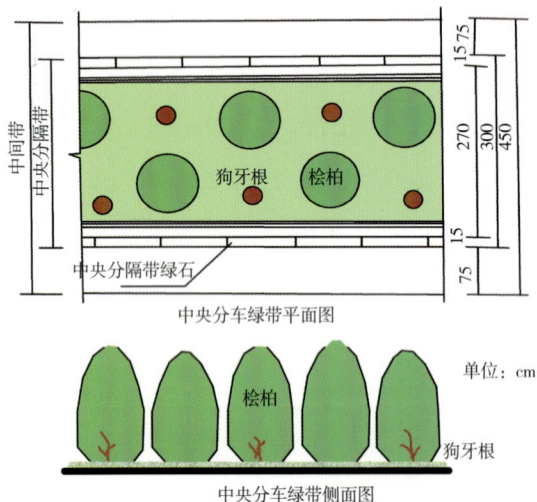

图14.14 高速公路分车绿带与边坡绿化景观设计示意图

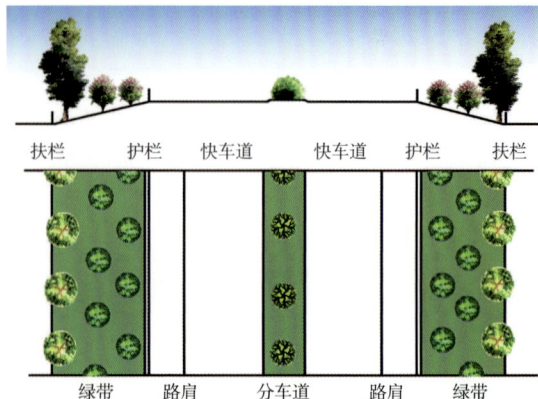

图14.15 高速公路中央分车绿带绿化景观设计图

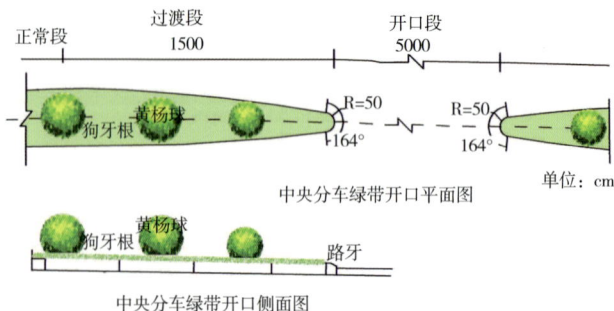

图14.16 高速公路中央分车绿带开口处端头绿化景观设计图

图14.17 高速公路中央分绿带的绿化景观

国内外高速公路分车绿带的宽度都不相一致，窄者仅1m，宽的可达10m。在分车绿带上的植物配植除考虑到增添路景外，首先要满足交通安全的要求，不能妨碍司机及行人的视线。一般窄的分隔绿带上仅种低矮的灌木及草坪，随着宽度的增加，分车绿带上可适当种植较高的乔木。分车绿带宽度为4.5m以上时，其中可种植花灌木、草皮、绿篱和矮的整形常绿树，并通过不同标准段的树种替换，消除司机的视觉疲劳及旅客心理的单调感；较宽的分车绿带可以种植一些自然树丛，但不宜种成行的乔木，以免影响高速行进中司机的视线。为了保证安全，高速公路一般不许行人横向穿过。为了保证绿色植物的生长，在分车带内还应装设自动或遥控装置的喷灌或滴灌设施。

分车绿带的植物首先应选择四季常绿、生长缓慢、低矮、耐修剪、抗旱、抗寒、抗病虫害、耐污染的灌木。在我国北方常用的有蜀桧、千头柏、洒金柏、龙柏、大叶黄杨、瓜子黄杨、小叶女贞、金叶女贞等；在南方的分车绿带可选择夹竹槐、杜鹃、黄榕、九里香、米兰、剑兰、万年青等，将它们植株密集，修剪得体。另外，以常绿树种为主，在重点路段可适当栽植花灌木，如紫薇、榆叶梅、丁香、蔷薇、红帽子月季等，显得整齐美观，挺拔美丽，其下种植结缕草、野牛草等耐粗放管理的植被，以期达到防眩、景观、绿色覆盖为一体的效果。有的路段可用盆栽摆设其中，这样可免除用水浇灌下渗后软化路基破坏路面。盆栽的树木在需要时还可抽换，以求景观多变。分车绿带的地面可以种植草坪，以增加路域内的绿化面积，且可防止雨水冲刷地面泥土，保持路面洁净。

分车绿带的植物配植模式可采用全遮光绿篱式、半遮光散植式、图案式、平植式等。

全遮光绿篱式，采用单行密植，或双行三角状（品字型）疏植等。

半遮光散植式，采用纵向单行等距配植的方式；团簇状等距离配植的方式；连续等株距的配置方式等，其特点是通透性能好，绿化形式灵活，对防眩技术要求高，投资小。根据以上特点结合道路的特殊地段灵活使用。

图案式，是将灌木或绿篱修剪成几何图形，在平面和立面上适当变化，可形成优美的绿化景观效果。缺点是其遮光效果不佳，若处理不当，多变的形式会过于吸引司机的注意力，而且增加管理工作量。

平植式，当分车绿带较窄时或在管理受限的路段，可以用植物满铺密植，并修剪成形，这种形式常见于中央分隔带的开口处。

在具体的高速公路中央分隔带的设计中，可以结合道路线型及具体周边环境，综合应用这几种形式，将整体形式的点状植物与绿篱式、图案式、平植式种植组合，产生丰富多变的景观效果。另外，高速公路中央分

隔带的防眩设计很重要，对于植物间距在目前国内有许多计算方法。但总的原则都是根据车灯扩散角，所采用树木冠幅和单株间距三者之间的函数关系计算而得。

$$D = 2r / \sin \theta$$

式中

D ——株距；

$2r$ ——冠幅；

θ ——车灯扩散角。

一般的汽车灯扩散角为20°，则2r与D之间的关系可见表14.1。由表中可知，防眩植物的株距不应大于防眩植物冠幅的5倍。这种种植方式对防眩植物的选择要求是常绿、树形整齐、生长缓慢、不需经常修剪的松柏类植物。

防眩树木的冠径，一般为0.5m以上。为了不遮挡驾驶人员的视线，高度在150cm左右，球形树种植株距需在1m以上。为了增加分隔带的景观，每隔一定距离可以增加不同造型的植物，如紫薇等，以便达到渲染和调节枯燥乏味的行车环境的目的。分车绿带以防眩光和诱导功能为主，注意减少养护工作量；除城市进出口外，减少花灌木的种植，并附以地被覆盖，宜绿则绿，避免土面裸露。因分车绿带绿化景观为高速、动态的景观，种植形式的变换以15km左右为宜。设计的苗木规格和种植间距及树冠形状应保证防眩的效果。见图14.18~图14.21所示。

表14.1 株间距与冠幅

株间距（D）cm	树木冠幅（2r）cm	备注
200	40	
300	60	
400	80	
500	100	
600	120	高速公路标准的尺度

注：引自新田伸三《栽植的理论和技术》。

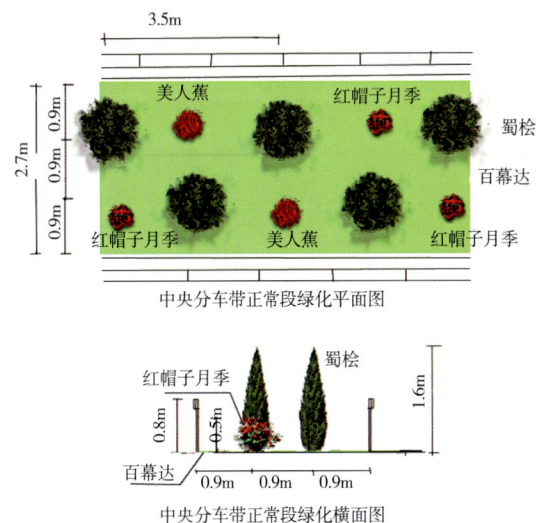

中央分车带正常段绿化平面图

中央分车带正常段绿化横面图

图14.18 高速公路中央分车绿带绿化景观设计图

图14.19 平原地区高速公路中央分车绿带景观鸟瞰图

图14.20 丘陵山地高速公路中央分车绿带景观

图14.21 城市郊区高速公路中央分车绿带景观

（3）路肩、边坡绿化景观设计

高速公路的路肩和边坡绿化景观设计应掌握安全、美观、经济、适用的原则。高速公路两侧要求设有3.5m以上的路肩，以供出故障的车停放使用。在路肩的外侧和边坡上种植树木、花卉和绿篱，称为边坡绿化景观。边坡种植大的乔木时，要距路面有足够的距离，不应使树木的光影投射到车道上。在树木光影不影响行车的情况下，可采用乔灌结合，形成高郁闭、绿量大、改善生态环境的植物景观。特别是路两旁会遇到令人不愉快的场地，如墓地、垃圾场等，可通过种植不同的树木，如湿地松、圆柏、海桐等形成一道绿色屏障，来改善公路两侧景观。高速公路的边坡绿化地被适宜栽植多年生耐旱、耐瘠薄的草本植物，例如狗牙根、结缕草、野牛草等，并配置一些适应性强的低矮灌木等。边坡绿化设计类型有挖方型、填方型、特殊路段型、景观设计型等。

挖方型绿化景观设计，又称路堑边坡绿化，由于道路横切山脚，对原来地貌及植被破坏较大，有些地方由于施工需要，还形成了大面积的岩石及砂土裸露区，所以挖方区迅速恢复植被是绿化的重点。在坡的下方或

第一级平台上，可用砖石砌成种植池，栽植攀缘植物、花灌木及垂挂植物。由于挖方路段的石质边坡土壤和水分少，一般采用垂直绿化材料加以覆盖，恢复绿量，增加美感。在路堑的基部，沿碎落的平台可用砖石砌成花槽，内植常绿树及花灌木，形成多层次空间立体绿化，以减少路堑构造物的压迫感和粗糙感，形成景致效果，恢复自然环境；在路堑的顶部，选用根系发达的植物材料，以减少水土流失，并与原有山体环境达成一致。挖方型路段常用的绿化有喷播绿化方式、沟穴绿化方式、垂直绿化方式等。

在岩石裸露区，可采用机械喷播绿化的方式，即使用机械设备，将植物的种子和养分、保水剂、有机黏结剂混合于水中，再用高压喷射于岩石裸露的坡面上进行绿化。但是，50°以上的坡面，年降水量在500mm以下的地区绿化的成功率低。

在北方干旱地区，多采用人工沟穴，即在坡面上开挖一定密度的种植穴（10cm×10cm×50cm）或条形沟（10cm×15cm×15cm），加入营养土，直播红豆草、黑麦草、早熟禾、雀麦、紫羊茅、剪股颖、高羊茅等种子或栽植地被小灌木。见图14.22~图14.25所示。

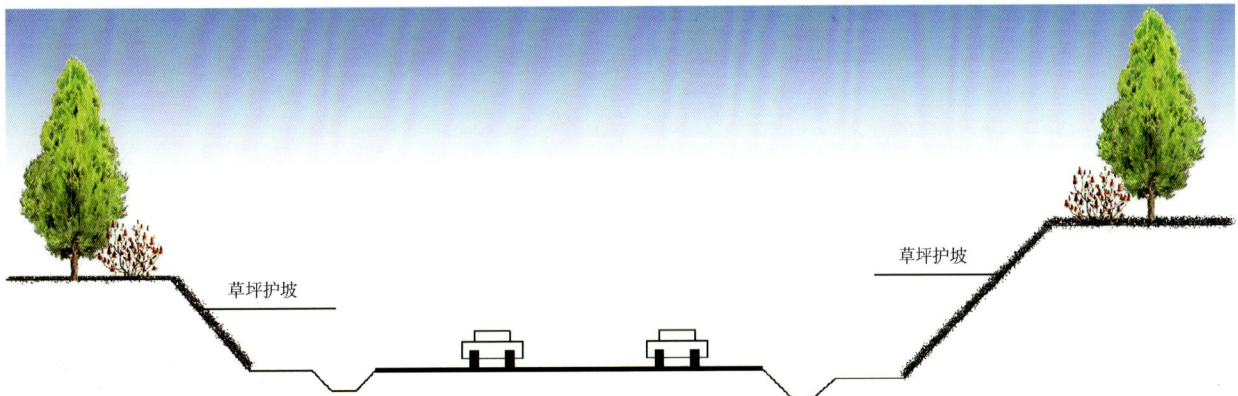

图14.22 高速公路挖方型路段，边坡防护绿化景观设计示意图

草坪护坡

草坪护坡

图14.23 在坡度小的一般路段，护坡坡度较缓，土质好，在边坡上成片种植低矮花灌木，如紫穗槐、胡枝子、沙棘等绿化景观

图14.24 用石料等浆砌人字型空格，在空格中填土植树，减少雨水冲刷的陡坡地段景观

图14.25 挖方路段的陡坡地段，用石料等浆砌拱型植树、植草格，在空格中植树、植草的景观

　　填方型绿化景观设计，又称路堤边坡绿化景观设计。高速公路所经过的地段如果是农田、沼泽草原、河湖溪流区，或在平地上筑路基、路面、挖边沟形成的高速公路，路基两侧的边坡可采取一般绿化处理，有杂草的可保留自然杂草，无杂草的可种草坪及花灌木，如胡枝子、沙棘、软枣子、百里香等固土护坡。边沟外侧15m红线内的绿地，可保留原有自然的草地或树木，如果绿地内只有一些杂草，无大树及灌木，可成行或自由式种植一些乔灌木。为了防止病虫害蔓延，每隔3~4km，可适当变换树种。高填方路段坡脚可种植一些乔灌木，树种选择与其绿化要和周围环境相协调，低填方路段可种植花灌木，以保护路基边坡、恢复生态环境、减少水土流失、丰富公路景观为主要功能，见图14.26~图14.31所示。

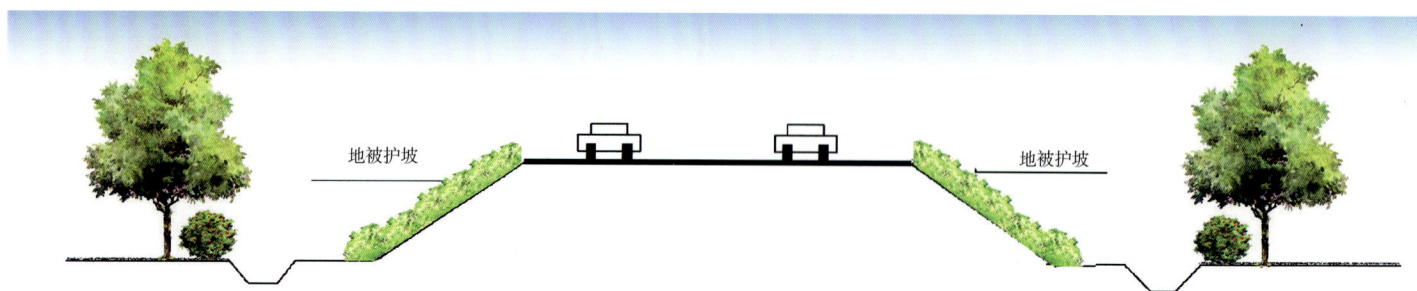

图14.26 高速公路填方型路段，边坡绿化景观设计示意图

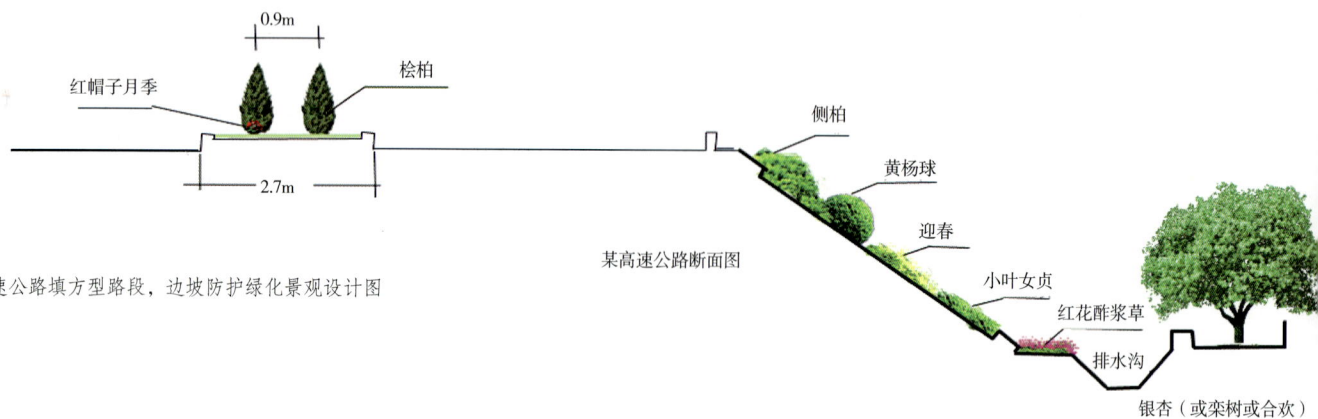

图14.27 高速公路填方型路段，边坡防护绿化景观设计图

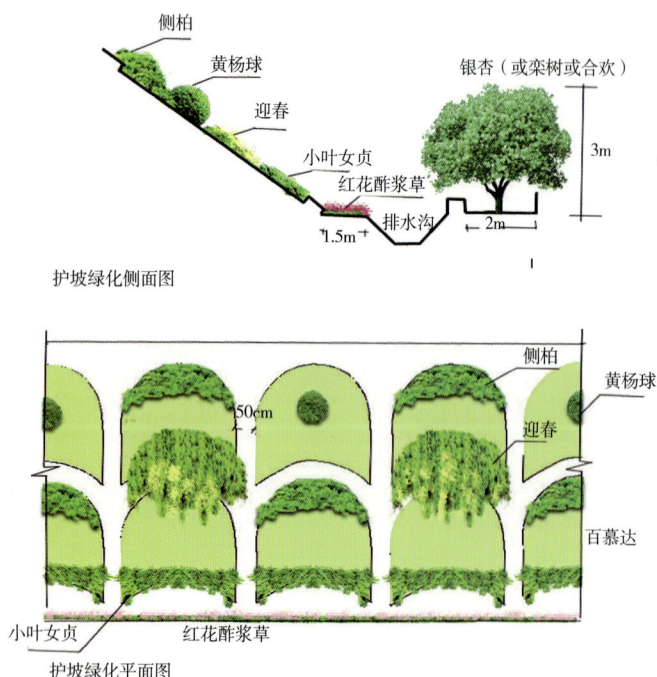

图14.28 高速公路填方型路段，边坡防护绿化景观设计图

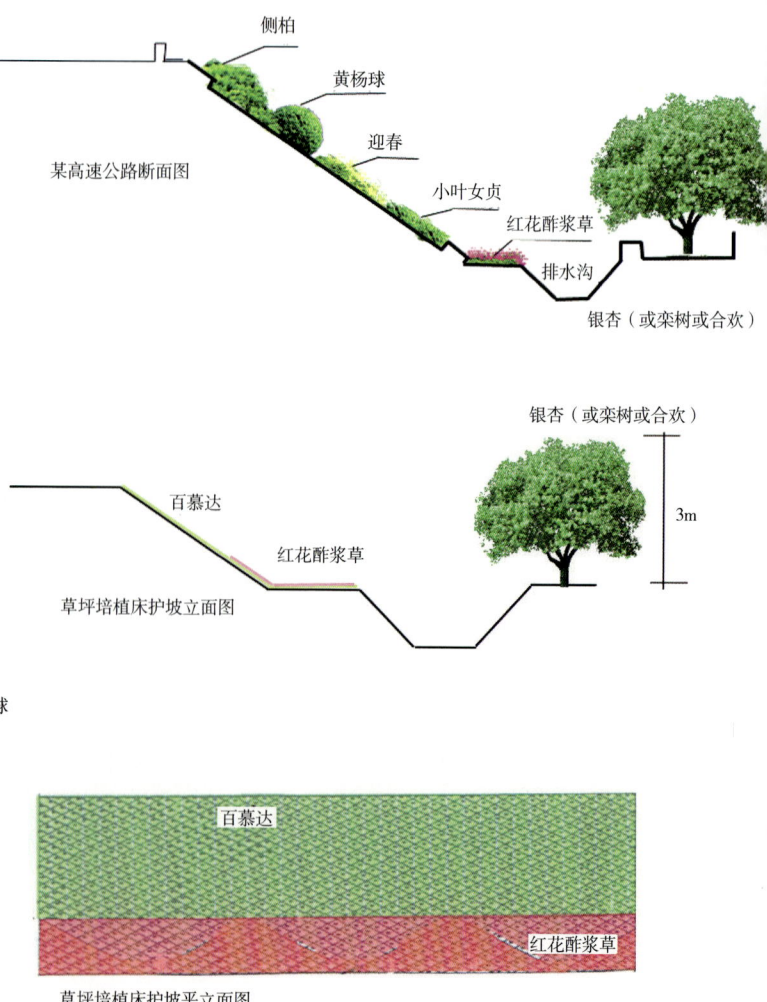

图14.29 高速公路填方型路段，边坡防护绿化景观设计图

图14.30 高速公路填方型路段，边沟外侧红线内的人工草地和树木景观

图14.31 高速公路在低洼地区填方路段，恢复生态环境，减少水土流失，丰富道路旁的景观

特殊路段绿化景观设计，高速公路绿化景观应与工程防护相结合，起到固坡、防止水土流失的作用。并且还有阴坡和阳坡的不同，根据不同地段的实际情况，采用耐阴或耐旱的植物种植。高速公路的建设还有多处特殊路段，如边坡的坡度大小、土质好坏、竖向起伏路段、弯道等各种不同情况，不同路段绿化设计都应有所不同。

陡坡地段，集中排水H>4m或分散排水H>3m，即可大大减少雨水的冲刷。可用石料等浆砌拱型或人字型植树、植草格，在空格中植树、植草等。

边坡绿化带以水土保持、固坡为主，并注意与路侧自然景观相协调，适当考虑与绿色通道的协调，并根据路外景观适当采取景观通透和遮挡等设计手法，应用喷播、沟穴绿化、垂直绿化等方式进行绿化景观设计。

坡度小的路段，集中排水H<4m，分散排水H<3m，可结合路基栽植低矮的花灌木、种植草坪或栽植匍匐类植物，或采用全面栽植地被的办法。

长直线路段，一般直线距离不应大于24km；当直线路段较长，沿线景观、地形缺少变化，难以判断所经地点时，应采用绿化景观的不同来协助解决。例如栽植有别于沿途植被的树木等，形成明显标志和绿化特色，有利于警示司机。

在小半径曲线路段，平面线形左转弯的曲线路段上，应在平曲线外侧，以行道树的方式栽植乔木或灌木，形成诱导栽植；在长而缓的曲线路段，线形能改变行车方向，自然地诱导视线，所以弯道外侧种植高大的行道树，以树木为诱导体，使前方路段给人以通幽感；而在弯道内侧的绿化景观，则应以低矮花灌木为主，以保证司机视线通畅。

在竖向起伏路段，线形应从人的心理和视觉上给人以平顺连续，无高低凹凸中断之感，两侧绿化最好应采用同一树种，同一间距，以保证绿化景观平缓连续。

在隧道洞口路段，在隧道洞口的两端，是光线明暗急剧变化的地段，应栽植高大的乔木，使得驾驶人员的视觉起到一个平缓过渡的作用。

景观型路段绿化景观设计，高速公路边沟外侧的绿化以生态防护为目的，兼顾美化环境。高速公路的互通式立交区，就是互通式立交匝道包围区，它是高速公路上的重要节点，所处的位置十分重要，绿化的高速公路立体交叉区为绿岛景观。这里有较宽面积的绿地，这里适宜采用自然式绿化景观组合方式来创造景点。其绿化应与当地城市绿化风格协调一致，结合地形、地区特点，满足交通安全对绿化的要求，以优化植物配植、恢复生态环境为主，强调生态绿化景观。创造三季有花、四季常青，突出季相效果；高中低植物搭配，立体绿化层次分明，突出层次效果；以丛植为主，注重涵养水源。在创造良好生态群落的前提下，追求景观效果，力求做到生态性与视觉效果上的有机结合。地处主要城市的出入口的立交，建设成紧跟时代潮流，体现高速公路形象的绿化美化景点。如曲阜立交，在突出大色块、大线条的同时，又结合孔子故地的历史文化背景，栽植了碧桃、李树，寓有"桃李满天下"之意。

在一些位置偏远，立地条件较好的立交匝道地段，也可将绿化、美化与经济林、用材林及苗圃地相结合。

图14.32 高速公路挖方型路段的边坡在3m以下的石坡面上，采用垂直绿化方式：在路堑的基部，做成壁画景观墙，然后在墙内边坡下种植一些攀缘植物如络石、山葡萄、地锦、凌霄、紫藤、木香等沿坡向上爬去，用垂直绿化来固土护坡

图14.33 在陡坡路段3m以上的石坡面上，可做多层景观墙，然后在各层的墙内方种植一些常绿树，或在墙的基部种植攀缘植物如络石、山葡萄、地锦、凌霄、紫藤、木香等沿坡向上爬去，用垂直绿化来固土护坡

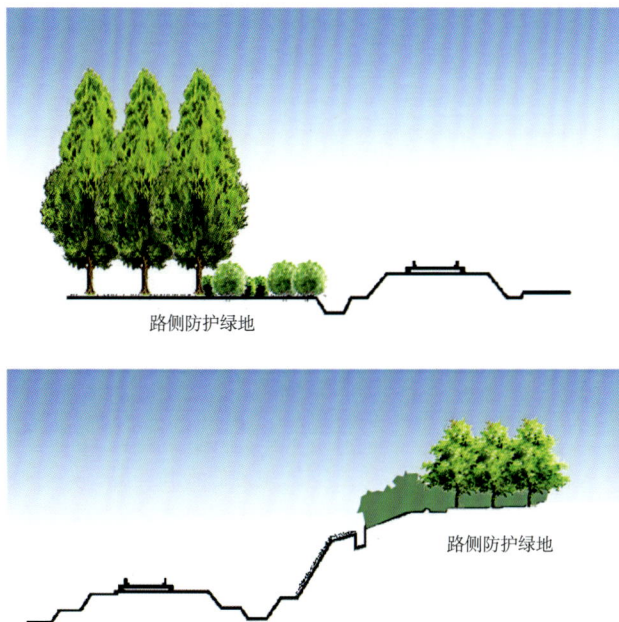

图14.34 高速公路路侧防护绿地，绿化景观设计示意图

图14.35 防护林带种植草坪和宿根花卉、灌木、乔木相结合的复层绿化景观

图14.36 高速公路护坡防护林带景观

图14.37 高速公路防护林带景观

（4）防护林带景观设计

为了防止高速公路在穿越市区、学校、医院、疗养院、住宅区附近时的噪音和废气等污染，在高速公路两侧会留出宽30m左右的安全防护地带，种植防护林木，形成防护绿带。如果高速公路在通过大风、多雪的地带时，最好在道路两侧配置防风、防雪林带。防护林带中的植物配置要采用灌木、乔木相结合，并结合地被草坪、宿根花卉等，既起防护作用，又不妨碍行车视线。为了有利于管理，防止病虫害的发生和路段景观的变化，要避免使用单一的树种和单一树种的配置形式。

路侧的防护栏，一般采用金属或砌体做成，但前者易腐蚀、耐久性差，且易破损；后者有压抑感，透气性不好。目前在植物易于生长的地区，常用绿篱作为防护，或者在用实体防护墙的地带，也用攀缘植物种植在内外侧，形成一道绿色长廊，这样也淡化了压抑感。如路侧留有分期修建的空地，可有计划地种植乔木、灌木、花卉及草坪，以充分利用空地作为绿化地带。总的要求是点状绿化与带状绿化相结合，乔灌木相结合，内外搭配、高低搭配，不要长距离种植同一品种，否则就会显得单调。如限于经费，可采取分期投入种植，速生与慢生树木相结合的方式进行。使其既可满足快速绿化，又可满足长远发展的需要。见图14.32~图14.37所示。

(5) 互通式立交区绿化景观设计

高速公路互通立交区绿化景观设计手法有3种模式，一是规则式；二是自然式；三是规则与自然相结合的综合式。

规则式，用规则式的布局形式进行设计，一般适应于小型立交地段。首先反映在其观赏平面和立面上是以"图案"设计为主的，利用不同的植物进行不同的色彩搭配，组成具有一定意义的图案，按照环境的比例关系布置其间，形成构图的中心。虽然图案所表现的意义比较明确，内涵丰富，还有鲜明的图案特色，但是，由于使用的材料都是低矮的植物，在立面和季相上缺乏丰富的变化，表现出很大的局限性。由于大部分的立交规模不是太大，往往形成对称的绿化区域，图案布置也出现对称，在总体构图上显得呆板而不具有活力，而且对后期的养护管理要求非常严格，一般在互通区大环岛的中心区可采用规则模纹图案。

自然式，自然式的设计形式，一般适应于大型立交地段。设计时首先要考虑交通功能的要求，不能因为设计的需要忽视道路功能的要求而本末倒置。还要考虑构图骨架的形成、搭配植物的运用、基色调的选择、平面背景的处理等设计本身的特点。

构图骨架的形成，由于立交绿化区与纯粹的园林绿化景观在功能上的要求不同，所以也不可能像后者一样，具有植物搭配构图骨架的同样密度。换句话说，就是不具备园林中连续的高低错落的林冠线及林缘线布局。因此，骨干树种的选择和数量要适应这一特点的要求，但也要形成不同高度之间的搭配。一般选用常绿的、树冠紧凑的、树形优美的乔木树种来完成这一任务。

搭配植物的运用，乔木下配植耐阴的灌木及草坪，利用植物不同的姿态、线条、色彩，将常绿、落叶的乔木、灌木、花卉及草坪地被配植成高低错落、层次参差的树丛。搭配树种可选用一些具有季相变化的观叶树种，并考虑与骨干树种所形成的前景与背景的构图关系、比例尺度等。无论何种植物配植形式，都需处理好交通与植物景观的关系。如在道路尽头，车辆拐弯处不宜配植妨碍视线的乔灌木，只能种植草坪、花卉及低矮灌木。

基本色调的选择，花灌木的色彩配置构成了立交的基色情调。首先要了解立交的地理位置和环境，如与城区连接的立交，色调可以布置得丰富一些，远离城市的立交可布置得稍微淡雅一些。一般选用树冠饱满或色彩艳丽的孤立树、花池、景石小品等形成各种景观，以达到四季有景、富于变化的水平。

平面背景的处理，护坡植被利用固土性能强的植物如狗牙根、迎春、连翘等，有利于对路基的保护，同时也有利于建成后的养护管理。为了创造自然的效果，提高土地综合利用的水平，追求一定经济效益，也可选用自然的苗圃式。

混合式，结合以上的形式，在不影响交通功能的情况下，采用常绿与落叶树相结合、速生与慢生相结合、近期与远期相结合、乔木与灌木相搭配，形成良好的规则与自然相结合的综合形式，创造自然而壮阔的景观。

中心绿地的绿化，可采用整形树和低矮花灌木做成规则的美观简洁的图案，绿化布局应满足立交桥功能

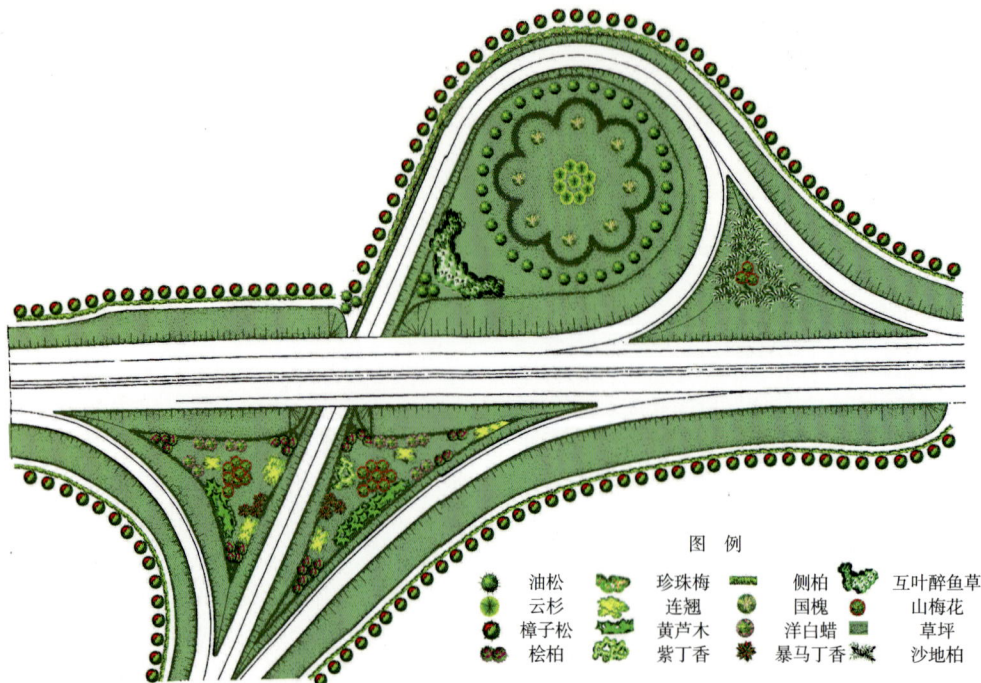

图 例

油松　　珍珠梅　　侧柏　　互叶醉鱼草
云杉　　连翘　　国槐　　山梅花
樟子松　　黄芦木　　洋白蜡　　草坪
桧柏　　紫丁香　　暴马丁香　　沙地柏

图14.38 立交区绿化景观设计图

图14.40 立交区绿化景观设计鸟瞰示意图

图14.39 立交区绿化景观设计图

图14.41 立交区规则式绿化景观

图14.42 立交区自然式绿化景观，骨干树种选用常绿树形优美的乔木香樟和桂花，形成不同高度之间的搭配，乔木下还配植耐阴的灌木杜鹃花及草坪，配植成高低错落、层次参差的树丛，具有丰富的季相变化

需要，使司机有足够的安全视线，在顺行交叉处留定视距，栽种低于司机视线的树木、绿篱、草坪、花卉。在转弯的外侧绿化，栽植成行的乔木，以便诱导司机的行车方向，使司机有一种安全感。在弯道内侧绿化，应保证视线通畅，不宜种遮挡视线的乔灌木。因此形成规则与自然相结合的综合形式。

对于地处城乡结合部或市区内的立交，都可以采用综合式，只是在运用时有所侧重。前者以自然为主，后者以规则为主。设计时在分清道路主次的同时，也就确定了具体布局的关系。对于前者来说，一般比较大，考虑在主干道的入口处绿化中以规则式布局为主，而其它大部分绿地仍以自然为主。对于后者，由于地处闹市区，人流量和车流量都较大，所以还是以低矮的规则式图案布局为好。在不影响交通功能的前提下，局部形成自然的形式，更能提示性表现回归自然界的趋势。总之，应注意采用乔木作为主体指示栽植，用小乔木作为诱导视线的栽植，用小灌木群作为缓冲栽植，所有的绿化栽植材料或景观都不能影响驾驶人员的视线，保证行车的安全，见图14.38~图14.42所示。

（6）服务区绿化景观设计

高速公路的服务区、管理局、公路管理站、收费管理站等用地范围内的绿化的用地，是专用块状绿地。它们具有公路管理、车辆进出量大的特点，但又具有庭院绿化景观的特点。所以，在进行绿化景观设计时，要充分考虑适度的停车场所，植物栽植要注意对车辆的遮阳作用。在应用园林要素设计游览休憩绿地景观时，要照顾公路管理人员长时间乘车巡视造成的疲劳，以及道路带状绿地及沿途较开敞空间造成的视觉疲劳，营造自然式园林景观意境，为管理工作人员提供散步、休憩的幽静空间。植物配置可应用果树、花木，以便达到对园林植物叶、花、果、树姿的综合观赏和享受植物芳香的效果。

服务区是司机和乘客作短暂停留，满足车辆维修加油等需要的地区。是体现高速公路服务质量及绿化景观效果的重要窗口。在高速公路上，一般每50km左右需设一个服务区。服务区有减速道、加速道、停车区、加油站、汽车修理及管理站、餐馆、宾馆、旅店、养护工区及一些娱乐设施等。服务区的建筑大多造型新颖，具有现代感的建筑形式，其绿化景观设计需满足欣赏风景、提供游憩等多种功能的需要，体现优美、静雅、舒适、方便的特点。

服务管理区的建筑一般比较新颖别致、外观美丽、设施先进、具有强烈的现代感，视觉标志性较强，而且通常有较大的空间，绿化景观用地较充足。除周边大块绿地需要与周围环境背景相协调外，其建筑、花坛、广场、绿地主要采用庭院式园林绿化手法，其绿化设计应该功能明确，使用方便，满足各组成部分功能需要，结合地形、地区特点，以改善环境，协调环境，创造各具特色的景点。

服务管理区的庭院绿化景观，以现代形式结合局部自然式栽植。可采用线条流畅、舒缓的绿化形式，突出时代的特点。局部的植物配置要方便于服务区的人们近观品味。既要有统一的格调，又要在局部景观方面做到多样而各具特色。常用花廊、花架等园林小品及花灌木造型来加强美化效果，使整体环境舒适宜人、轻松活泼，起到良好的休闲目的。

在空间结构上，绿化景观注重植物的季节变化和空间的层次性，形成立体景观。根据服务区的规划结构形式，充分利用自然地形和现状条件，合理组织，统一规划。

较大的服务管理区都设置中心区，它是以组织交通、观赏景点为主要的功能。一般以开敞的草坪或喷泉为主景，并适当点缀宿根花卉及地被植物，如铺地柏等，形成图案景观。

停车场加油站、管理站的周围环境的绿化以草坪为主，适当种植乔木和花灌木，形成开阔的视线和丰富的景观。周围的大环境可种植冠大荫浓的乔木，形成绿色森林停车场，以免夏季车辆受到日光暴晒。也可在场地内用花坛或树阵，来划分不同的车辆停放区。

在服务管理区的边缘地段，往往还设有防护绿地或预留地。这里可成排种植乔木，以界定服务区范围，还能起到防护作用。在预留地区可种植当地有特色的果树或经济林，创造富有特色的防护绿地。见图14.43、图14.44所示。

图14.43 某高速公路的服务管理区绿化景观，植物布置与建筑的风格、色彩相协调，满足建筑物通风、遮阳等需求，用乔灌草的合理搭配，烘托建筑物，使建筑物与周围环境协调，取得景观和功能上的协调统一

图14.44 某高速公路的防护绿地及预留地区的绿化景观，结合该区的特点，利用植物的形状、色彩、质感、神韵和花坛、花台、花境、草坪等，创造优美、舒适的工作和生活空间以及适宜的休憩、休闲环境

PART 15

LANDSCAPE DESIGN OF ROADSIDE SMALL GARDEN

道路旁小游园景观设计

　　道路旁小游园，也就是道路旁微型公园，面积较小，设备简单，是供市民或行人就近短时间休息散步的小块公共绿地。道路旁小游园也是对自然生态系统的补充，借以增加文化内涵，使游人对道路景观产生联想和回味。起到强化道路空间文化的内涵，渲染城市人文色彩的作用，深受广大群众欢迎。

道路旁小游园景观布局

1.以人为本，方便使用

当今社会越来越关注人们的需求和健康，不断地向人性化的方向发展，道路旁小游园的一切配置都要围着人的需要而进行。小游园应该形成三季有花、四季常绿的配置效果，创造优美、长效的景色，最终达到人与自然和谐的目的。

道路旁小游园中公共设施的配置不仅要满足一般成年人的使用，还应重视老年人、儿童就近活动的需求。配置适合儿童身体尺度、样式、色彩丰富的园椅和台桌，以符合儿童心理。台桌旁至少有一边不设置固定的椅凳，并且桌面下应有足够的空间，以便于使用轮椅者靠近和使用。为了使残疾人同健康人一样享受阳光、绿草和新鲜空气，还应配置为残疾人提供方便的特殊要素。坚持以生态平衡为主导，把大自然引进人们生活，真正达到人与自然的融合和相互协调。

建筑小品以小巧取胜，道路、铺地、水体、坐凳、栏杆、园灯的数量与体量，都要控制在满足游人活动的基本要求之内，使游人产生亲切感。力求发挥艺术手段，将人带入设定的情境中去，使人赏心悦目、心旷神怡，做到自然性、生活性、艺术性相结合。见图15.1、图15.2所示。

图15.1 微型小游园内的小品道路、铺地、坐凳、园灯的数量与体量符合游人的基本要求，使游人感到亲切、赏心悦目、心旷神怡，既有自然性又有生活性

图15.2 在道路旁规则式小游园中，树木的种植池结合坐凳方便人们休息，又形成广阔的活动空间场地，以适应人们休息和开展各种娱乐活动

图15.4 路旁小游园中大量花草树木，多层次的配置，富有季相变化的灌木和小巧的建筑小品、道路、铺地场地、坐凳等非常适宜各类游人散步游览，休息赏景，动静结合，使游人产生亲切、舒适感

图15.3 道路旁小游园，因地制宜地以水体为主，配置了乔灌木和简单小巧的道路、小桥、坐凳石等非常适应游人活动的设施，使游人产生亲切感

图15.5 道路旁的微型小游园具有面积小、人流多、安全、卫生等特点，设置足够数量的垃圾箱，还点缀了竹丛、花坛、花盆与周围环境达到和谐统一，投入少又方便管理

2. 因地制宜，创造特色

道路旁小游园在满足功能需求的条件下，因地制宜地选配当地抗病虫强、易养护管理的树木、花卉，体现良好的生态环境和地域特点。园中的树种选择应与建筑的性质和形体结合，例如在古建筑前面的小游园，一般不配植雪松等几何型树种；而现代建筑前面的小游园，一般不宜配植形体较粗犷的树种。园中的造景要因地制宜地根据不同植物的干、形、叶、色、花、果等观赏元素特点进行配置；根据地域特色，结合季相变化，因地制宜对植物进行合理配置。

如果规划地段面积较小，地形变化不大，周围是规则式建筑，则游园内部道路系统以规则式配置为佳；若地段面积稍大，又有地形起伏，距离大型建筑较远，则可以自然配置。在空间、时间等方面合理配置植物，将小游园建设成为生态型小游园，树种选择、配置、构图意境等方面都要显示城市大环境的风貌，体现地方特色。见图15.3所示。

3. 动静结合，老少皆宜

路旁小游园在内部空间配置时，就要考虑到动静分区相结合，注意动观、静观，群游与独处交友兼顾，还要考虑公共性和私密性，使各类游人都可以找到自己所需要的空间类型。道路旁的私密空间设有坐凳，供游人坐息、谈心或就近观花赏景；小游园中的大块绿地和路段是人们锻炼身体的中心地区，其植物选择必须根据实际地形，园林设施的形式要根据人们的活动范围而定。地面铺装应当在尽量简洁的前提下，做到用不同的铺装材料标示出不同用途的空间，例如大树下尽量少使用观赏性的草坪，留有一定面积的硬铺装，供人们进行某些广场舞健身的运动态空间；在路旁利用绿色植物创造私密空间，以利交友谈心；花卉区内可配置一些儿童活动设施，其旁还应配置相应的凳椅，以利儿童活动和老人看管孩子。见图15.4所示。

4. 方便管理，节约开支

道路旁的小游园具有面积小、人流多的特点，其安全、卫生的管理更为重要。在园内应当设置足够数量的垃圾箱，尤其是靠近活动区域和出入口的地方；垃圾箱的造型应当进行精心细致的设计，以便与周围环境达到和谐统一；垃圾口的高度应当适宜，方便儿童和残疾人使用。在条件允许的情况下，应当在园内修建厕所，并通过精心的设计，使其既不显得过于突出，又很容易到达。还应当提供良好的夜间照明，配置各类不同功能的精致的园灯，其间聚合数量应符合照明标准，这样可以延长小游园的使用时间，并有利于小游园的安全、卫生、方便管理。植物品种的选择，要在统一的基调上力求丰富多彩，要注重植物位置的选择，以免影响建筑室内的采光、通风和其它设施的管理维护。见图15.5所示。

材料选择

1. 材料类型

道路旁小游园的景观材料有硬质与软质之分。

硬质材料有金属、石料、木材、工程塑料等。由这些材料构成园中建筑小品或雕塑等。硬质材料的景观可突出点题入境、象征与装饰等作用。

软质材料如很多植物景观材料等。软质材料的景观则突出情趣、和谐、舒畅、情绪、自然等作用。

硬质材料与软质材料在园中造景表意、传情方面各有优势，在设计时要按互补原则恰当处理。

2. 树种的选择

树种选择要以乔木树种为骨干，乔木在园中的应用主要有生态和造景两方面的作用。由于乔木树冠面积较大，能够释放更多的氧气，同时吸收较多的有害气体；乔木树干高大但在园中占地面积较小，树下空间有利人们活动，所以大乔木的种植在小游园中有利于人们的健身活动。

在乔木的选择上，落叶乔木与常绿乔木在整个小游园中所占的比重一般约为1：2的比率。由于落叶乔木古朴，枝干、树形迷人，最能体现园林的季相变化，使小游园中四季景色各不相同；而常绿乔木可以给人四季如春的感觉。还要注意选择保健植物的材料，基于现代人们对健康的要求，选择美观、生长快、管理粗放的药用、保健植物，既利于人体保健，又美化环境，也可起到保健科学普及的作用。道路旁的小游园也是城市中的生态绿岛，在城市中分布广泛，市民使用方便。因此在树种选择方面首选具有地方特色的树种和植被，优先选择乡土树种，建设具有乡土特色和城市个性的绿色景观。考虑主调树种时，除注意其色彩美和形态美外，更多地要注意其风韵美与周围的环境气氛相协调。

道路旁小游园景观设计

1. 主要的景观设计

路旁小游园都有主题，围绕主题，表现主题的有主景，用主景的形象来表现游园的主题思想，突显游园的文化内涵。建筑小品、雕塑、水景、山景、树木、花卉、草坪等都可以创造主景。但是这些主景的设计必须考虑游人视线焦点，也就是主景的设计一定要布置在游人视线的焦点上。另外，园中的每一个功能空间都可以根据地形和环境的不同设置相应的主景，展示其功能特色。游园中的其它景色，如季相的变化、丰富的层次、和谐的环境等都要围绕主体和主景进行发挥，来烘托主景。见图15.6~图15.9所示。

图15.6 在路旁小游园空间中突出了动物雕塑水景作为主景，并利用较小面积的铺装场地和草坪烘托主景，方便游人活动和赏景

图15.7 在小游园空间中突出了文化景墙主景，并利用较小面积的铺装来烘托主景，创造了小中见大的活动空间

图15.8 道路的小游园中突出地配有小型水景和山石形成主景和铺地，非常适宜游人活动，使游人产生亲切感

图15.9 道路的小游园中突出地配置了华表雕塑，形成了富有文化内涵的主景，简单的道路、铺地等非常适宜游人活动和赏景

图15.10 路旁小游园在常绿树前充满色彩丰富的花坛，体现"春有芳花，夏有浓荫，秋有色叶，冬有苍松"的季相变化，使四时景观变化无穷，满足游人不同季节赏景的需求

2. 季相的景观设计

路旁小游园面积虽然较小，但是在季相方面，也要体现"春有芳花，夏有浓荫，秋有色叶，冬有苍松"的季相变化，使四时景观变化无穷。有诗曰"春意早临花争艳，夏季浓荫多乘凉，秋季多变看叶果，冬季苍翠不萧条"，道出了季节变化及对道路旁小游园设计的最直接要求。

路旁小游园的季相景观设计多以植物景观来表现，因此要满足游人季节性观赏植物的叶、花、果的心理。注意植物时相、季相、景相的配置，既要考虑瞬时效应，也要考虑历时效应，园景只有一年四季常见常新，才能有最高的效益。

树木配置要选用造型优美、有季相变化的落叶乔木为主，以遮挡东西向的太阳辐射，在夏天又可为行人提供绿荫。在乔木下可适当配置花灌木，或点缀几组常绿树，以形成不同季相的植物景观。见图15.10、图15.11所示。

图15.11 路旁小游园中乔木、灌木、草本花卉，立体种植，体现了季相变化，使四季景观变化无穷，满足游人观赏季相变化的心理

175

3. 多层次景观设计

小游园景观设计还应该注重其层次的搭配，用乔木、灌木、草本植被等混合设计出高、中、低、地被层等多个层次，在空间上要尽量增加层次，利用建筑小品、地形、道路、植物小品分隔空间，使空间更具自然的节奏感，以便游人入园成趣，避免入园后一览无余。为了在小游园中取得较大的活动面积，而又不减少绿景，树木的种植以孤植乔木为主，灌木为辅，在边缘地带适当辅以小乔木和灌木树丛，以减少周围环境对园内的影响。尤其是在花坛、花台、草坪间，适当增加宿根花卉种类，借以增添色彩变化。花草树木多层次的配置富有季相的变化，使人赏心悦目、心旷神怡，但草坪是绿地的重要组成部分，由于草坪的养护管理也比较繁琐，所以小游园中草坪的面积不宜过大，在有限的绿化空间里，草坪虽然不如乔灌木那样的起伏变化，但它可以创造开阔的空间，保证绿色的地被。虽然草本花卉在管理中比较繁琐，但是相对来说更易成景，另外还可适当增加垂直绿化的景观小品。在组合景观时必须考虑植物的色泽、类型、形状、高度、植物寿命、生态长势等多方面，使之互相协调。要充分发挥植物的各种功能和观赏特点，常绿与落叶树种、速生与慢生树种相结合，构成多层次的复合生态结构。亭、廊的周围可采用丛植、孤植手法，错落有致的配置松、杉等常绿树种，和连翘、绣线菊、丁香等花灌木，以衬托建筑物，增强环境空间的层次感。见图15.12、图15.13所示。

4. 和谐的环境设计

道路旁小游园虽然以植物为主，内部可设置园路、小型休闲场地和休息设施，供人们入内休息。游园中的道路是和园外联系的主要通道。为了避免行人不影响绿地内的活动，可配置穿行人流小道，方便人流直接从绿地一侧通过，使游园环境兼有观赏性和实用性。园内应设置有主路、支道和游步道。主路与园外道路相接；支道可连接各功能空间；游步道可散步到达各个景点。小游园内各条主道路的绿化树种不宜雷同，以植物形成道路环境的特色。

小游园的种植设计应与建筑的性质和造型风格相结合，如在古建筑前一般不种植雪松等塔形外来树种；而现代建筑前可配置几何形体的树种。园内一般建有花架、亭、廊、座椅等园林小品，需用绿化植物加以衬托和美化，以达到和谐环境的目的。见图15.14、图15.15所示。

图15.12 路旁的小游园的垂直绿化，从水面到花架、大乔木，多层次的配置富有季相的变化，使人赏心悦目、心旷神怡，小品坐凳、铺地等非常适应游人活动，使游人产生亲切感

图15.13 简单小巧的垂直绿化、小品坐凳、道路、铺地等非常适应游人活动，花草树木和花廊花架，多层次的配置富有季相的变化，使人赏心悦目、心旷神怡

图15.14 道路旁小游园内部设置了园路、小型建筑、水池、点石、小品等休息设施，供人们入内休息赏景，为了避免行人不影响绿地内的活动，配置穿行人流小道，方便人流直接从绿地一侧通过，使游园环境兼有观赏性和实用性、通达性

图15.15 路旁游园中简单小巧的建筑小品、道路、铺地、坐凳等，用树丛衬托，和城市街道建筑大环境相互协调，游人进出使用方便

PART 16
LANDSCAPE DESIGN OF OTHER ROADSIDE SKETCHES
其它路旁小品景观设计

　　道路旁的小品景观很多，例如道路旁的喷泉雕塑小品、建筑小品、标志牌小品，路旁栏杆、凳、椅、垃圾箱等等。城市道路旁的小品景观，代表了所在道路空间的语言，它的规划设计应纳入城市的总体规划和详细规划中，有计划地分步实施，避免与城市总体布局产生矛盾。它是城市的公共艺术品，是美化城市的重要手段，在城市中象征时代的精神，起到宣示主题、提高环境的品质、增强环境吸引力、调剂环境小气候的作用。

路旁雕塑喷泉小品景观设计

1. 配置

城市道路雕塑喷泉的设置，首先要从城市的总体环境出发，其位置选择要综合考虑城市总体道路规划，明确城市的性质功能、空间环境的大小、行人的流动的主要方向，关注人们的主要欣赏视角。再者，雕塑是形体、光影的艺术，其配置还应考虑光影的变化，自然界的阳光能够增强雕塑的表现力，找出光线的最佳照射角度，使雕塑能有良好的光影变化。如果忽视了雕塑作品与环境的内在联系，即使很精美的艺术珍品，也不能充分地展示它的艺术价值，同时也会对环境的创造带来不利的影响。所以要先研究环境，再确定雕塑喷泉的配置，将道路雕塑喷泉融入城市的大环境中。

城市道路的雕塑喷泉景观，常布置在城市道路广场或道路的接点或终点上，它点缀了城市道路的空间，激活城市的活力，让人们从视觉上认知城市或某区域的中心，通过连贯性雕塑的布置及区域整体雕塑的展示，强化城市结构，展示城市的个性。城市道路喷泉景观常与雕塑景观组合成景，通过连贯性的喷泉布置，提高城市道路的湿度，调节城市的小气候，改善道路的生态环境。

道路旁的雕塑喷泉也可设在路旁的小游园中，为市民提供"闹中取静"的休闲空间，让人们在游园中享受大自然的清新，感受阳光、清风、水流和绿色植物的美景。

2. 材料

使用合适材料对雕塑和喷泉艺术的形式、题材表现影响很大的，它服务于作品内涵表达的需要，只有当它和内涵表达的需要找到恰当的结合点时，才能相得益彰，彰显其语言的感染力，并体现其附加的精神内涵。雕塑喷泉景观常用的材料有大理石、金属、钢筋混凝土、植物、灯光、木、陶、水等，其材质和造型都要因地制宜与道路广场环境相互协调一致。

3. 设计

广场或道路旁的雕塑和喷泉景观，往往相辅相成，互相配合形成一体，再现城市的历史文化，给人以喜悦、感动和安慰，陶冶人们的情操，美化人们的生活，激励着人们建设城市的热情。雕塑的表现形式有圆雕、浮雕等，形体有具象、抽象等风格，配以喷泉、瀑布或喷雾等水景，产生动静结合的生动形象景观。其设计应明确主题，满足功能，选定体量，协调环境并富有文化内涵，城市交通广场或道路旁的雕塑喷泉景观，往往是相辅相成，互相配合形成一体的，常常以雕塑为主题，配以喷泉或瀑布水景，产生动静结合的景观。

（1）明确主题

雕塑喷泉的设计，首先要明确主题，立意新颖，

图16.1 某城市道路广场纪念性抽象雕塑喷泉景观作为主景，其设计造型与喷泉相结合，形成时代、社会、文化艺术的综合体，点缀了城市的空间，激活城市的活力

图16.2 某城市道路广场主景雕塑景观，为纪念性具象题材，表现了英雄人物形象，其设计强调了时代、社会、文化艺术的综合，它代表了所在空间的语言，造型生动，不仅点缀了道路环境，同时给人历史文化的教育和美的享受

造型生动，它不仅点缀了道路环境，同时给人以美的享受。其次，要强调大众化、生活化、人性化、多功能和多样化，使之成为时代、社会、文化艺术的综合体。选好题材确定主题是雕塑成功的关键，纪念性题材的设计，有纪念物造型、英雄人物形象；生活性题材的设计，有儿童、神话、童话、动物形象等。如何确定鲜明的主题或新颖的立意，这和雕塑在相对空间的位置与整体的关系有关。设计某一雕塑，营造总体气氛，要求主体与客体和谐，具有高尚的品位、亲和力和可读性等。所以道路雕塑喷泉的总体设想就是为了使之与周围环境融为一体，更加贴近市民的生活，使之融入大众精神。见图16.1、图16.2所示。

(2) 满足功能

城市道路雕塑喷泉是一种重要的造型艺术，它使人们在交通或步行的环境中，感到舒适，得到美的享受和艺术的熏陶。所以城市雕塑的设计者必须深入社会，了解百姓生活，对现实社会生活进行集中、概括的反映，以单纯的艺术形象来反映丰富的思想内容；以静态的视觉形象，引导欣赏者对动态的感受，将对立的动态与静态达到高度的统一，表现精彩的瞬间，达到动人心魄的美感。雕塑是三维空间的实体性，是以三度空间来表现实体，再现生活的艺术，它可以使观赏者从任何一个角度去欣赏，从移动和变换中领略雕塑艺术所表现出来的美姿美态。使市民在工作之余，休闲、散步时，能够在不同的季节里，在变化的大自然中，得到室内无法得到的享受，使人们的精神

得到陶冶，并从中受到潜移默化的影响，使人们在繁忙与喧嚣的都市生活中得到一些心灵的宁静和舒展。

城市道路的雕塑只有具备了市民性，为普通老百姓所享受，它才能表现其内在的价值。朴实的、感人的雕塑，承载着人们的向往，只有朴实自然，为人们所接受，它才被人所尊重。所以城市道路雕塑无论在内容上，还是艺术形式上，都要具有浓厚的市民性；在艺术的创作内容上迎合大众的观赏情趣，反映他们的愿望，抓住市民的爱憎与关注；有与大众交流的平台和媒介，有与公众产生交流的性质。它不是完全独立的作品，它要满足公众对作品的可及性、参与性，甚至能被触摸，它也因此成为了一种生活艺术。所以说城市道路雕塑的功能就是要满足人们从生活中去发现美、感知美、欣赏美和创造美。见图16.3、图16.4所示。

图16.3 某城市道路广场雕塑喷泉景观，其中的水盘、喷头、人物造型设计与喷泉水景相结合，形成时代、社会、文化、生活、艺术的综合体，点缀了道路环境，让人们从视觉上认知城市的中心

图16.4 某城市道路广场抽象纪念性瀑布雕塑景观,其中三个上、中、下错落有致的水盘雕塑与瀑布相结合,点缀了道路景观,又改善环境生态,同时给人以美的享受

(3)选定体量

确定城市道路雕塑适当的体量尺度,是雕塑与人相互关系的一种反映,是充分展示作品表现力的重要手段。根据道路雕塑表现主题的需要,来确定尺度大小和空间环境的大小,确保雕塑的尺寸与环境相吻合,以利于雕塑艺术效果的展现。雕塑的体量大小都会有一定的情感意义,都会直接影响到人们的视觉舒适度。人们观察雕塑是以人自身的尺度作为参照物,巨大尺度的雕塑使人感到崇高或恐惧,尺度较小的雕塑使人感到亲切或和谐。

视距与雕塑高度的比例会产生尺度感,体量高大的雕塑,会把人们的视野拉向上方,给人们产生崇高、雄伟,或游离、飘逸,引人入胜的感受,它将人的视野引向上方,视觉显得格外轻松和愉快;体量小的雕塑,把人们的视线引向下方,它给人一种幽静寂寞之情,一种深远的感受;比较适中的体量的雕塑,

如果放在硕大宏远的空间,它可把游人的视野拉平或引向纵深,表现氛围和意境特别丰富,使得人们具有广阔而流动性很强的感受。城市道路雕塑的尺度还应充分考虑公众与雕塑欣赏距离的问题,以环境中的背景物体为参照物,使雕塑与环境建立起合适的尺度关系。见图16.5~图16.6所示。

(4)文化内涵

城市道路的雕塑喷泉更为重要的是要体现本土文化特点。道路的起点、结点、终点或路旁小游园等公共场地是车行、人流穿行、聚集最多的地方,也是公众与环境交流最密切的场所。其中的雕塑喷泉景观只有反映本土历史文化内涵、人们精神文化、地方文化和审美趋向,表达广泛的社会认同和心理归属,它才会有其独特价值和永久的生命力。见图16.7~图16.11所示。

(5)协调环境

道路雕塑喷泉实体存在于某一个道路空间时,一定要和该空间环境取得协调。如在某一空间环境的雕塑喷泉体量相对较小时,可通过增加该空间的围合物,来缩小雕塑喷泉的空间环境,使雕塑喷泉成为人们的视觉中心;如果雕塑喷泉的体量相对较大时,其形象就会受到空间环境的压抑,可减少环境空间内不良因素,使空间环境容量增大,人们的欣赏视线就会开阔。另外,道路雕塑喷泉的周边空间是雕塑喷泉的环境艺术的组成部分,通过周边空间的转换、过渡、导引,使雕塑喷泉空间给人的感觉更为强烈。因此要给人们留有足够的缓冲空间来净化,升华人们的情感,使美丽的雕塑喷泉深深印入人们的心灵。见图16.12~图16.15。

图16.5 某城市道路旁具象雕塑景观,它体量尺度适中,形象生动地表达了少年儿童生动活泼的人群活动形象,立意新颖,不仅丰富了道路的景观,同时给行人以美的享受

图16.6 某城市步行街大众化、生活化、人性化雕塑景观，它的具象体量尺度与环境空间得体，形象地表达了历史文化人物形象内容，不仅丰富了步行街的景观，同时给行人历史文化的教育和美的享受

图16.8 某城市商业步行街的大众化、生活化、具象雕塑景观，它形象地表达了中医药文化和人性化的人物形象内容

图16.7 某海滨城市道路广场大众化、人性化具象雕塑景观，它形象地表达了海滨文化内容，造型生动，不仅丰富了步行街的景观，同时给行人历史文化的教育和美的享受

图16.9 某城市道路广场中的茶壶喷泉雕塑景观，形象生动地表达了当地陶瓷工艺和茶文化

图16.10 某城市道路旁具象雕塑景观，它形象生动地表达了当地佛教文化的内容

图16.11 某商业步行街海轮锚实物景观，它形象地表达了当地港口城市的历史文化内涵，不仅丰富了步行街的景观，同时也给行人以历史文化的教育

图16.12 城市道路旁的纪念性浮雕柱景观，是一个文化艺术的综合体，通过空间环境容量的增大，将人们的欣赏视线开阔处理，使得纪念性浮雕柱景观更加突出

图16.13 某城市休闲广场的雕塑景观，它形象地表达了花文化形象内容，与周围环境取得高度的统一，不仅丰富了道路旁的景观，同时给行人文化的教育和美的享受

图16.14 某城市道路旁绿色植物雕塑景观，它形象生动地表达了地域文化内涵，协调路旁的生态环境，立意新颖，不仅丰富了道路的景观，同时给行人美的享受

图16.15 路旁绿色植物雕塑景观，它形象生动地表达了孔雀的形象

路旁建筑小品景观设计

1. 配置

道路旁建筑小品一般配置在道路交叉口的路旁。为了保证行车的安全，处在交通性街道旁的建筑小品的配置必须考虑人们的使用安全和交通的顺畅，还要注意避免空气污染和交通噪音的影响。在步行商业街上人流较多，行人速度较慢，具有仔细观察建筑小品的时间，这里的建筑小品设置的密度可适当加大，造型要美观大方，尺度不宜过大，色彩要鲜明，使建筑小品具有较强的活力性、感知性、适合性、接近性、管理性的特征。路旁的景亭和宣传廊，多布置在人流量多的路段，如休闲广场，或靠近小游园的路旁。

2. 材料

道路旁建筑小品如电话亭、书报亭、宣传栏等，常用的材料有塑木、砖、木料、石料、钢筋混凝土、不锈钢等，其材质和造型都要与道路环境相互协调一致。电话亭可使用不同的材料，如金属电话亭、木材电话亭、工程塑料电话亭等。金属材料电话亭外表形状多种多样，造型不宜复杂，要便于识别，这种电话亭适用于车速较高的路旁；木质的电话亭，适用于生活性的街道和步行街，还可和其它材料相结合，增大空间感。工程塑料电话亭，适用于生活性较强的街道，色彩鲜艳，成本较低，易于清洁。

3. 设计

由于人们对周围环境的观察强烈，对景观审美要求更高，因此建筑小品要更加巧妙构思，精心设计，以满足人们对道路景观的联想和回味。所以路旁建筑小品设计的题材，常来自城市的历史、文化、典故、事件等，从而起到强化空间环境文化内涵、渲染城市的人文色彩的作用，使人们在购物、赏景的过程中接受传统文化的熏陶。

建筑小品设计，必须考虑现代交通道路条件下的视觉特性，并根据不同道路性质，正确选择它的内容、形式、尺度，以创造时代的作品。繁忙的街道，建筑小品造型简洁，给乘车的人留下深刻印象。为了给行人打电话提供方便，路边常设有电话亭，其内部设置应充分考虑到各种类型的人群使用方便，特别是残疾人、老人、儿童，还要考虑机动车、自行车和行人的方便和安全。路旁的景亭和宣传廊造型要新颖、活泼、简洁大方，色调明朗、醒目。不仅起着宣传教育、科学普及的作用，而且还起着装饰美化环境的作用。小品的大小尺度要与人体协调，使人感到亲切。常用宣传廊宽度3m或4m，高度3m。见图16.16~图16.23所示。

图16.16 路旁木质的宣传栏小品，造型轻巧，成本较低，引人注目，易于清洁管理，适宜设置在一般街道小游园路旁，适宜路人短暂休息，也可挡风遮雨，学习科普知识

图16.17 钢筋水泥和木质的花架，造型简单、轻巧，适宜设置在一般道路旁，方便路人赏景和短暂休息

图16.18 路旁木质书报亭景观，在满足功能和技术要求的基础上，其造型活泼，具有深沉的文化内涵，与商业街道性质配合得体

图16.19 木质的书报电话亭，和其它功能相结合，造型简单，适宜于生活性的街道旁，增大了空间感，方便路人就近购买书报，并富有很好的人气

图16.20 生活性的街道旁，木质的书报电话亭和道路旁的绿化景观相结合，增大了空间感

图16.21 工程塑料电话亭，造型轻巧，成本较低，色彩鲜艳，引人注目，易于清洁管理，与公益广告相结合，适宜设置在一般街道旁

图16.22 不锈钢的宣传栏与休息长廊相结合，造型活泼，

图16.23 工程塑料电话亭，造型轻巧，成本较低，色彩鲜艳，引人注目，

路旁标志牌景观设计

　　路旁标志牌有路牌、警示牌等，它具体地表达交通法规的内容，从而可以指示车辆正确、安全地行驶，指挥控制交通，保障交通安全，提高行车效率等。它是一种传递交通法规和道路安全信息的常用工具，是道路交通重要标志之一，它是我们人身安全的保卫者。道路标牌、警示牌，标明交通路线和警示内容等，它是城市公共环境的一个组成部分，它形象地表达信息，能有效地引导和规范行人的活动，到达目的地。显示交通法规及道路信息的图形符号，它可使交通法规得到形象、具体、简明的表达，同时还表达了难以用文字描述的内容，用以管理交通、指示行车方向，以保证道路畅通与行车安全的设施。提供道路信息，起到道路语言的作用。警示牌，通过设立必要的禁止标识，对人们的行为起到规范、预防、教育等功能，是保证良好社会秩序的一种有效措施。例如在一些路段设置的禁鸣标识，禁止大声喧哗、爱护公共设施、爱护花草树木等禁止破坏、践踏的标识，对社会公众都有制约作用。它适用于公路、城市道路以及一切专用公路，具有法令的性质，车辆、行人都必须遵守。

　　其类型有：主标志牌，为交通管理部门提供执法依据；警告标志牌，警告车辆、行人注意道路前方危险地点的标志；禁令标志牌，禁止或限制车辆、行人某种交通行为的标志；指示标志牌，指示车辆、行人行进的标志；指路标志牌，传递道路方向、地点、距离信息的标志；旅游区标志牌，提供旅游景点方向、距离的标志；道路施工安全标志牌，通告道路施工区通行的标志；警告交通标志牌，一般为三角牌，颜色通常为红黑，是一种警告行人和驾驶车辆应该注意哪些问题的交通标志牌；禁令交通标志牌，一般为圆牌，颜色为红黑，是一种禁止或限制车辆、行人某种行为的交通标志；指示交通标志牌，指示行人和车辆行驶的标志。旅游标志牌，一般为方形牌，颜色为咖啡色，是一种提供旅游景点方向、距离的交通标志牌。另外，还有辅助标志，它是附设在主标志下，起到辅助说明作用的标志。一般由标志底板、标志面、立柱、紧固件、基础等几部分组成。

1. 配置

　　路牌、警示牌配置的位置要醒目，又要不影响车辆和行人的通行。它不仅有指示的功能，还有街头点缀的作用。应充分考虑所在地区建筑和环境景观的需要，同时还要选择符合功能的醒目的尺寸和形式。在满足自身功能的同时还要让行人很快发现。同时体积不能过大，尽量少占用人行道。所以路牌要具有自身的特色又要与环境相协调。

　　警告标识就是提醒当前车道有故障车的，因此三角牌一定要放在你车出现故障的那条车道，千万别随便放。在普通道路白天三角牌摆放在车后50m，夜间三角牌摆放在车后150m。高速路上白天三角牌摆放在车后150m，夜间摆放在车后250m。如在弯道车辆发生故障，三角牌须摆放在弯道入弯前，提醒入弯车辆避让故障车。一般来讲，司机在发现前方出现警告牌时需要经过"发现清晰可见前方警告信号、采取措施刹车、减速、避让"的一个过程。以时速100km行驶的汽车为例，通常来说，至少需要10.8秒的反应时间或者说至少350m的距离。这就需要警示牌具有很强的反光性，从而让驾驶员第一时间看到它。

2. 材料

　　路牌、警示牌材质和结构应保持耐用。其材料常用不锈钢、工业塑料、木料等。在标示牌的内部和外部还有集中照明等材料。如镀锌板、铝板、铝塑板、反光膜等。

　　反光膜的选择：国产普通反光膜、进口3M工程级反光膜、进口3M超强级反光膜、进口3M钻石级反光膜。

　　铝板的选择：0.8厚镀锌板、1.0厚铝板、1.5厚铝板、2.0厚铝板、2.5厚铝板、3.0厚铝板、4.0厚铝塑板等。

　　警示牌的反光部分，是运用高折射率的玻璃微珠回归反射原理及反光晶格的反射原理，通过调焦后处理的先进工艺制成。它能将远方直射光线反射回发光处，不论在白天或黑夜均有良好的逆反射光学性能。尤其是晚上，能够发挥如同白天一样的高能见度。使用这种高能见度反光材料制成的警示牌，无论使用者是在遥远处，还是在着光或散射光干扰的情况下，都可以比较容易地被夜间驾驶者发现。

3. 设计

　　路牌、警示牌是城市公共环境的一个组成部分，通过它所形象表出的信息，能有效地引导和规范行人的活动，到达所需的目的地。好的路牌、警示牌景观设计应具有识别性、可达性、与周边环境相协调融合的特点，文字和图像所传递的信息要简明扼要。造型和色彩设计应充分考虑所在地区建筑和环境景观的需要，同时还要选择醒目的尺寸和形式。其设计的方式有：平面式、导向式、安全警示式、文化式。

平面式设计　用平面地图的方式，标明区域位置分布图。

导向式设计　对重要场所、场地的导向，对周边道路与交通情况的指示。合理设置交通信息标识，可以疏导交通，减少交通事故，有效提升道路通行能力，并能清晰指明所需到达的道路或交通站场。

安全警示式设计　为了保障交通安全，形象地提供道路交通信息，起到道路语言作用；指挥控制交通，指路导向，提高行车效率。

文化式设计　在城市道路环境中，通常也会设置一些文化宣传标识，反映场地特征及地域文化，对人们的行为起到规范、预防、教育等功能，它是保证良好社会秩序的一种有效措施。例如在一些路段设置的禁鸣标识，禁止大声喧哗、爱护公共设施、爱护花草树木等标识，对社会公众都有制约作用；还有涉及市民的行为规范的标识，如"请关心帮助残疾人""学校路段注意安全"等；再有涉及文化知识性的标识，如对附近文化场所机构的简介等，此类标识对反映城市精神文明面貌及市民素质都有很大的提升作用。见图16.24~图16.36所示。

图16.24　大域区的路牌，将所在区域的整体布局、道路交通关系、河道、景点等都反映出来，并给以编号标识出来，看起来一目了然

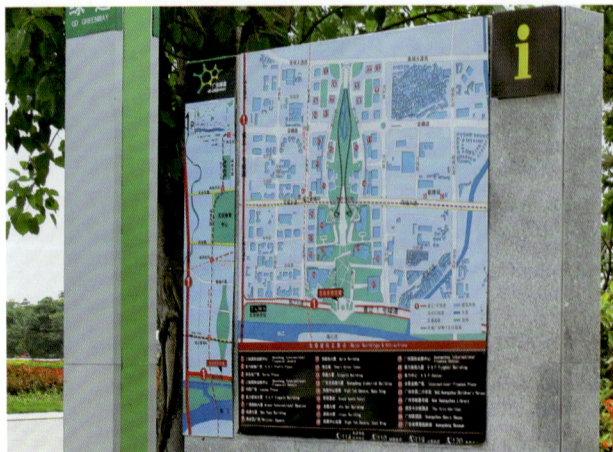

图16.25　平面分布路牌（指示牌），不仅反映出道路的位置关系，还反映出周边的区域分布状况

图16.26　重要场所、场地的路牌，导向周边道路与交通情况，合理设置交通信息，清晰指明所需到达的道路，可以疏导交通，减少交通事故，有效提升道路通行能力

图16.27 交通信息指示牌，它合理设置交通信息标识，可以疏导交通，有效提升道路通行能力，并能清晰指明所需到达的道路

图16.28 停车场指示牌，对重要场所、场地的导向，有效提升道路通行能力，并能清晰指明所需到达的停车场

图16.29 停车场、的士等候场地指示牌，对重要场所、场地的导向，并清晰指明所需到达停车场、的士等处候车

图16.30 路旁高位辅助标志牌，它附设在主标志下，起到辅助说明和导向作用

图16.31 路旁落地指示路牌景观，金属的材质，造型新颖，它具有明显的视觉效果，信息醒目、简明扼要，让行人很容易发现，一目了然，为人们指示了目的地的方向

图16.32 商业街的路牌，路牌的内容设计简明扼要，造型活泼，位置选择醒目，合理组织了车辆和人行的来往通行；不仅自身功能简洁明快，让行人很快发现，一目了然，同时体积不大，少占用人行道，它不仅具有自身的特色，又与商业街、停车场环境相互协调；不仅有指示的功能，还有街头点缀的作用

图16.33 常见道路的警示标志，为了保障环境的绿化景观持续完好，形象地起到道路语言作用，指挥控制交通人行

图16.34 文化宣传与道路标牌相组合，对重要场所、场地的导向，有效提升道路通行能力，并能清晰指明所需到达的道路

图16.35 道路安全警示标志，为了保障交通安全，形象地提供道路交通信息，起到道路语言作用；指挥控制交通，指路导向，提高行车效率

图16.36 此路牌的内容设计，传递信息简明扼要，醒目又不影响车辆人行来往的通行，采用金属材质和结构，并配置标志的照明

路旁栏杆景观设计

1. 配置

路旁的栏杆常配置在人流量、车流量较多，路边高差较大，或者是限制通行的路段旁。根据路旁环境的不同，可以配置各具特色的简洁轻巧的栏杆。

2. 材料

路旁栏杆的材料有石料、钢筋混凝土、铁制、不锈钢、砖、木料、石望柱等，其材质和造型都要因地制宜，与道路环境相互协调一致。

3. 设计

城市道路栏杆的设计，要求造型美观，点缀风景，丰富景观。一般栏杆高度90cm左右。钢筋混凝土栏杆，一般采用300号细石混凝土预制成各种装饰花纹，运到现场拼接安装。其施工制作比较简便、经济，但需注意加工质量。如果偶经碰撞即损坏并显露出钢筋，反而会有损于环境美。铁制的栏杆，轻巧空透，布置灵活，但在加工及使用过程中应注意防锈。不锈钢栏杆，是一种轻巧的栏杆景观，轻巧空透，布置灵活。

望柱栏杆，直立支撑，一般为15~25cm的方形截面，高为1~1.3m。柱脚做出榫头与地伏石连接。柱头为石雕，约占全高的1/4~1/3，柱头形式多种多样，有龙、凤、狮、莲瓣等造型，也有整体石球造型。体量沉重，构件粗壮，具有稳重、端庄的气氛。

不锈钢栏杆，是一种轻巧的栏杆景观，轻巧空透，布置灵活。路旁围护栏杆的造型、线条设计应粗壮；依附建筑物时应配置轻快、明朗的扶手栏杆。

可供坐息用的凳椅靠背栏杆，其靠背高90cm，坐凳高45cm，应与环境物相互协调；坐凳栏杆，高40~45cm。

镶边栏杆为花坛、树丛、道路绿带的镶边，常用高度为20~60cm，造型要纤细、轻巧。见图16.37~图16.44所示。

图16.37 钢筋混凝土栏杆，一般采用300号细石混凝土预制成各种装饰花纹，其施工制作比较简便、经济

图16.38 铁制的栏杆景观，麦穗花样，空透，稳重并富有特色

图16.39 铁制的道路栏杆景观，富有图案花纹，轻巧空透，布置灵活

图16.40 不锈钢道路栏杆，花纹简单，轻巧空透，布置灵活

图16.41 望柱栏杆，直立支撑，布置灵活，柱脚与地伏石连接，并具有蓝白条纹对比明显，具有稳重、端庄的气氛

图16.42 望柱组合栏杆，布置灵活的花箱和稳重的望柱栏杆相组合，高为1～1.3m，构件粗壮，具有美观、稳重、端庄的气氛

图16.43 灵活石球栏杆，支撑柱脚做出榫，与地伏石连接，具有体量沉重，造型活泼，构件粗壮，营造活泼的气氛

图16.44 布置灵活的望柱栏杆，直立支撑，柱脚做出榫，与地伏石连接。柱头约占全高的1/4，体量沉重，构件粗壮，营造稳重、端庄的气氛

路旁凳椅景观设计

1. 配置

凳、椅配置要遵循与道路协调顺畅的原则，与人行道平行排列，既不影响行人的活动，又要满足休闲者的需要。它常布置于行人最需要坐息、赏景，环境优美的道路两侧、花间林下、路的尽头、花坛旁、大树之下等处。

2. 材料

凳、椅的材料也很丰富，有木材、石材、塑料、混凝土、铸铁、钢材、陶瓷等。

3. 设计

道路旁的凳、椅造型多种多样，有单个，也有组合，例如模拟山石、树桩、圆木，以求得与环境自然的和谐，有的设计成曲线、半圆等形状，以求其形式上的完整；有的与矮墙、花台组合形成一体。但是造型、色彩设计要与道路环境的绿墙、花坛、草坪协调一致。凳、椅的造型虽然各异，但是要求与人体工程相适应，一般坐凳面的高度为38~40cm，坐凳面的大小为40cm×45cm，单人椅的面长度为60cm，双人椅的长度为120cm左右，椅的靠背倾斜角为100°~110°。坐板可设计多块，板厚为3cm以上，板间缝隙为2cm。见图16.45~图16.51所示。

图16.45 道路旁的临时休息坐凳景观，凳与近处的花台配合，造型简洁，其功能合理，色彩造型与花台调和，与整体花台绿化组合形成明显对比，又是赏花休闲的好地方

图16.46 沿水路旁的坐凳路灯景观，凳的造型简单，与路旁开阔的水面环境搭配自然和谐

图16.47 道路和市民广场的坐凳景观，坐凳与近处的垃圾箱配合，其功能合理，色彩造型调和，与整体花坛组合形成明显对比，是赏花休闲的好去处

图16.48 某商业步行街坐凳景观。坐凳有单个、有组合，有高有低，有大也有小，其造型多种多样，但是都以灰色和石鼓造型相统一，以求得与古街环境自然的和谐，又与高低不同的人体工程相适应

图16.49 市民广场路边的坐凳景观，与人的亲和力较强的坐凳和水泥预制的靠背相结合，又形成私密空间，其功能合理、色彩造型调和

图16.50 道路的坐凳景观，凳与近处的垃圾箱相互配合，其功能合理、色彩造型调和

图16.51 道路旁的坐凳景观，凳与近处的绿化及地面铺装相互配合，其功能合理、色彩造型与人体和谐

路旁垃圾箱景观设计

1. 配置

垃圾箱应配置在道路旁醒目的位置，以方便行人丢放垃圾，如坐凳旁等处。也可与其它设施如座椅、护柱、灯柱等组合在一起，便于创造景观，有利管理和回收垃圾。

2. 材料

垃圾箱应采用坚实、便于清洁管理的材料制造，如工程塑料、金属钢材、石材、混凝土、陶瓷等。

3. 设计

垃圾箱整体设计要求清洁美观，与道路环境相协调。垃圾箱的结构设计要造型简单，方便垃圾回收。它是以筒体本身为主体的造型设计，在外壳的内侧嵌有筒体。垃圾箱的容量设计应根据预计清理的次数而定，其构造要保证方便投放和收取垃圾，还要较长期保持清洁和稳定的暂存。常用大小规格为：高60~80cm，宽50~60cm。烟灰缸常与垃圾箱体相结合形成一体，但是烟灰盘的材料必须耐火，结构坚固，烟灰盘体和垃圾箱体都要设计排水孔，以便雨天排放。见图16.52~图16.60所示。

图16.52 垃圾箱与公益广告牌组合，反映了城市文明教育面貌。该广告内容与垃圾箱组合一体，特征明显，还具有很好的宣传教育效果

图16.53 路旁垃圾箱与休息坐凳相结合的景观，整体设计清洁美观，与道路环境相协调。筒形比较简单，它是以筒体本身为主体的形状，内筒形是在外壳的内侧嵌有筒体的类型，方便垃圾投放和收取，特别是烟灰盘的材料耐火，结构坚固

图16.54 路旁双色垃圾箱景观，整体设计清洁美观，造型活泼，与建筑出入口、道路旁、花坛草坪环境相协调一致，垃圾箱的结构筒形比较简单，方便投放和收取垃圾

图16.55 路旁垃圾箱整体设计与环境协调，清洁美观，简形比较简单，它是以方形筒体为主体的形状，方便垃圾投放和收取，特别设有烟灰盘，结构坚固

图16.56 路旁金属垃圾箱，整体设计清洁美观，简形比较简单，它是以筒体本身为主体的形状，内简形是在外壳的内侧嵌有筒体的类型，方便垃圾投放和收取，结构坚固

图16.57 路旁金属垃圾箱，整体设计清洁美观，简形比较简单，它是以筒体本身为主体的形状，内简形是在外壳的内侧嵌有筒体的类型，方便垃圾投放和收取，结构坚固

图16.58 路旁工程塑料垃圾箱，整体设计清洁美观，圆筒形较比简单，它是以筒体本身为主体的形状，方便垃圾投放和收取

图16.59 路旁蘑菇型金属垃圾箱景观，整体设计呈蘑菇造型，清洁美观，与道路旁草坪环境相协调一致，垃圾箱的结构简形比较简单，方便投放和收取垃圾

图16.60 路旁木质垃圾箱整体设计清洁美观，与道路环境相协调，简形比较简单，内简形是在外壳的内侧嵌有筒体的类型，方便垃圾投放和收取

参考文献

[1] 胡长龙等. 道路景观规划与设计[M]. 北京：机械工业出版社, 2012.

[2] 汤铭潭. 小城市与住区道路交通景观规划[M]. 北京：机械工业出版社, 2011.

[3] 边颖. 城市住区景观规划与设计[M]. 北京：机械工业出版社, 2011.

[4] 刘东明. 林才奎. 高速公路边坡绿化理论与实践[M]. 武汉：华中科技大学出版社, 2010.

[5] 陈玥. 对城市广场的理解与思考[J]. 现代园林论坛, 2010（03）：12-15.

[6] 梁媛. 城市街道园林植物景观设计[J]. 中国新技术新产品, 2009（15）：191

[7] 周忠玲, 王杰. 街道园林植物景观的艺术设计表达[J]. 中外建筑, 2008（10）：117-118.

[8] 李磊. 小议当前广场建设中存在的一些问题[J]. 百家论苑, 2008（03）：68-70.

[9] 刘妤. 城市广场的生命力——读《美国大城市的死与生》后的思考[J]. 华中建筑, 2010, 28（10）：154-156.

[10] 王海燕. 本市将推广"生态停车场"[J]. 解放日报, 2009, 10：社会新闻·人大专刊.

[11] 王红梅, 张洪义. 浅谈城市广场[J]. 现代园林, 2009（04）：71- 73.

[12] 陈志明. 苏南地区露天停车场绿化设计与种植研究[J]. 中国城市林业, 2009, 7（05）：33-35.

[13] 罗华. 城市绿化中的难题——停车场绿化[J]. 园林. 2008,（10）：44-45.

[14] 金圣临. 高速公路的绿化与景观美学探讨[J]. 湖南交通科技. 2008（03）：157-159.

[15] 朱理国, 赵欢. 中国古代城市广场类型及历史发展[J]. 热带建筑, 2008（03）：21-23.

[16] 姚海容. 上海铁路南站广场景观设计[J]. 规划师, 2006（06）：38-40.

[17] 陈丙秋, 张肖宁. 铺装景观设计方法及应用[M]. 北京：中国建筑工业出版社, 2006.

[18] 金井格, 章俊华, 乌恩. 道路和广场的地面铺装[M]. 北京：中国建筑工业出版社, 2006.

[19] 北京照明学会照明设计专业委员会编. 照明设计手册[M]. 北京：中国电力出版社, 2006.

[20] 士心. 城市停车场绿地营造[J]. 湖南林业. 2006,（07）：9.

[21] 蔡永洁. 城市广场[M]. 南京：东南大学出版社, 2006.

[22] 孙华. 公路线型与沿线绿化植物的配置[J]. 福建林业科技, 2006（02）：238-240.

[23] 朱城琪. 城市CIS 城市形象营造的方法初探[D]. 西安建筑科技大学, 2005.

[24] 唐强, 薛志杰, 石平, 等. 高速公路中央分隔带树木种植设计与行驶车辆防眩原理及其公式构建[J]. 沈阳农业大学学报, 2005（4）：466-470.

[25] 王大龄. 高速公路系统景观的特点与美学特征[J]. 城市道桥与防洪. 2005（01）：13-16+1.

[26] 白史且. 胥晓刚. 高速公路绿化工程技术[M]. 北京：中国农业出版社, 2005.

[27] 胡长龙. 城市园林绿化设计[M]. 上海：上海科学技术出版社, 2004.

[28] 车生泉, 郑丽蓉. 道路绿化中的植物配置[J]. 园林, 2004（10）：16-17.

[29] [英] 克利夫·芒福汀. 张永刚, 陆卫东译. 街道与广场[M]. 北京：中国建筑工业出版社, 2004.

[30] 顾小玲. 景观设计艺术[M]. 南京：东南大学出版社, 2004.

[31] 张阳. 公路景观学[M]. 北京：中国建材工业出版社, 2004.

[32] 张俊华. 城市道路景观设计[M]. 北京：中国建筑工业出版社, 2003.

POSTSCRIPT

后语——我国道路景观评展

俗话说："要得富，先修路"。我国现代道路建设发生了突飞猛进的变化，全国公路总里程已达数百万公里，名列世界第一，城市内部道路网络四通八达，广大农村实现了市县相通，县村相通和村村通。在促进国民经济发展、改善人民群众生活、扩大对外开放、加强民族团结、缩小地区差别、巩固国防安全等方面，发挥了重要作用。

一、我国道路景观评析

回顾以前在道路绿化景观，城市道路铺装景观，城市道路夜景亮化景观，广场景观，步行街景观，轨道交通（地铁）景观等方面还存在种种不如人意的地方。

1. 道路绿化景观

由于我国汽车数量的迅速增加，城市建设范围的扩大，城市道路的拓宽，使得城市道路绿化景观也受到诸多因素的影响。有的城市为了缓解交通压力而拓宽城市道路，把原有枝繁叶茂的行道树除砍掉，减少了绿地面积，失去了道路绿化用地的基本保证。

有的道路在绿化景观的设计方面，没有因地制宜考虑选择树种，在植物配置方面缺少生态的理念和艺术构思，造成全市道路绿化景观雷同，各区段缺乏特色，植物品种单一，因而造成整体道路景观单调。

某些城市不是以自然生态的原则为依据，不去分析道路绿化景观对地形、地貌的影响，道路绿化景观对生态环境的影响，道路景观对城市绿地系统的影响，道路绿化景观对城市的格局和布局的影响等，而是为了迎合某人的意图，或追求高档次，忽视植物客观生长规律，甚至从外地盲目引进不适宜生态条件的植物，不仅造成资金的浪费，还影响了绿化效果。

有的城市在繁忙的交通干道中央生硬地加上很窄的绿化带，其间还点缀着稚嫩的小花等，造成交通的安全和资金的浪费。

还有的快速路的中央隔离带的绿化丰富多彩，眼花缭乱，容易分散驾驶人员的视线，产生不安全的因素。

有某些城市为了建设景观路，而忽视一般道路绿化景观建设，特别是忽视城郊结合部道路的绿化景观建设，因而造成了很大的景观反差，特别是城乡道路景观的反差。

城市高架路多位于城市道路的上方，属于城市间的快速交通干道，车速在空间移动快，其景观设计主要考虑到行车人员的视觉效果，进行简单合理的景观配置。但是有些高架道路的外侧采用了大量的悬挂式垂直绿化，还用了过分繁杂的花卉，易造成驾驶人员视觉疲劳，产生安全的隐患。高架互通立交区一般处于市区或市郊较多，在这一块景观绿地上常出现苗圃或树林式等绿化误区，没有注意到匝道转弯处不能有碍驾驶人员视线的空间等等。

高架道路两旁的绿化景观多落实在地面，其两侧的绿化带树种选择单一化也是一个误区，这种单一化，不仅造成景观单一，也失去了抵抗自然灾害的能力。

有的城市道路绿化不去考虑道路景观与沿线建筑景观的相互协调对比，不论道路的宽窄和走向千篇一律地使用同一种树。因为树木生长环境的不同，造成不同的生长效果。因此道路景观的特性，人的视觉协调性，线形的连续性，以及道路绿化景观安全设施的功能、生态功能、社会效益等都得不到充分的发挥。

2. 道路铺装景观

我国城市道路的某些铺装还存在着以下问题以待解决和提升。例如，有的城市在开展道路铺装设计时就没有进行总体考虑，结合道路的定位、定性、所处地理位置、周边用地属性、重点段落的划分等。

没有确定好铺装的风格、色彩、图案纹样、材料应用等，有的城市道路铺装景观与沿线建筑景观的协调性差，没有认真考虑道路沿路轮廓线和路面铺装及道路附属设施美相结合等，因而造成似曾相识，千篇一律，没有特点等问题。

有的城市不分轻重，讲究攀比，搞所谓上档次的铺装，在材料选用上使用了抛光面材料，千篇一律的高级，没有内涵，没有特点，在雨雪情况下造成行人安全问题。

有的城市道路铺装细节的处理不当，抛光面材料应用较多，施工工艺水平不规范，在分界、接缝、与地面构筑物、地下管线设施的地面检查口处，以及树池、道牙等处理不当等等。往往在细节上处理好了，就会将限制条件转换为有利条件，对铺装的整体感就会增强，反映出所具有的特色。

现在虽然有一些新型的节能环保材料，但在功能效应的真实发挥上要慎重鉴别，避免货不对板、宣传与实效形成巨大反差。还有些道路铺装施工工艺水平不规范，造成施工后铺装面材的脱落，破碎，基层断裂开缝等。

3. 道路亮化景观

灯光夜景是城市夜间一道亮丽的风景线，不仅从功能上起到照明作用，而且通过艺术性的装饰照明更加突显城市在夜间的魅力。近年来有些城市在灯光夜景照明建设中仍存在没有全市总体统筹规划、绿化景观树的照明用冷色、在灯具等设备选择上不规范、道路亮化景观与沿线建筑景观不协调等问题。

在做灯光夜景照明设计时，没有对周边区域以及所在城市的夜景照明进行全面调查，在整体上了解不够，在宏观上进行分析不够，因此表达的艺术风格、特点、照明水平、色调等就显得混乱不协调。

有些城市在道路旁绿化景观树的照明方面，一是，蓝光、绿光等冷色调光源应用较多，其结果使人产生阴森、冷暗的感觉；二是，在光照安装位置上没有照顾到树木的生态环境要求，造成了对植物生长的影响。在灯具等设备选择上没有列明性能、参数要求、档次水平等，因此出现实物与宣传的反差，浪费了金钱又没有达到景观效果。只有在总体统筹规划的基础上开展设计，将功能性和照明协调统一，减少干扰、相辅相成，在照射范围、照度、色彩、动态变化的频率等方面才能取得协调。

4. 广场景观

近年来，我国城市广场建设的实际项目较多，可是深受大众欢迎的广场，成为经典的广场不多。广场景观设计的重要任务是召回广场的原本含义，使广场回归公民。广场上的喷泉和雕塑是作为纪念碑和观赏的对象，广场服务设施不够完善，不能满足游人多方面的需求，因此就失去了公众性。

有些广场规划建设存在攀比风，贪大求全，盲目追求"档次"，片面理解为宏大的气派或用材的豪华。现代城市广场的规模应当充分考虑现代城市发展，融入城市总体设计，给广场以合理、合适的定位。但是有些城市广场与城市总体规划空间结构、开放空间、街区形态契合性较差；与周边建筑功能的复合性和整合度不好，使人感到宏伟有余而亲切不足，浪费很多用地和资金。

有些广场设计盲目追求大面积草坪、"开阔"绿色视野，忽视树木的种植，不关注居民的实际功能需求。在酷热的夏天，白天广场无人光顾。不否认绿色草坪对环境景观的美化作用，但是草坪消耗大量的水资源，需要大笔维护费用，尤其在北方缺水的城市，更是如此，其实也是一大浪费。

地域文化是城市中一道亮丽的风景线，是城市的灵魂。在城市广场的塑造中，常常通过对城市的地域文化的探寻和挖掘，将人文景观和自然景观相结合，使广场成为传播城市地域文化的一个高效的媒介，同时增强了市民对自己城市的认同感和自豪感。但是，有些广场景观缺乏文化内涵，以陈旧的理念做指导，创新不够，导致广场景观雷同，缺乏特色性和地方风格，造成千篇一律的硬铺装，喷泉水池和雕塑。由于设计人员没有和施工人员保持联系或配合，往往也留下许多遗憾。

5. 步行街的景观

有些城市的步行街景观设计，往往注重的是植物的美化功能，而忽略其实用功能。这一理念就影响到对植物的种类选择和植物造景设计上，使其设计难以真正体现以人为本的设计思想，致使现在很多步行街看上去很美，但在夏季，整条街处于暴晒之中，未能很好起到绿色植物的遮阴、调节温度、湿度和净化空气的作用。其次是硬质景观与植物景观的比例不合理。目前，一些步行商业街硬质景观设计过多，如水景、小桥、石山、楼台亭阁、硬质艺术小品等，使本来就狭小的空间，显得更加拥挤不堪，然而绿化量却偏少。更有甚者是将本来的单体建筑扩大到组群建筑，减少了步行街绿地景观面积。也有在步行街周围随意建构大体量的广告牌，以致破坏了步行街的绿地景观。

再者，是植物景观设计没有主题，体现在植物种类的选择搭配和造景不合理，多显凌乱。很多植物，尤其是乔木，被低矮灌木围成的栅栏或砖石砌成的护栏大面积圈住，使游人难以亲近植物，享受树荫的清凉。显然，此类设计缺乏真正的人性关怀。一些步行商业街的绿地景观设计中，植物种类单调，乔木偏少，花草、灌木偏多，绿量不足，其生态调节作用较低。

在乔木的品种选择上，过分注重的是新、奇、贵，而缺乏对其实用功能甚至是否适合当地生长条件的考虑，致使栽种的一些树林要死不活，长势不良，未能体现其在原产地应有的风貌，更难实现其美化和实用功能。

更有甚者是移栽古树来提高设计的品位和档次，即花巨资从偏远山区移植古树。为了移栽成活，几乎将其枝叶全部砍光，只留部分主干及次级枝干，形成"光头树"。这种树多数难成活，即使能成活，也难以恢复其在原生长地的雄姿，更难收到枝叶繁茂、绿树成荫的效果。

6. 轨道交通景观

我国轨道交通目前已在很多城市广泛展开，在文化元素的表达方面，其出入口建筑形式、系统中的标识、线路名称和线路识别色等，直观的视觉信息、视觉效果比较统一，体现了地铁站的出入口"全线一脉"的设计原则。

现有的城市轨道交通出入口多数是单独的主体建筑，少数的结合简单的植物配置。轨道交通系统的空间设计中，绿化景观一般具有一定的几何形态，团簇布置，成列用以引导，或成行用以限定人车流的分界线，或者以比较抽象的图案组成一定的景观。树形一般修整成比较整齐的几何形，成行排列，导致绿化景观整体形式比较简单，层次和色彩上都比较单调。

在各个站点的设计中，结合环境、结合文化的设计较少，而是孤立的建筑，与周围环境的融合较差。

早期的地铁出入口的公共设施较少，只是重视工程本身，而忽略了服务性的配套设施。例如有的站点都没有设置厕所；有的站点只有阶梯，没有设置可供轮椅或者婴儿车使用的滑坡；有的站点只有自动扶梯，没有自动升降电梯；车站旁没有设计机动车、自行车停车场等，都给行人带来一些不便。

二、创新型美丽道路景观的展望

以上列举了个别城市在过去道路景观设计和建设方面存在的一些问题。展望未来，只要领导重视，统一规划；建设城市道路景观网络；突显生态植物景观的营造；缩小城市中不同道路的景观反差；建设创新型美丽道路景观将会有更大的突破和发展。

1. 领导重视，统一规划

领导重视，统一规划，克服个别领导瞎指挥，盲目追求高档次，将生态、节能、环保先进理念落到实处，就能避免形式上生搬硬套，形成城市道路景观各自的特色，避免浪费，节约资金，创造出具有特色的被广大人民所欢迎的新型的美丽道路景观。

2. 建设城市景观的网络

美丽道路景观作为城市景观系统的重要组成部分，它会更加突显该城市建设的科学性和艺术性。美丽道路廊道景观在城市规划中，会全方位考虑道路沿线的土地、建筑、景观、生态、节能、环保的统一，把美丽道路景观建设与全市美丽公园绿地、美丽居住绿地、美丽乡村建设等相结合，与城市综合发展相结合，形成点、线、面相协调的城市景观网络系统，使城市充满了生机和活力。

3. 突显生态景观的营造

城市道路景观是城市景观系统不可缺少的一部分，不仅改善了交通生态环境，而且使城市环境面貌更加具有生命力。特别是道路的绿色植物景观不仅美化城市环境，而且还是城市形象的重要体现者。城市道路绿化景观规划设计必将依据不同道路的功能对景观的要求，既强调景观层次的美感，又充分考虑其生态和经济效益才能不断地改善了城市的空气质量，缓解了城市内部的热岛效应，优化城市生态环境。绿色植物种类丰富，植物配置手法灵活，在保留原有乔木基本骨架的基础上，配植乔灌木及地被，可以增加道路绿化景观的层次感和生态效果，使城市道路景观形式多样化，将道路景观从单纯的行道树种植，发展到了多空间、多层次、全方位，生态环境效益与艺术美感的可持续发展的综合形式。形成多行密植、层次丰富，落叶树与常绿树相结合，绿化与美化相结合的特色，突显生态、节能、环保景观的营造。避免盲目追求高档次，浪费大量资金，避免生搬硬套，千篇一律。

4. 缩小道路景观之间的反差

有些城市道路景观单调，甚至只有几种行道树。也有些城市的市区道路景观狭小，而市郊道路景观较宽阔壮观；也有些城市的市区道路是景观大道，而市郊道路只是一条线。通过城市道路景观的逐年改造或调整，结合路旁建筑等设施的改造，不断增加街道旁的绿地特色；再通过城市的照明亮化工程的建设，不仅仅是亮化道路、广场，还有建筑物等等，不断缩小城市中不同道路的景观反差。还有很多城市在道路改造的过程中既拓宽道路，又增加了绿化景观，不断形成"一路一特色"，大大丰富了城市道路绿化景观，继续提高园林景观路在整个城镇道路中所占的比重，这样即可逐渐消除城乡道路景观的反差。

5. 建设创新型美丽道路景观

随着我国经济的发展，人们环保意识的提高，审美观念的变化，美丽道路景观的设计也会根据我国的地缘特色、地区文化历史和自然条件不断创新，提出新的理念和新的模式。为适应新的功能要求，重视地方园林植物新品种的开发和利用，一条条绿色逐浪、层次丰富、林荫夹道、景观多样、芳草如茵、行车通畅、行人舒适的新型现代化城市道路将逐步形成。

从古到今，从国外到国内，有很多优秀的道路景观作品，都值得继承和发扬，相互借鉴，不断创新，以便建设更多、更好的道路景观作品，服务于百姓。我国道路景观在不断总结经验和继承中国传统道路景观特色的基础上，与卫生防护、组织交通、美化市容等方面相结合，将会不断创新，形成自己的特色，突显城市个性。

随着我国城乡建设的飞速发展，道路景观的设计和建设，将以创造绿色生态廊道为目标；以展示地域历史文化特点为原则；以高质量人工自然美为特征；以卫生防护、组织交通、美化城乡容貌为功能，而持续创新发展。